彼得·蒂尔传

改变世界的逆行者

[德]托马斯·拉波尔德◎著
吕律◎译

PETER THIEL

Facebook, PayPal, Palantir
– Wie Peter Thiel die Welt revolutioniert
– Die Biografie

台海出版社

图书在版编目（CIP）数据

彼得·蒂尔传 /（德）托马斯·拉波尔德著；吕律译. -- 北京：台海出版社，2021.3

书名原文：Peter Thiel: Facebook, PayPal, Palantir–Wie Peter Thiel die Welt revolutioniert

ISBN 978-7-5168-2706-2

Ⅰ.①彼… Ⅱ.①托… ②吕… Ⅲ.①彼得·蒂尔–传记 Ⅳ.①K837.125.38

中国版本图书馆 CIP 数据核字（2020）第 159725 号

北京市版权局著作合同登记号：01-2020-4745

Author: Thomas Rappold
Title: Peter Thiel: Facebook, PayPal, Palantir
– Wie Peter Thiel die Welt revolutioniert – Die Biografie

彼得·蒂尔传

著　　者：[德] 托马斯·拉波尔德　　译　　者：吕　律

出 版 人：蔡　旭　　封面设计：济南新艺书文化 | 蔡小波
责任编辑：俞滟荣

出版发行：台海出版社
地　　址：北京市东城区景山东街 20 号　邮政编码：100009
电　　话：010-64041652（发行，邮购）
传　　真：010-84045799（总编室）
网　　址：www.taimeng.org.cn/thcbs/default.htm
E-mail：thcbs@126.com

经　　销：全国各地新华书店
印　　刷：天津光之彩印刷有限公司
本书如有破损、缺页、装订错误，请与本社联系调换

开　　本：710 毫米 × 1000 毫米　1/16
字　　数：288 千字　　印　张：18
版　　次：2021 年 3 月 第 1 版　　印　次：2021 年 3 月 第 1 次印刷
书　　号：ISBN 978-7-5168-2706-2

定　　价：60.00 元

目录

导　论

我们曾经想要的是飞车，而不是 140 个字符。

——彼得·蒂尔（创始人基金宣言）

彼得·蒂尔是硅谷目前最杰出的人物之一。他是一位成功的企业家、对冲基金经理、畅销书作家、慈善家。他出生于德国，在美国长大，毕业于著名的斯坦福大学。蒂尔体现了美国人的梦想：通过努力工作，不仅能成为百万富翁，而且能成为亿万富翁。

在硅谷，他属于科技领域和知识分子领域最著名的前沿思想家之一。作为支付服务贝宝（PayPal）和帕兰提尔（Palantir）这个神秘大数据公司的创始人，作为脸书（Facebook）的第一个外部投资者，他成功地影响了这三家公司，并与它们一起致富，但他的使命远不止这些。他认为西方世界陷入了自满的滞涨，政治和经济不再敢用肯尼迪时代风格的登月项目来命名伟大愿景，与此同时，也不再敢推动富有冒险精神的革新。因此他资助富有天资的年轻人，资助那些与上大学相比更愿意致力创办企业的年轻人，而且为他们提供 10 万美元的创业资金。

这本传记首次展现了彼得·蒂尔多棱角的丰富人生，并探究了他的成功基因的根源。

数字化在这中间起着重要作用，它彻底改变了我们的生活，无论是在私人领域，还是在商业环境中。社交网络的这种爆炸性传播，一方面体现在智能手机领域，另一方面体现在越来越自动化生产过程中的自动化，这都导致了很多问题被堆积起来，并亟须解答。

蒂尔是创新和技术领域的关键人物之一，被视为创造新就业机会的重要驱动者。他知道，未来人们的专业领域将发生巨大变化，这需要新的能力——在学校、培训行业以及职场持续地使用最现代化的教学能力和数字化过程中必须要学习的能力。与此同时，蒂尔对把传统的教育路径作为唯一的"王道"提出了质疑，尽管他的教育经历很顺利，在斯坦福大学毕业。

作为科技行业的开拓者之一，他还同样承担起了相应的社会责任。技术不能只是目的本身，它必须为人类服务，为有效地改善生活而做出贡献。尽管硅谷自视为一个创新和进步的全球中心，但它依然任重道远。

多年来，蒂尔始终认为，对于一个社会的福利而言所必需的极其重要的组成部分越来越陷入边缘，它们的财政资源将被削减，他把这直接称为大部分灾难性的基础设施，失去控制的医疗部门的成本，还有教育系统的危机，以及与其紧密相关的年轻人的以助学贷款形式体现出的巨额债务。

蒂尔提出的这一现实令人备受折磨，即年轻的一代不再能实现其父母一代的生活水平以及经济和社会保障。政治和经济的更多组成部分，已经通过充满活力的动力中心如纽约、华盛顿和旧金山等地，在它们的"太空船"中，通过精英人士的构成舒适地安装好了，中产阶级中的普通人从而失去了阵地。

正是因为中产阶级在增强社会凝聚力和资助西方社会体系方面如此重要，所以中产阶层感觉到，自己通过全球化和数字化这两大趋势似乎被放入了一个几乎不能呼吸的蒸笼里。

长期以来，蒂尔就一直担心这种社会现象可能被强行释放，发生如同法国大革命期间的人民起义。

数字化减少到 0 和 1 这些计算机语言中使用的数字，它不会留给情感任何空间。人们看到自身遭受到了破坏性的发展，覆巢之下没有完卵。《纽约时报》最近把 5 家最有价值的数字公司苹果（Apple）、阿尔法特（Alphabet①）、亚马孙

① Alphabet 是 Google 重组后的"伞形公司"（Umbrella Company）名字，Alphabet 采取控股公司结构，把旗下搜索、YouTube、其他网络子公司与研发投资部门分离开来。Alphabet 将取代 GOOGLE INC 成为上市实体公司，所有 Google 的股票都会自动转换为相同数量的 Alphabet 股票，并享有同等权利。

（Amazon）、Facebook 和微软（Microsoft）称为“可怕五巨头”——引起恐惧的五巨头，不是没有理由的。银行和保险不再是拥有最大影响力的公司。时髦的互联网公司拥有巨大的力量。因此，它们也必须正视自己的社会责任。通过 Facebook 传播假新闻和仇恨口号就是一个很能说明问题的情况。谷歌（Google）和 Facebook 总是自视为平台运营商，而不是 21 世纪的媒体公司，虽然人们在这些平台上主要消费的就是多媒体内容。

迄今为止，蒂尔在致力于进入企业家和投资者技术垄断名单的道路上一帆风顺。竞争和与他人决斗，对他而言，不是至高准则。相反地，他认为竞争是留给失败者的。他珍视公司和投资，它们创造了全新的市场，并在核心领域独树一帜。股市是一个标尺。确实有一款领先的智能手机制造商：Apple；确实只有一个领先的搜索引擎公司：Alphabet；确实只有一个领先的社交网络公司：Facebook；确实只有一家领先的操作系统制造商：Microsoft。它们的共同点是独一无二，具有垄断地位并获得了极高的回报。在这本书中我们会详细地介绍蒂尔是如何定义垄断，并如何通过行动和投资不断从中获利的。

创新是蒂尔最关心的事。真正的创新，大型和开拓性的创新，不仅闯入新海岸，而且迈向新星系。蒂尔会跻身到摩根大通、洛克菲勒、卡内基、范德比尔特和福特，这些构成让美国在 19 世纪和 20 世纪崛起为全球经济强国的举足轻重的部分的行列吗？

这个问题以及蒂尔的众多角色，还有他的方方面面，我们都会在这本书中一探究竟。蒂尔是 21 世纪才智出众的科技大亨，我们对他还有很多期待。

现在，我借用蒂尔的话，“来邀请您去寻找我们时代的令人激动的秘密”。

托马斯 · 拉波尔德

2017 年 8 月

第 1 章

自由精神：自由主义世界观

我仍然致力于我青少年时代的信仰：真正的人类自由作为最高利益的先决条件。我反对掠夺式的税收，极权主义者集体主义，以及每个人必然死亡的意识形态。因为这些原因，我仍然称自己为自由主义者。

彼得·蒂尔[1]

自由主义宣言

对彼得 · 蒂尔来说，人身自由是最大的财富。他认为政治及其法律是对开明、自由和热爱进步的人的父权主义。在他 2009 年春天所写的备受推崇的文章《自由主义者的教育》（*The Education of a Libertarian*）中，他不加掩饰地表达了这样一种政治观及世界观。

蒂尔从十几岁就开始持这种观点了：他反对“掠夺式”的征税方式，反对极权制度，也拒绝接受“每个人必然死亡的意识形态”。蒂尔讲述了他在 20 世纪 80 年代末作为哲学学生的经历，当时他被“给予与接受”的辩论所吸引，那些辩论通过政治手段实现自由的诉求。创办《斯坦福大学评论》应该对占据校园上风的正统观念提出了挑战，但是蒂尔以自我批判的方式察觉到，鉴于已经付出的精力，他和他的同伴收获很少。“许多争端让人感觉像是参加了第一次世界大战的西线战壕战役；发生了许多大屠杀，但我们却没有涉及纷争的中心。”

20 世纪 90 年代，在曼哈顿当律师和对冲基金经理期间，蒂尔开始明白“为什么很多人在大学毕业之后幻想破灭了”。在许多人看来，这个世界显得像是一个“太大的地方”。“我的许多聪明能干、志同道合的朋友，不是去和宇宙间无情的差异抗争，而是专注于照料自己的‘小庭院’。”根据他的文章，这一点体现在最有教养的保守主义者的酒瘾上，而最聪明的自由主义者，却滴酒不沾，而是忧心忡忡于逃避的可能。

蒂尔把自己看作是一个乐观主义者，对 2008 年和 2009 年的经济金融危机的印象，他描绘出的是一幅自由主义政策的黯淡前景。房地产泡沫破裂，雷曼兄弟破产，以及汽车制造商通用汽车和保险业巨头美国国际集团等偶像公司在随后被临时国有化。对每一个自由主义思考者而言，这一切就像难以下咽的药丸。这是自1929年以来最大的经济和金融危机，它使金融市场陷入深渊。根据蒂尔的说法，只有那些对泡沫负主要责任的政党施行大规模的国家干预，才可以力挽狂澜。然而这一点，必须通过大规模增加政府债务以及新法规的施行，特别是在银行和保险领域加以考虑。对这危机负有责任的是高额的债务，而这些债务还被政府所支持，并用来确保防范高风险。而目前这个问题，应该通过新的债务和更多的国家干预来得到解决。“对于那些2009年的自由主义者们，我们的教育在认知领域达到顶峰，而对政治机构进行更广泛的培训教育是徒劳的。”

但更糟糕的是，蒂尔说人们意识到“一直朝着错误的方向走”。国家对经济和金融政策的干预越来越强，而且也借此操纵金融市场。在他的文章中，蒂尔提到他对2008年年末、2009年年初的那个冬季大规模的国家干预和救济措施的印象时，说到了1920年到1921年的经济危机。当时美国政府没有导致短暂暴力危机的“熊彼得式的创造性破坏行为”，但最终带来的是“20世纪繁荣的20年代”这一轰轰烈烈的10年。蒂尔不相信更多的关于“自由与民主的相容性”，因为对蒂尔而言，对资本主义和民主之间的矛盾要负最大责任的是：自从20世纪20年代以来能看到的福利国家的发展与妇女选择权这两者的并行不悖。

蒂尔得出了一个对他而言不得不认命的结论：目前，政治就是我们这个世界未来的“王道”。“在我们这个时代，自由主义者的伟大任务是找到摆脱以任何形式体现的政治的途径。”蒂尔认为“逃离”必须超越政治而获取成功。为此，必须要开拓和发展“未被发现的地区”，在那里能够尝试新的社会形态经济生活。但实际上，地球上的每一厘米都已经被绘制出来了，都是已知的，所以他致力于开发创造“一个新的自由空间”的新技术。[2]

对他来说最重要的三件事是：

赛博网络空间

蒂尔说，作为一名企业家和投资者，他已经把“所有的努力都聚焦在互联网上”。他想用PayPal创造一种新的世界货币，一种“不受政府控制也不会被稀释”的货币，以便废除各个国家目前的货币主权。他借助21世纪在Facebook上的投资，已经为一种“与民族国家无关”的新社区形式创造出了空间。新的虚拟世界将转变社会和政治秩序。例如，2016 年美国总统大选已经主要通过社交媒体进行，通过熟练使用 Facebook 和推特（Twitter）来进行操作。现在这本书详细地讨论了这个问题。值得注意的是，Facebook 现在有差不多 20 亿的会员，如此庞大的规模，以至于按照蒂尔的观点，它已经能对社会和政治秩序产生重大影响。虽然 PayPal 没有设法引进一种独立的货币，但是比特币的出现，以及与此相关的围绕计算机货币产生的世界范围的“欣喜若狂症”，也显示出一种具有破坏性的变化，它可以改变传统的国家货币政策结构。

宇宙

这个空间为蒂尔提供了一个“逃避世界政治的无限可能性”。但这一领域有很高的准入壁垒。火箭技术从 20 世纪 60 年代到 2009 年进展甚微，因此太空的未来“几乎遥不可及”，必须“在商业航天方面加倍努力，但我们也必须鉴于与此紧密相关的时代视野而实事求是”。蒂尔的结论是，一个在太空中更加自由的未来——就像美国著名科幻作家罗伯特·A·海因林所描绘的那样——“不会在 21 世纪下半期前成为现实”。现在，蒂尔凭借他的风险投资基金，跻身于商业航空航天领域的著名投资人行列。除此之外，他已经在 PayPal 公司的合作伙伴埃隆·马斯克建立的太空探索科技公司（SpaceX）进行了大量投资。作为初创企业，SpaceX 一开始被嘲笑，但同时也让这领域迄今为止的翘楚美国宇航局和欧空局如临大敌，因为 SpaceX 专注于全新的技术和操作方式。2017 年，SpaceX 成为第一个成功回收运载火箭部件的航空公司。大幅降低太空运输成本，征服火星，是 SpaceX 公司所宣称的目标[3]。

海上家园①

在极端的赛博空间和宇宙空间这两者之间的轴线上，存在着蒂尔认为的在海洋

① 译注：彼得·蒂尔作为主要赞助人投资的一家机构。“海上家园”研究所（Seasteading Institute）正欲打造一个伟大的计划——在 2020 年建立一座海上漂浮城市。这座漂浮城市将半独立运行，试验全新的城市管理模式以及目前难以解决的数项城市问题。

定居的可能性。海上家园（Seasteading）是指在海面上可以创造的长期定居点，而没有国家可以影响的这些地区。蒂尔在 2009 年就认为这项技术已经足够成熟，在经济角度也是有意义的。按照他的观点，最迟在不久的将来它就能实现。“这是一个具有实现可能的风险，因此我支持这项倡议，而且对此抱有很大期望。”但近年来与前两项已经提到的对 Facebook 和 SpaceX 的投资相比，海上家园这一项目显得更加静悄悄。在 2014 年接受彭博社记者张慧卿的采访时，蒂尔就对此发表声明，对他来说这是一个“非常小的附带项目”，而且“是非常遥远的未来”。[4] 蒂尔在他的文章中总结道，形象地说，我们身处在一场“政治和技术之间的死亡竞赛”中。“未来可能会更好，或者会更糟，但事实上，未来的问题仍然悬而未决”。与政治相比，每个个体可以撼动技术中的某些东西，从而体现差异。蒂尔最后预言：“我们世界的命运取决于一个个体的追求，他为资本主义创造了一个自由的机器，这机器让资本主义的世界安全稳固。”在蒂尔说完这话大约 10 年后，我们可能会问自己，我们不是已经在马克·扎克伯格和他的 Facebook 中找到了“勇敢新世界”的发明者和救世主吗？扎克伯格希望我们最终进入赛博网络空间，希望引领我们到应该更加美丽、现代和多彩的虚拟世界。也许就是通过这样舒适的方式，虚拟世界和真实世界之间的差异消失了，蒂尔在 2017 年 4 月份接受瑞士财经杂志《结算》（BILANZ）的一次采访中确认了这一点：“我们的智能手机让我们脱离我们的现实环境，也让我们脱离我们陈旧而衰败的环境。纽约的地铁网络已经 100 多年了，我们的基础设施中的大部分还没有实现现代化。”[5] 也就是说，忽视或解决我们现实世界的真正挑战，是在数字化的空想之中吗？

蒂尔希望他的文章能够引起人们的反响，最终他没有失望。然而，反馈并不首先涉及上述提及的主题如网络空间、海上家园或自由主义政治问题，而是主要涉及与性别差异相关的选举行为主题。蒂尔强调，对他而言，重要的不是“剥离或者扣留一个群体的选举权”，但是“我几乎没有希望选举能让事情好转”。他认为政治干涉的领域太多。因此，他建议“将能源另外用于其他和平项目上，用在那些一般被认为是乌托邦式的项目上。”[6]

创始人基金宣言

从在风投界站稳脚跟的人中脱颖而出，以独特的形象倾听最优秀的创始人和初创企业的高谈阔论，需要的不仅仅是成为资金的提供者。马克·安德森①，第一个网络浏览器的发明者，网景（Netscape）的创始人，同时也是安德森和霍洛维茨公司最有影响力的风险投资商，用他的文章《软件正在吞噬世界》(*Software is eating the world*) 令人印象深刻地证实了这一点。安德森解释说，所有行业在未来将如何通过使用软件被重置、加快新业务的开拓和现有业务的边缘化。这方面的例子是，软件在移动领域已由 Apple 和 Google 主导，而之前的统治者诺基亚（Nokia）已经不再重要。[7] 这同样适用于媒体、商业和物流部门，Amazon 和网飞（Netflix）等软件驱动平台，在这些领域从已经站稳脚跟的供应商手里分了一大块蛋糕。安德森的文章也是他的风险投资基金的投资蓝图，他的投资主要给那些由软件驱动、意在改变世界的初创企业，从而让本行业内公认的老牌供应商处境困难，他甚至想征服整个新市场。

由蒂尔和他的 PayPal 同事肯·霍威利、卢克·诺塞克创建的创始人基金（der Founders Fund）可不是对手。2011 年，他们在创始人基金网站上发表了宣言："未来会发生什么？" 副标题也是广为人知："我们曾经想要的是飞车，而不是 140 个字符。" 这个副标题是基于蒂尔一直提到的缺陷，即技术进步已经显而易见地放缓。在过去的几十年里，除了计算机和互联网产业外，其他领域的创新进展微乎其微。在他看来，需要更有雄心的创始人来面对真正的技术挑战，而不是创建 20 个社交媒体初创企业。这句话不是针对 Twitter 公司本身，就像蒂尔面对《结算》杂志所强调的："Twitter 是一家成功的公司，Facebook 马上就会成为成功的公司。但仅仅这样，可能还不足以带领我们迈向文明的下一步。技术带来了变化，但是今天的技术与信息技术同样重要，即互联网、电脑、智能手机和移动互联网。我担心，这种

---

① 马克·安德森（Marc Andreessen，1971—），被誉为因特网点火人，他 9 岁开始接触计算机，1993 年他同吉姆·克拉克一起开发出 UNIX 版的 Mosaic 浏览器。

对技术视野的狭窄化不足以让我们的社会取得决定性进展。”[8] 由蒂尔和他的同事们所谈到的对系统的批评的更深的意义在哪里？一种明显也包括对给钱的人，即对风险资本投资者的批评。

宣言的出发点是，这一宣言为创始人基金公司——代表其他风险资本投资者——赋予两个重要的彼此相关的利益：

技术进步是工业化世界中经济增长的动力，从而让投资者取得非凡的成果，这正是“风险投资”概念最初形式的核心所在。

在 20 世纪 60 年代到 90 年代，这种对垒是一个伟大的成功。20 世纪 60 年代，投资集中在以英特尔为龙头的新兴半导体产业，其次是 20 世纪 70 年代的硬件和软件行业的公司，随后是 20 世纪 80 年代的生物技术公司、移动通信公司以及网络公司。最后，在 20 世纪 90 年代迎来了互联网公司。所有技术都有共性，涉及高技术和经济风险。公司本身常常怀疑自己产品的成功，例如计算机公司巨头 IBM 和 DEC（数字设备公司，Digital Equipment Corporation）董事会的先前声明所展示的，它们仅仅看到计算机销售的有限潜力，而丝毫没有看到计算机在各家庭中得以大众化普及从而带来的深远影响力。不仅是半导体行业的公司，还有新兴的个人电脑行业公司，如 Apple 和 Microsoft。

但在 20 世纪 90 年代末，情况发生了变化。许多风险资本组合，创始人基金宣言也是这样，它们不再专注于有技术突破的公司，而是专注于那些只提供渐进式进展的公司，或者甚至仅仅提供一些似是而非的解决方案的公司。在 21 世纪之交的股市泡沫中，几乎所有的科技股都在增值，但没有对精确的质量和未来经济的成功加以检验。准确地说，在创始人基金看来，这就是为什么许多风险投资基金不能为投资者赚到钱，整个行业都或多或少地“破碎”了。

因此，创始人基金在其宣言中提倡，在拥有良好技术基础和独特功能的公司进行投资，能提供持续的收益，而且不受动荡的资本市场的过度影响。对于创始人基金而言，给 Amazon 和 Facebook 等公司投资都是一种正确选择——Amazon 彻底改变了客户推荐和物流模式等，Facebook 的一个独特特点是让一个可扩展的高性能网络平台承接约 20 亿活跃用户的社会交往。

但真正的技术性突破的愿景和信念在哪里？

对此，我们有充分的理由提出反问："还有没被发现的真正的技术吗？或者我们已经到达了终点线？抵达了某种技术的历史终点？"以前总有这些伟大的想法和愿景。宣言中举了些例子，如20世纪50年代关于核动力驱动的汽车，英国物理学家和科幻作家阿瑟C.克拉克，他在1968年就预见了早期的商业太空旅行和人工智能的应用。

创始人基金会的回答另辟蹊径："未来，人们在20世纪60年代一直期待的未来，永远还是我们今天，半个世纪后的今天，所等待的未来。我们没有柯克船长①和企业号航空母舰②，而是有可以进行价格比较的价格表和到卡博（Carbo）的廉价航班（卡博圣卢卡斯，属于墨西哥的下加利福尼亚半岛）。"

因此，创始人基金的投资原则立足于以下领域：

——航空、航天和运输

——生物技术

——分析和软件

——能源

——互联网

但即使在这些领域也并不是唯一的，因为创始人基金会认为："最好的公司为自己创造市场。"这完全符合蒂尔的理念，他为自己的投资寻找垄断型技术公司。[9]因此，我们认为：尽管大部分风险投资公司更愿意专注于风险较小的投资，创始人基金会却意在寻求那些具有革命性技术，愿意改变世界的公司和企业家。创始人基金会的宣言提出一个明确的信息，以技术驱动投资政策，因此与华尔街广泛的"金融工程"和硅谷的大部分公司截然不同，在硅谷做出的投资决策，通常只基于Excel数据表，而不是投资产品的技术专长。

---

① 译注：柯克是《星际旅行》系列中的一个虚构角色，由威廉·夏特纳和克里斯·派恩先后饰演。

② 译注：企业号航空母舰（英文：USS Enterprise，舷号：CV-6），是服役于美国海军的第六艘航空母舰，是约克城级航空母舰的二号舰，于1933年8月3日批准建造，1934年7月6日在弗吉尼亚州纽波特纽斯造船厂开工，1936年10月3日下水，1938年5月12日入役，1947年2月17日退役并做报废处理。

知识分子的脊梁

彼得·蒂尔是一位学识渊博的知识分子，在政治、哲学、经济学和技术领域涉猎甚广。与许多其他硅谷名人不同，他的世界观并不是单一地建立在技术规范上，蒂尔总是有宏观视野。他的投资遵循他几十年来建立起来的坚定原则，在这一点上他很像投资界的传说人物沃伦·巴菲特和查理·芒格。他们的共同点都是酷爱读书。巴菲特对他的老师本杰明·格雷厄姆的著作《安全分析》坚信不疑，而蒂尔喜爱的是法国哲学家和斯坦福大学教授勒内·吉拉尔①的著作。蒂尔把他在斯坦福大学学习哲学时认识的吉拉尔视为最后的全能学者之一。[10]

《世界建立以来隐藏的东西》(*Things Hidden since the Foundation of the World*)，对于蒂尔而言，这本书是吉拉尔的杰作。即使是哲学知识渊博的蒂尔，读起这本书来也不轻松。“它并非写得不透彻，只是非常难理解。”“开始时最好先读关于文化的书，人们会觉得最有趣”，蒂尔在接受“商业内幕”(Business Insider)[11]博客网站采访时这样说道。对读者来说，吉拉尔的作品同样不容易理解，在这本书的第一页他就警告说，他“已经有目的地让读者多容忍”。吉拉尔的核心理论是模仿理论。在他看来，大多数人的行为是建立在模仿上，他认为模仿是不可避免的。蒂尔说，这样做的后果是，“我们所有人在同样的事情上竞争，也就是竞争同样的学校、工作和市场。”[12]从经济上解释，就是蒂尔“稀释”了竞争对手的利润，从中形成了蒂尔的挑衅性论题：“竞争是留给失败者的”。[13]

吉拉尔的作品围绕模仿和竞争的主题展开，这本书是以对话的方式写的，吉拉尔回答了两个精神病医生的问题。它们扩展了广泛的主题如人类学、宗教、文学和精神分析，但也讨论了现代社会文化理论。对于知名科学刊物《哲学与文学》而言，勒内·吉拉尔属于“我们这个时代的少数科学家，彻底改变了我们对于我们是谁，我们来自何方的既有观念。”[14]《世界建立以来隐藏的东西》里的“斯坦福大学”

① 译注：勒内·吉拉尔(René Girard，1923—2015)，文艺理论家，也思考冲突、战争和和平，在某种意义上也是一位神学家，2005 年当选为法兰西学院院士，被誉为“人文领域的达尔文”。

一章对此有详尽的解释。蒂尔是在斯坦福大学时第一次读到这本书的。

蒂尔在 www.reddit.com 上谈到了他最喜爱的书籍，他更喜欢“过去时代描写未来的书”。[15] 以下四本书都有尤其吸引他的地方：

《新亚特兰蒂斯》（*The New Atlantis*）

作者：弗朗西斯·培根

这本书出版于 1627 年，培根去世一年后。《新亚特兰蒂斯》是一部未写完的作品。培根在弗吉尼亚、纽芬兰和加拿大的东北部建造英国殖民地的过程中起到了领导作用。这本书大概在 1623 年完成，当时培根的政治生涯已经开始走下坡路。在这本书的片段中，他描述了一个神秘的叫作本萨利姆的岛屿，一个来自欧洲的船员发现了这个岛屿。岛上的居民被描述为道德高尚的人，而且非常真诚。官方机构的官员没一个会为服务索要钱财，非常廉洁。岛上的宗教信仰自由，本萨利姆高度重视由国家资助的科学研究所“所罗门学院”。以慷慨、清晰、尊严和魅力，以及宗教和公众情绪的特点所描述出的这一种理想化场景，正是培根本人作为英国政治家希望自己的国家所成为的形象。根据“所罗门学院”的描述，正如我们今天所知道的，培根制定了建立现代研究型大学的计划和组织形式，并描述了各种最新的发明和发现。著名的英国科学协会“英国皇家学会”（Royal Society）的成立应该可以追溯到培根所著的这本《新亚特兰蒂斯》和他的其他著作。[16]

《美国的挑战》（*Die amerikanische Herausforderung*）

作者：让·雅克·塞尔旺·施赖贝尔

“权力的标志和工具不再是武装军团或原材料或资本……我们渴望的繁荣，不在地球上，也不在于人数和机器的数量上，而是在人类的头脑里。尤其是在人类的思考和建构的能力方面。”让·雅克·塞尔旺·施赖贝尔，畅销书《美国的挑战》的作者，他的话比以前更具话题性。让·雅克·塞尔旺·施赖贝尔，在二战中曾经担任戴高乐法国军队的战斗飞行员，战后先是在巴黎的日报《世界报》中做外交政策编辑。然后他创立了《快报》杂志，一个温和的以美国《时代周刊》杂志为典范的左翼新闻杂志。[17] 在《美国的挑战》一书中，塞尔旺 · 施赖贝尔在 1967 年就已经警告过欧洲会退化为美国的殖民地。这一个认知，2017 年欧洲政界人士在唐纳德 · 特朗普的政策风格下痛苦地意识到了。欧洲因为漫长的微不足道的争吵而让自己变得渺小，而且，欧洲总是指望美国大哥的帮助。

塞尔旺 · 施赖贝尔的书立即成为畅销书，仅仅在法国就以原法语书名《美国的挑战》销售出了 200 多万本。这本书在全世界被翻译成 16 种语言，在 26 个国家销售了 1000 万册。塞尔旺 · 施赖贝尔用这本书让他领先于他所处的时代。他对欧洲的描述，对全球化经济的工业化和数字化的阐释，对法国当前的政治形势的分析，比以往任何时候都更有现实性和可读性。诺贝尔奖获得者保罗 · 克鲁格曼教授在这本书的电子书版本的序言中称其“影响了整整一代人”。我们会生活在今天的这样一个世界里，“一个完全符合塞尔旺 · 施赖贝尔所想象的那样的世界。”世界经济论坛（WEF）创始人克劳斯 · 施瓦布认为这本书不仅仅是“欧美关系的游戏改变者，它还提出了一个崭新的并具有创新性的国家竞争力构想。”对施瓦布来说，这本书最终也是“世界经济论坛成立的一种催化剂”。

“塞尔旺 · 施赖贝尔首先描述了他对加速度的美国繁荣的大胆设想。这个出路在那时似乎不可避免，而在半个世纪后的今天，我们远远没超越过这一未来。他开创性的书籍的再版对我们停滞不前的社会有着明显的吸引力，让我们寻找回到 20 世纪 60 年代乐观的未来。”彼得 · 蒂尔这样认为。[18]

唐纳德 · 特朗普在其总统竞选中，也一直不断想起 20 世纪 60 年代的辉煌时期，那时美国实力突飞猛进，广大中产阶级的生活越来越好，未来前景一片光明。因为广泛的技术突破氛围，蒂尔对这一时代的看法非常积极。像登月这样的愿景，在约翰 · 肯尼迪的 20 世纪 60 年代得以诞生，然后在 20 世纪 60 年代结束之前，由尼尔 · 阿姆斯特朗和巴兹 · 奥尔德林付诸实践。共同做出贡献的是当时有巨大进步的航空航天技术，以及伴随着阿波罗导弹计划的实现，半导体和计算机工业的发展。没有这些技术飞跃，就不可能实现如此有挑战性的目标。[19]

应该注意的是，1968 年出版的德国版本，前言是弗兰兹 · 约瑟夫 · 施特劳斯所写。作为回应，塞尔旺 · 施赖贝尔为施特劳斯同年出版的《挑战和回答：一个欧洲纲领》(*Herausforderung und Antwort. Ein Programm fuer Europa*)一书撰写了序言。施特劳斯时任德国联邦财政部长。[20]

《大幻想：军事权力和国家优势之间的关系研究》(*The Great Illusion. A Study of the Relation of Military Power to National Advantage*)

作者：诺曼·安吉尔

回望20世纪，前50年是毁灭欧洲的血腥世界大战，让欧洲掩埋在一片瓦砾和灰烬之中，然后整个欧洲大陆几十年被铁幕分离。如果人们拿起一本诺曼·安吉尔所著的《大幻想：军事权力和国家优势之间的关系研究》并追随他的观点，会知道这几乎是一个预言性的发现。安吉尔大约在1910年写了这本书，即对当时英国和德国处于竞争对手的欧洲的印象阐释。这两个国家进行军备竞赛，特别是对各自的海军加强军备竞赛。统治者和政客们遵循着“血与土”的理论，这一理论设想着破坏世界各地的新土地，给他们不断增长的人口一个新的栖息地和繁荣发展的空间。德国把英国及其布满全球的殖民势力视为榜样。诺曼·安吉尔作为工党的记者、作家和议员，闻名遐迩，他追寻与这一时代精神相悖的几乎颠覆性的设想，而且这一切发生在第一次世界大战的前夕。

诺曼·安吉尔认为，统治者支持他们的理论，即只有强大的军事力量才能为人口创造未来的繁荣昌盛，这会导致错误的道路。他看到，在对新的土地的征服过程中，获胜方国家的人民没有受益。对他来说，这是一场零和游戏。他认为，战争只认识失败者。安吉尔当时就认识到经济和金融的跨国联系纵横交错，在国际关系上交织影响，以至于大国的战争干预往往会附带重大的经济损害。安吉尔在他非凡的远见卓识的书中警告道，美国也会受到欧洲冲突的强烈影响。因为即使在那时，美国也与欧洲国家维持着紧密的经济和金融联系。

事实上，世界经济在第一次世界大战前已经处于对全球化的重大推动中。年轻的公司，今天他们称之为初创企业(Start-ups)，如电力行业的西门子公司、美国的曼内斯曼公司，以及德国的巴斯夫(BASF)，都已经发展为全球性集团，并且不言而喻地充分利用国际化的机会，在全球各地建立子公司来扩大其业务。安吉尔的书立即成为畅销书。不仅在英国，在美国、法国和比利时，甚至在德意志帝国都畅销不衰。如果人们阅读当时主要报纸的评论文章，不管是在英国，还是美国或德国，当时的政治评论家都争先恐后地充满敬意地感谢安吉尔。更神奇的是，同样的新闻界几年后在第一次世界大战中为好战分子大张旗鼓地宣传。1933 年这本书再次出版后，安吉尔获得了当年的诺贝尔和平奖。今天，《大幻想》在第一次出版一百多年后的今天，比以往任何时候都值得一读。安吉尔给我们提供了重要的信息：在我们全球化和网络化的道路上，世界不再为战争留有争议空间。如果统治者们在一百年前就听从了安吉尔的建议，人类就会免于遭受许多痛苦。

《钻石时代：或一个淑女的插图读本》（*The Diamond Age：Or，a Young Lady's Illustrated Primer*）

作者：尼尔·斯蒂芬森

《钻石时代》是作家尼尔·斯蒂芬森的科幻小说。小说描述了他对一个高度发展的信息时代所带来影响的未来愿景。书中重点描述的是以建筑平面图形式出现的财产权，它们代表着要汇编的信息货物。术语“编译”来自计算机科学，指的是将程序代码翻译成计算机可执行的机器可读的命令。在书中起到功能性作用的是纳米技术，它能把信息基础设施的知识和财产所有权转移到物质世界中。

斯蒂芬森描述了一个未来，在那里，民族国家实际上变得无足轻重。通过所谓的资料编辑，纳米技术让“不依赖地点，生产所有想得到的产品”成为可能。同时，一个全球性的信息网络确保了资金的流动和交易不受国家的干涉，而在这些国家，纳税也不再成为一种荣誉。

鉴于这本书第一次出版的 1995 年，正是网景公司作为第一家互联网公司上市的日期，而我们熟悉的万维网正在茁壮成长，这可能是彼得·蒂尔三年后成功创立 PayPal 的灵感来源。PayPal 的伟大远景就是创造一个独立于国家干涉外的新电子货币。斯蒂芬森 2017 年所大力宣传的不依赖于地点的商品生产也已经变得触手可及。一些技术如 3D 打印、自动化和机器人解决方案，被共同命名为“工业 4.0”。“制造业即服务”，即“生产就是服务”，从而成为现实。结果是，越来越多的公司正在要求将工厂转回国内，从而接近它们的客户。新的生产方法再加上一些物流解决方案，如 Amazon 公司已经在测试领域实施的无人机交付产品，可以为客户实时生产他们想要的产品，然后立即交付。尽管彼得·蒂尔用 PayPal 没有成功建立一种独立的货币，但是借助加密货币比特币，一个真正的投资工具已经出现了。

书名中提到的插图读本属于一位名叫奈尔的淑女，她来自下层阶级。借助插图读本她可以获取信息，因此也可以得到社会阶层的提升。斯蒂芬森的书中提出了更多令人印象深刻的概念，它们在今天的互联网经济中得到普及，具有举足轻重的意义。他用“种子技术”描述了开源运动的基本方针，即免费共享和免费访问版权公开的信息。彼得·蒂尔的 PayPal 合作伙伴和朋友埃隆·马斯克，是电动汽车制造商特斯拉和太空运输公司 SpaceX 的创立者，他在 2014 年就以惊人的速度发布了特斯拉所有专利的开源资源。“我们所有的专利都是你们的”，马斯克在博客中如此说道。[21] 他遵循的哲学是，通过提供他的技术发展和创新资源，让全球科技界加快电动汽车的发展步伐，从而给老牌汽车制造商施加更大的压力。获得知识和分享知识的意愿，在马斯克看来，会导致更快的创新周期，从而实现所有人的双赢。

斯蒂芬森的书中，所谓的“飞地”也扮演着重要的角色。最重要的两个“飞地”被称为“新亚特兰蒂斯”和“日本”。很难猜是谁藏在背后。新亚特兰蒂斯代表盎格鲁撒克逊的经济精英，所谓的红利领主，他们扮演了老贵族的角色。在这里，斯蒂芬森也一样让财富分配越来越不平等，自从 20 世纪 90 年代中期这本书出版第一版以来，互联网和数字化新技术带来的商机，让这一不平等有了明显的增长。[22]

第 2 章

成功：反思维

彼得·蒂尔是“叛逆者”，叛逆者“通常是错的”。

——杰夫·贝佐斯谈彼得·蒂尔[1]

百万美元问题：所有问题的问题

彼得·蒂尔喜欢好问题。他的著作《从 0 到 1》的第一章节，是以一个问题开始的，这不是没有理由的。这不是一个寻常的问题，而是对他来说最重要的一个问题。“你的信念中的哪一个只有少数人会认同？”这个问题他通常也会向求职者提出。这个问题，即使对于顶尖的求职者来说，也是智力上的挑战，很多人都会竭尽全力找到一个可信而又有说服力的答案。也许是我们在压倒性的共识社会中，过多的随波逐流，而对此想不到一个有说服力的答案？

有远见的人有自己的信仰。他们看到的是还不存在的事物，看到的是对尚未存在的挑战的解决方案。尤其是我们欧洲人经常谈论更多的问题，而不是挑战。不可否认，人们在考虑所有问题的问题的时候会想到史蒂夫·乔布斯。他是一个伟大的，最令人信服的行动家。他以神速创造了三项新产品，所有这些都在世界范围内取得了成功，并完全碾压了相应的行业。他用 Apple 个人电脑系列（Macintosh）[①] 彻底改变了计算机工业，让个人电脑不言而喻地成为工作场所和家庭中的最好的电子设备。他用 iPod 和 iTunes 可持续地改变了人们消费音乐的方式。Apple 手机（iPhone）把电脑的功能和手机结合在一起，同时成为多媒体播放器和 21 世纪的终极电子设备。在他对 Apple 手机传奇般的介绍中，他认为，一旦人们在职业生涯中开创性地创造出一个产品，并取得巨大的成功和可持续的效果，那是非常值得骄傲的事。但 Apple 和乔布斯从 1984 年（介绍 Apple 电脑的性能）到 2007 年（介

---

① 译注：Macintosh，简称 Mac，是 Apple 公司自 1984 年起以“Macintosh”开始开发的个人消费型计算机。

绍 Apple 手机的性能），这 23 年内，也就创造了这三款创新产品，虽然乔布斯期间离开 Apple 12 年，还创办了 NEXT 软件开发公司，并收购了皮克斯动画工作室（Pixar）。作为 Apple 老板的同时，他让皮克斯一群充满活力和创造力的电影狂热动画专家创立了轰动一时的电影制片厂。皮克斯后来被迪斯尼以 10 亿美元收购，成为迪斯尼一个坚固而不可撼动的支柱。除了乔布斯，谁也没想到皮克斯能制作出如此高质量的高科技动画电影，并在世界范围内获得巨大的成功，带来巨额的票房收入。

乔布斯回归 Apple 后，Apple 极为成功的广告营销也做了相应的调整。1997 年 Apple 推出了标志性的广告语——“非同凡响”（Think different）。乔布斯将 Apple 定位为“叛逆者，理想主义者，空想家，另类思想家的一个产品，他们不会让自己局限在任何框架之中，对事物有不同的看法，不服从任何规则”。[2]

这种立场的描述方式，也与彼得·蒂尔和他的人生格言相契合。蒂尔作为 PayPal 的创始人，有着创造一种独立于国家和政府之外的新货币的愿景。他坚信，人们一定会喜欢用电子邮件的方式收付款，并尽一切可能进行知识跃迁。他想让 PayPal 成为“9·11”事件后第一个在证券交易所上市的公司。上市的时机正好是在证券交易商都认为科技公司最糟糕透顶的时候。蒂尔也相信 Facebook 的马克·扎克伯格，他是第一个给这个中断哈佛大学学习的年轻人投资了 50 万美元的外部投资者。在“9·11”事件和恐怖袭击的影响下，蒂尔创立了 Palantir 这个数据分析公司，处理世界范围内最具挑战性的问题，而且想用数据分析的方式来制止犯罪分子和恐怖分子作恶。PayPal、Facebook 和 Palantir 三家公司的身价约为 5000 亿美元。这三家公司都是以蒂尔式的最初问题为出发点成立的，如果没有这个他偏爱的问题，这三家公司可能不是现在的状况。

我们常常会被这样的说法所吸引，“我本来也能想到这一点的”，或者“为什么我当时没有投资某只股票”。做事后诸葛亮总是很简单的，今天的成功可以用回顾历史来解释。但回忆过去对我们明显没有什么意义。另一方面，未来是不确定的，而且是一个挑战。

因此，蒂尔认为“未来是一项任务”，并进一步说：“未来是什么？有趣的是未来还未到，未来的世界将不同于现在的世界。”这就是为什么它需要有远见，甚至更具洞察力的人，他们相信新事物——不确定的事物，并努力使之成为一个成功的现实。

作为一名企业家和风险投资家，蒂尔向各企业提出以下问题：

“在哪一个伟大的公司还没人工作呢？”

只有当他们能成功地回答这个问题时，他才会做相应的投资。对蒂尔来说，所有“幸福”的公司都是“不一样的”。

乐观主义和反思维：利用别人看不到的机会

商业杂志《财富》2014 年 9 月版封面大标题为《彼得 · 蒂尔不同意你的观点》，封面上，蒂尔穿着紧身皮夹克，置身于黑色背景下。文章中蒂尔本人被描述为一个具有反思考能力的知识分子，并毋庸置疑地在过去的金融领域取得了巨大的成功。Amazon 的创始人杰夫 · 贝佐斯在 2016 年 10 月表示“反向思考者都是错的”。[3] 在接受《纽约时报》采访时，蒂尔反驳了贝佐斯的声明，并否认了对方的话。[4]

蒂尔的生活并不总是以矛盾的世界观为标志。他高中毕业后进入斯坦福大学，接受的大学教育是一条一帆风顺的经典教育道路——对规则的严格遵守。除考试之外，他还是一个优秀的象棋棋手，参加象棋联赛，遭受了巨大的竞争压力。后来他为曼哈顿的一家大律师事务所工作。他那时就像是永不停歇的工作机器上的一颗螺丝钉。

今天他会给年轻的自己以下建议：“问问自己：我为什么要做这些事？我这么做是因为我想做吗？或者这曾经只是我玩过的一个声望游戏？”[5]

是什么让蒂尔成为一个有争议的人，特别是反向投资者呢？

要想取得高于平均水平甚至超凡脱俗成果的人，必须摒弃前人已开辟的道路，另辟蹊径。巨大的成就会显示在可持续的百分比收益率上。只有那些准备冒险的人，尤其是反对绝大多数共识的人，才会成为人生赢家。在这里，金融市场及其参与者与赌场甚至彩票非常相似，即使蒂尔明确不喜欢这个表达，并且在道德上与其保持距离，以避免把初创企业和他们的创始人及员工描述为彩票。[6]

世界上最成功的还健在的投资者沃伦·巴菲特，就是一个理想的反向思考者。对他来说，股市下跌和金融市场的恐慌意味着巨大的幸福感。在大部分证券交易员大汗淋漓地坐在一片红色的电脑屏幕前的时候，巴菲特却摇身一变成了一名超级活跃的投资者，用合理的价格收购那些其他人迫不及待抛出窗外的优质股票。巴菲特用他颇具争议的反向策略（别人贪婪的时候，保持畏惧，别人畏惧的时候，请贪婪一些），成为一个活生生的投资界传奇。

“我喜欢在股市下跌的时候买入”，巴菲特直截了当地承认这一点。[7] 我们从加油站或者超市特价处了解到，价格越低，购物处排的队伍就越长。有趣的是，同样这些人在证券交易所的所作所为却是完全相反的。在股票下跌的时候，他们急于将自己手中持有的股票和证券脱手，而不是多多购入。

“与众不同是值得的”，创始人基金会在其网站上提出假设并得出结论，大约 80% 的广泛基础风险投资行业，不仅没有用委托给它们的资金挣钱，甚至还赔了钱。太阳微系统公司的联合创始人和传奇的风险投资家维诺德·科斯拉的这句话经常被引用：95% 的风险投资没有价值贡献。[8]

因此，基于共识的方法并不适用于蒂尔主要活动的初创企业。这对反向思维意味着什么？当一件事露出矛盾迹象，而你却总是用普通的方法来理解它，你会让事情变得太简单。用纯粹反作用的方式采取行动，并不比随大流更好跟随。最后，巴菲特在股票市场上买进的不是任意一只股票，而是特定的企业。这些写在纸条上的企业是他经过研究而确信无疑的，然后他才会在股价最便宜的时候收购。[9]

但什么是一种成功的反向思维呢？布鲁斯·吉布尼在创始人基金宣言中推荐“独立思考”。不过，他指出，这并非没有风险。没有他人的支持和确认，往往会导致“没人能对此达成一致”的状态。在此，问题又绕回来了。我们又回到彼得·蒂尔的所有问题之问题。“仅限做每个人都做的事是不够的。投资那些企业，投资那些做着一些雄心勃勃的让人惊叹莫名的新事情的企业，才是最具挑战的。”这就是创始人基金宣言上所提到的。

像蒂尔和巴菲特这样的人有着非凡的智慧，他们脑中的无数数据会为他们提供一个独立的思维萌芽。他们可以像在佛教修道院中一样，不受他人的意见左右，静悄悄地形成自己的看法。这也体现出他们的坚定不移和一致性，这对认知结果有很大影响。巴菲特在 2009 年经济和金融危机达到顶峰的时候，用超过 260 亿美元购入了北伯林顿铁路公司。① 没人知道美国的经济衰退会持续多久，也没人知道巴菲特的这笔投入什么时候会有收益。对巴菲特来说，这是他迄今为止对一家公司最大的一笔投资，也是对美国经济的一次押注。《华尔街日报》评论这次收购是“长期的看涨信号”。[10]

蒂尔在科技领域的投资是截然不同的。与许多其他技术投资者主要注重部分互联网和移动手机应用程序，同时偶尔“幸运地”成功投资一次不同，蒂尔采取了完全不同的方法。他并不局限于某些行业或某些炒作主题，如大数据或云电脑等，他正在寻找能开发有潜力技术的创业者和创业公司，它们有潜力能以可持续的方式来改变世界。这其中所涉及的风险是巨大的，因为没有人能确定，技术是否可以持续地在合适的时间带来突破和创新，然后还要适合大众口味，是否能保证投资者在财务上的成功。

蒂尔作为 PayPal 的创始人，以及 Palantir 和 Facebook 的第一个外部投资者，他的这些在数码领域的企业行为就证明了这一点，如同他对埃隆 · 马斯克的 SpaceX 航天公司的大胆押注或者他在生物技术公司的投资一样。对高风险科技公司的投资，就好似在浓雾中快速驾车，对不确定性的把握需要更大的勇气和耐力。技术驱动产业的初创企业的发展不是线性的，恰恰相反，它是每日的冷热水交替浴，从“高亢尖叫到接近郁郁寡欢而死”。就在一切都井然有序的时候，下一秒就可能一切都有问题，从而危及这家充满希望的初创企业的生存。太空航天企业 SpaceX 最初经历了三次失败的火箭发射，到第四枚火箭才发射成功。PayPal 经历了五次不同的业务模型迭代，直到实现可持续的成功。回顾过去，人们可能会认为 Facebook 也不是一个自我创业者。很长一段时间以来人们都不清楚，它对用户的高要求如何才能兑换成叮当作响的金钱。扎克伯格和他的董事会同事谢丽尔 · 桑德

① 译注：北伯林顿铁路公司是美国第二大铁路运营商。

伯格成功地启动了一台广告机器，虽然 Google 在数字广告市场的占有率独占鳌头，其遥遥领先的营业额已经很难让人对此提出异议。即使是移动应用领域的不小的挑战，也被 Facebook 变成了巨大的成功。为了在 2012 年上市，Facebook 必须要在招股说明书中把当时还不存在的用智能手机实现货币化写在风险报告中：在此期间，Facebook 实现了在移动终端设备领域的压倒性的收入份额。[11]

所以初创企业就等同无数实验，类似于科学家，创业公司的创始人、投资者和员工必须持续地对公司和产品进行实验性的改变。这个结果通常是不可预测的。

与巴菲特在股票方面的表现相似，蒂尔在技术领域的创业公司投入中，也是集中式投资的狂热爱好者。所以他在个人创业公司上下了大赌注，却没有坚持在工业上广泛使用的“喷雾并祈祷”方式，即用喷水壶到处喷洒的方式来投资，然后向天空祈祷，并希望获得高于平均水平的回报。蒂尔的风险资本组合由不超过 10 个公司组成。为此，他在个人创业公司上下了更大的赌注。只有这会带来非常高的回报，例如：Facebook 的表现堪称典范。在接下来的章节中，我们还会详细说明这个主题。

“失败和悲观可能具有自我实现的特性。”蒂尔说。很多人都觉得要避免这一点太容易：“如果你认为你无法创新，那就什么都不要做。”但是蒂尔是个积极乐观的思想家，他希望社会能回到 20 世纪 50 年代和 60 年代的未来乐观主义和相信进步的道路上。正是因为在不久之前的历史中所遇到的挑战是巨大的机遇，以至于人类意识到，技术能再次作为解决方案的重要组成部分。

对于全球化主题，蒂尔也有反对观点。他认为，未来的决定性因素不是全球化，而是新的技术。对于中国和印度的增长数据而言，环境付出了高昂的代价。蒂尔指出，新兴经济体“门槛国家”的工业化进程不是用工业化国家的旧技术就可以解决的，人们必须要想到增加的二氧化碳排放量。如果我们对现有的方法和流程加以经济化，那么“将是一场环境灾难。在一个资源有限的世界里，没有新技术就不可能保持全球化”。蒂尔被认为是“少花钱多办事”方法的支持者。[12]

彼得・蒂尔创办初创企业的十条秘诀：成功的创业是建立在秘密的基础上的

蒂尔的成功和他的成功方式没有秘方，当然也没有蓝图。在《从 0 到 1》这本书中，他一直详细地对此逐步阐释："不过，虽然我熟知许多模式，并正在这里描述，但是这本书并不会提供一个简单的成功公式。企业指南的悖论在于没有专利配方：每个发明都是新颖而独特的，没有人能提供创新能力的具体步骤。我刚学到的最重要的规则之一就是，成功人士的金矿在意想不到的地方才能找到，而且他们不会考虑公司的成功秘诀，而是在考虑基本原则。"[13]

对蒂尔来说，一个伟大的公司总是基于一个"秘密"背景。Google 以网页排名算法（Page-Rank-Algorithmus）为基础，用来评估网站的重要性和被拍卖的数字广告业务的链接，可口可乐是基于自己的秘方，这是两个非常成功的公司，它们的基因里携带着秘密。蒂尔的观点是，"仍有许多谜团"有待被发现或解密。蒂尔认为，成功创业的关键包括"独特""神秘"和在数字市场上的垄断地位。[14]

彼得・蒂尔在一次采访中谈到了他走向成功而遵循的"创办初创公司的十秘诀"。[15]

1. 你是你人生的规划者。

你可以设定优先级。你有最大的自由来制定你生活中的一些基本原则，从而让你开启人生。蒂尔上大学时，在斯坦福大学研究过 20 世纪的哲学。

2. 把一件事做到最好。

创业最重要的是认识到技术是全球业务。真正优秀的科技公司会制造出比世界上任何人都做得好得多的东西。你应该把自己置身于这样的位置。

作为自由主义者，蒂尔 1987 年创办了斯坦福大学学生报《斯坦福评论》。

3. 确保与你有联系的人适合你的生活和公司，并相得益彰。

蒂尔总是非常关注公司的结构。创始人与员工之间必须和谐相处，并作为一个共同体开展工作。因此，蒂尔在投资之前会问那些创始人，他们是如何相识的。他觉得，一个糟糕的回答就是："我们创办了这个公司，是因为我们俩都想成为企业家。"毕竟，根据蒂尔的说法，你不会嫁给在拉斯维加斯遇到的一个优秀的独臂强盗。他认为一个很好的回答是，创始人在很早以前就互相认识，而且就他们的商业理念进行了深入的交流，他们在能力方面能互补（如技术和企业管理）。

蒂尔在斯坦福大学结交了很多学生为挚友，其中很多人为他的报纸《斯坦福评论》工作。他们中许多人加入了他的 PayPal，"PayPal 黑手党"这个共同宣誓的团体诞生了。在 Palantir 和他的风险投资公司中，蒂尔有很多斯坦福大学和 PayPal 时期的朋友。领英（LinkedIn）创始人雷德·霍夫曼也是蒂尔的大学同学，还是前 PayPal 员工，他们的友谊已经有近 30 年了。[16]

4. 追求垄断地位。建立一个具有极强竞争力、无人能匹敌的公司，然后努力让自己摆脱竞争。

作为创始人，必须要争取垄断地位，这意味着，人们的目标是建立一个独特并且与竞争对手高度区分的公司，从而避免进入竞争状态。对于其他普遍准则而言，会认同下面这个原则，即资本主义和竞争是同义词。事实上，这两者对于蒂尔来说是一对矛盾体。

5. 不要做一个"假的"企业家。创办一个公司，是因为你对一个普遍的问题能做出回答。

"我想成为一个企业家"的回答，对于"人们想如何开启自己的人生"这样的问题，蒂尔觉得没有说到重点。他觉得这一回答就和"我想发财"或"我想出名"一样。没人能用这样的设想来创造出一个成功的公司。蒂尔正在寻找的公司和企业家，必须已经发现了一个重要的问题，而这个问题各企业和政府部门都无法解决，而他们想自己独自去解决这个问题。

6. 对本质的评价要高于地位和声望。由地位驱动的决策不是可持续的，而且从长远来看，是毫无价值的。

蒂尔自己也经历过。他先是在斯坦福上大学，然后在曼哈顿一家律师事务所当律师。然后他问自己，为什么不再思考自己走的是怎样的一条道路？他太忙于那些与规范和声望相符的事，而没有致力于他自己真正想做的事。因此，“先本质后地位”这一课适用于他。

7. 竞争是一把双刃剑。你可以集中精力来打败你周围的人，但是你付出了代价，即疏忽了有价值和重要的事。

蒂尔年轻时是一个优秀的象棋棋手，那时他就已经有很强的竞争观念。但对在中学、大学和后来在曼哈顿当律师时参与竞争的强烈关注，并没有让他感到快乐和满足。

作为一名企业家和风险投资家，他建立了自己的企业。他试过凭借其建立的公司和各种投资来摆脱竞争的压力，而且用独特的商业模式来经营这一切。因此，2013 年 2 月，蒂尔获得了由美国知名科技媒体“科技症结”（TechCrunch）举办的克郎奇奖（Crunchie Award）[①] 的“年度风投人”大奖。

8. 所有的趋势都被高估了。不要追求最新最热门的事情，争取对一个普遍的问题提出切实的解决方案。

蒂尔认为当前的技术趋势，如健康或是教育界的软件都被高估了，还有“流行”主题，比如面向企业客户的 SaaS 软件（软件即服务，Software-als-a-Service），大数据和云计算等。如果这些变成了投资话题，那么蒂尔建议尽快逃离该领域。他把这些时尚词汇看作是扑克牌游戏中的虚张声势。“它们不想成为第四家狗粮公司，它们不想成为第十块太阳能电池板公司，它们不想成为圣弗朗西斯科的第一千家餐

---

① 译注：有技术奥斯卡美誉的 Crunchie Award 奖项，是由美国知名科技媒体 TechCrunch2007 年创办的，Crunchies Awards 素有“科技奥斯卡”之称，在科技界和创投界极具公信力。

馆。”蒂尔得出结论：用这些众所周知的无关紧要的词汇来修饰自己的企业，通常有不好的商业理念作为基础。

9. **不要拘泥于过去。专注于不起作用的事物，只会削弱信心。不要花太多时间分析为什么有些事物不起作用，应该勇往直前，改变前进方向。**

在西欧，失败即亏损。一个人一旦失败了，就可以不必再开始了。而在美国加利福尼亚州，人们经历的是另一种极端。人们常说吃一堑长一智，即失败是显而易见、富有教育意义的。蒂尔反驳了这一论点。蒂尔认为，失败会对人产生有害影响。尤其是如果一个人竭尽所能有所创新，然后不得不承认这不会成功时，这会导致负面的心理反应。蒂尔认为失败不能带来创立一家新公司的经验。他觉得失败由五个原因导致：“错误的人，错误的想法，错误的时机，非垄断产品，产品效果不好。”

10. **找到通往成功的秘径，永远不要随大流。**

“每个人都试图通过小门走出去，但是在拐角处有一个无人使用的快速秘密出口。你应该总是能找到秘径。一路向前，去找这条秘径吧。”[17]

那么初创企业的目的和意义是什么？创业必须要获得什么成果？在这里，蒂尔也有一个简单的成功公式：必须质疑陈词滥调，并彻底创新企业。[18]

第 3 章

斯坦福大学

我去了斯坦福法学院，我可能会再做一次，但如果我再做一次，那我愿意对我为何要这么做提出更棘手的问题。

彼得 · 蒂尔[1]

去斯坦福的路

克利夫兰，2016 年夏天，彼得 · 蒂尔接受了最新的使命，他似乎找到了回家的感觉。在共和党全国代表大会 ① 上，在共和党党代会提名唐纳德 · 特朗普代表共和党参加大选后，蒂尔在党代会的第二天一鸣惊人。彼得 · 蒂尔心情愉悦，在代表们热烈的掌声中登上演讲台。他穿着一套深蓝色西装和配有蓝银色条纹领带的蓝色衬衫。他的年轻魅力显示出他不是政治建制派的天生成员。

蒂尔是 1967 年 10 月 11 日出生在德国法兰克福的德国人，全名是彼得 · 安德烈亚斯 · 蒂尔。小彼得才一岁时，他和父母克劳斯 · 蒂尔和苏珊 · 蒂尔就一起移民到了美国。在党代会那天，他给代表们讲述了他父母是如何来到美国，而且恰好是在克利夫兰实现了未来的成功梦想。[2] “我父亲在凯斯西储大学 ② 学习工程学，就在我们现在所在街道的不远处。因为在 1968 年，不仅这座城市，连整个美国都处在高科技的热潮中。”克利夫兰是旧美国衰落的象征。总的来说，这个城市自 2000 年以来失去了大约五分之一的人口。[3] 蒂尔在演讲台上以非常个人化的方式阐述了自己的家庭故事，生动形象，让人容易理解。在当今的美国，要想像蒂尔一家实现相似的成功事业与美国梦的生活，就没有那么容易了。尤其是作为移民身份来实现这一切，可能性就更微乎其微了，这也是他政治参与热情的重要动机。

---

① 译注：2016 年 7 月 18 日，美国共和党全国代表大会在俄亥俄州的克利夫兰拉开帷幕，约有 5 万名代表，党员和媒体参会。前身是 1792 年成立的民主共和党。1860 年林肯就任总统，共和党首次执政。又被称为林肯的党，老大党。

② 译注：凯斯西储大学（Case Western Reserve University），世界顶级高等学府，美国俄亥俄州第一学府，简称 CWRU，是一所以独立研究著称的世界顶级私立研究型大学，位于美国俄亥俄州克利夫兰。

彼得·蒂尔还是个三岁的孩子时，就已经要面对生活中的艰难现实了。他坐在地毯上，问他父亲地毯是什么做的。他父亲回答说地毯出自一头奶牛。小彼得继续发问，他想知道奶牛发生了什么事。“牛死了。”他父亲说。彼得又执拗地问了一次，想知道这意味着什么。他的父亲向他解释说，那头牛没有生命了，而且，终有一天，所有的动物和人都会死，包括他的父亲和他自己。[4] 这个无情的启蒙对三岁的小彼得来说，不仅是个打击，而且直到今天，仍然是他追求技术进步来改善和延长人类生活和生命的准绳。在接受硅谷演播室 1.0 的彭博社记者张慧卿的采访中，蒂尔认为人的寿命可以达到 120 岁。为此，他只摄入很少的糖分，而且遵循特殊的饮食计划。尽管如此，按照他的观点，在围绕癌症和阿尔茨海默病甚至是战胜死亡这些方面，仍然需要极大的技术突破。蒂尔自己就大量地投资生物技术公司，以便让社会进入“下一个层次”。[5]

蒂尔的父亲是一名化学工程师，为各种采矿公司进行管理工作。因此他们一家人经常被迫频繁搬家。蒂尔 6 岁的时候，这一年是 1973 年，第一次石油危机突然将西方世界从经济增长的梦境中撕裂回现实，在美国，核能变得很重要。蒂尔一家搬到了非洲南部的斯瓦科普蒙德①，那是德国在西南非洲前殖民地海岸的一个港口小镇，在今天的纳米比亚。蒂尔在那里发现了他在象棋方面的兴趣，还如饥似渴地阅读地图册、自然书籍和法国漫画。在他父母房子后面的干涸河床里探险，也是他最喜欢的业余活动之一。他 5 岁时，就已经认识了地球上所有的国家，还能不假思索地绘制出世界地图。蒂尔上过七所不同的小学。甚至在 1.0 演播室的采访中，他把自己描述成一个局外人和新居民的组合，这种组合强烈地影响了他。蒂尔的童年备受呵护，其特点是父母亲经典的角色分配。蒂尔的父亲是化学工程师，负责养家，母亲则负责家务。父母双方都非常重视教育。[6]

斯瓦科普蒙德的学校教育注重纪律，所以穿着包含西装和领带的校服是责任。学生每说错一个字，老师就用戒尺打学生的手心以示惩罚。[7] 蒂尔对任何形式的一致

① 译注：斯瓦科普蒙德（Swakopmund），是纳米比亚西部大西洋沿岸的一座港市，位于温得和克以西 280 公里，鲸湾港以北 33 公里处，是埃龙戈区首府。

性和规则的反感，都体现在他后来作为自由主义者和热爱自由的思想家的角色上。

蒂尔 9 岁时和他的家人回到美国。先是回到克利夫兰，第二年，也就是 1977 年，他们一家搬到美国西海岸斯坦福北部的福斯特城①。福斯特城是建立于 20 世纪 60 年代的一个新城市，是一个半岛，80% 的面积都是水。可能因此他看到了在海面上建设国家和城市的未来，而且慷慨地促进相应的倡议活动。[8]

虽然“硅谷”这个词是由记者唐·霍夫勒提出的，首次出现在 1971 年 1 月 11 日刊登在电子行业周刊《电子新闻》上的关于芯片产业的系列文章中，而且一大批科技公司，如 Apple 公司，仙童半导体公司②，惠普公司和英特尔公司都在这个位于旧金山和圣何塞治安的河谷定居下来，但这个名词还不如现在声名鹊起的“科技谷”（Tech-Tal）这个称谓更广为人知。[9] 电子公司，还有当地的斯坦福大学，都从美国军队丰厚的预算中获利颇厚。就在同一年，当蒂尔一家搬到斯坦福附近的那一年，Apple 这家年轻但具有革命性的计算机公司把第一个“聚宝盆”Apple II 推上市场[10]，个人电脑诞生了。Apple 和他们的创始人一举成名，新闻界和媒体热切地聚焦在蒸蒸日上的西海岸初创企业的成功故事上。10 岁的彼得·蒂尔因此成为即将到来的开创性科技革命的时代见证者。

乔治·帕克③在他的《解密：新美国秘史》一书中描述了美国衰落时的社会，在 20 世纪 70 年代末，硅谷是二战后美国中产阶级生活的典范之一。在美国，没有任何一个地方像硅谷一样，这里的人对某一种族或宗教的归属感完全不在意。帕克形容那里的生活是“平等主义，教养良好，生活舒适”。[11] 加州式的“生活方式”体现在彼得·蒂尔的新学校里。学校说不用再穿校服了。在教学方面要求过高的老师会让顽固的学生产生反抗情绪。蒂尔没有参与这些争论，就像在西南非洲一样，

① 译注：福斯特城（Foster City），它是旧金山湾里的一个人工半岛，建于 20 世纪 60 年代，面积 9.7 平方公里。

② 译注：仙童半导体公司（Fairchild Semiconductor），也译作飞兆半导体公司。成立于 1957 年，曾经是世界上最大、最富创新精神和最令人振奋的半导体生产企业，为硅谷的成长奠定了坚实的基础。

③ 译注：乔治·帕克（George Packer），1960 年出生，美国记者，2013 年出版非虚构纪实类作品《解密：新美国秘史》。

他的关注点在获得好成绩上。对他来说，每一次考试都是“生死攸关”的时刻，就像帕克所总结的那样。蒂尔很快就脱颖而出，在数学和逻辑思维能力方面表现出色。就是在作为一名象棋棋手方面，他的成绩也非常引人注目。在 13 岁以下儿童象棋比赛中，他获得了全美国第七名的好成绩。棋盘上的对决和对优异成绩的渴望，鼓励了他的痴迷和与他的同学不断的竞争。[12] 后来他才成熟地意识到，不断的竞争会让他变得盲目而且心态不健康。在畅销书作家蒂姆·费里斯 2014 年的播客节目中，蒂尔回答了向他提出的他最想改变什么和最想改善什么的问题：“回顾我年轻时的那几年，我想说当时是处在一个不健康的状态和不健康的竞争中。处于这种状态的人，在与别人竞争的领域里，能取得很好的成绩，但却牺牲了很多其他的东西。”[13]

除了对国际象棋的热爱，蒂尔还专注于科幻文学。他特别喜欢艾萨克·阿西莫夫和罗伯特·海因莱因。[14] 他能和他的朋友们长达几小时地玩“龙与地下城”游戏，这是一款在 20 世纪 70 年代中期推出的战略游戏，以地牢和龙为中心。在蒂尔家，他 12 岁之前是被禁止看电视的，所以彼得在家用电脑 TRS-80 上玩的是当时流行的一款文字冒险游戏 Zork。[15] 蒂尔非常喜爱 J.R.R. 托尔金所著的《指环王》，他爱不释手，反复阅读，以致他的两家投资公司瓦拉和米特里尔，还有他的大数据公司 Palantir，都是用托尔金幻想文学中的名字来命名的。在公司管理上，贯穿始终的也是托尔金的哲学理念，这对他后半生影响至深：个人价值、机械力量和集体力量的针锋相对，以及权力与腐败之间的交互作用。[16] 在 2017 年《纽约时报》名为“确认或拒绝”的访谈中，蒂尔被列为《星球大战》的忠实粉丝。因为在他看来，这部电影与《星际迷航》正相反，深受资本主义的影响。[17] 国际象棋、数学、科幻小说和太空旅行通常是 20 世纪七八十年代的智力卓越的年轻人的兴趣爱好，今天他们会被称为“书呆子”。蒂尔后来的朋友和商业伙伴埃隆·马斯克和 Amazon 的老板杰夫·贝佐斯在年轻时也有类似的爱好。马斯克和贝佐斯后来创建了它们自己的航天公司，蒂尔本人就是 SpaceX 公司的投资人之一。

20 世纪 70 年代末，美国从一场失败摇摇欲坠到下一个失败，油价冲击让经济迅速下滑，通货膨胀和利息增长超过 10%。美国大使馆在 1979 年 11 月遭到伊朗民众的冲击并被占领，随后52名美国外交官被扣为人质长达444天；还有1979年圣诞节苏联人入侵阿富汗，美国遭受重创①。当时还有民主党总统吉米·卡特遭受的困境②。蒂尔在这一时期已经形成了对政治胜利者的第六感。在八年级时，他收集了共和党人总统候选人罗纳德·里根的剪报。里根之前已经是加利福尼亚州的州长了，并且一鸣惊人地成为美国第40任总统。尤其是在年轻受众中，这位当时最年长的总统和年轻人打成一片。[18]美国的乐观情绪又得到了很好的恢复。受里根时代新保守主义和当时官僚主义等因素的影响，蒂尔的自由主义追求更加坚定。里根的富有魅力的和吸引人的执政方式一定给蒂尔留下了深刻的印象。在一次采访中，蒂尔还向里根致敬，他认为"里根解决了问题，并找到了正确的答案"。[19]

对蒂尔来说，美国目前的情况与20世纪80年代时相似。这种衰退无处不在，每次他接受采访时都会谴责这一点。

对蒂尔来说，1985年前后的时代是"非常乐观"的。[20]同年在圣马修高中光彩夺目的中学毕业典礼上，他以全部都是"A"的最佳成绩风头正劲。[21]蒂尔的前途一片光明。他迄今为止的人生都铭刻在争取好成绩的激烈竞争中，随之他也想进入顶尖大学，开创成功的事业。

他申请的所有大学都给了他录取通知，包括哈佛大学。但他决定不去哈佛大学，因为他害怕竞争压力和可能的失败。[22]哈佛对他来说，也是现在社会上错误的竞争观念的象征，洋溢着精英大学的气息。在哈佛大学开设的"如何创业"系列讲座中，蒂尔在2014年秋天"竞争是留给失败者的"这一讲座中，引用了美国前国务卿、哈佛大学教授基辛格的一句话。基辛格在讲授关于学术行动的时候，说过这样一句话："战争太暴力了，因为赌注太低。"蒂尔说："这种疯狂，人们为小赌注而疯狂斗争，对人类而言，从理性的角度，是为了求得没有未知数的逻辑方程中的一个简单功能，所以是无价值的平庸行为。"[23]

---

① 译注：这是指美国在1979年遭到的伊朗人质危机和苏联在1979年12月25日圣诞节入侵阿富汗并占领了阿富汗，美国转而全力支持阿富汗的游击队，以致苏联深陷阿富汗战争十余年。

② 译注：1979年年初伊斯兰革命后，美国石油危机再次爆发，美国油价飞涨，通货膨胀严重，内忧外患。

蒂尔继续推心置腹地给商学院和哈佛大学学生多说了几句话。他认为，哈佛学生是一种非常特殊的个体。他称他们为“反阿斯伯格”（Anti-Asperger）性格①，外向但没有自己的想法。如果把具有这些特征的人聚集在一起，两年的时间，最终会出现一个群体驱动，从而得出完全错误的决定。就像 20 世纪 80 年代末，所有哈佛毕业生当时都蜂拥到金融业，想追随当时的“垃圾债券之王”迈克尔·米尔肯②。米尔肯后来因为华尔街最大的金融丑闻而锒铛入狱。随着 1999 年和 2000 年的科技技术大繁荣迈向顶峰，每个哈佛毕业生都想来到硅谷。两年后，科技泡沫破裂，纳斯达克指数从峰顶下跌了 80% 左右。在 2005 年和 2007 年之间，在抵押贷款达到最高峰的时候，每个人都想加入私募股权与投资银行行业。2008 年 9 月，雷曼兄弟破产，引发了全球经济和股市的大地震。他告诉学生们，他自己“也不知道应该推荐什么样的疗法”，但他的出发点和建议是，即使只识别出一种方式的“百分之十”，也“永远不要低估问题的严重性”。[24]

回到 1985 年，彼得·蒂尔以优异的成绩中学毕业后，对应该选择哪个大学专业没有具体的计划。当时在他看来，一切皆有可能。“你可以赚很多钱，获得一个有声望的职位，做一些智力上有挑战性的事情，而且用某种方式把这一切组合在一起。这是 20 世纪 80 年代盛行的乐观主义的部分内容。我觉得没有必要强制把它变得更具体。诉求是，为了对世界产生某种影响力。”[25]

最后，他选择了近在咫尺的学校。他在小时候就经常和父母一起搬家，他决定去精英大学斯坦福学习，就在他父母家附近，研究哲学。

---

① 译注：阿斯伯格综合征（Asperger syndrome，简称 AS），又名亚斯伯格症候群或亚氏保加症，是一种泛自闭症障碍，其重要特征是社交困难，伴随着兴趣狭隘及重复特定行为，但相较于其他泛自闭症障碍，仍相对保有语言及认知发展。

② 译注：迈克尔·米尔肯（Michael Milken），投资分析师，是自 J.P. 摩根以来美国金融界最有影响力的风云人物，曾经是在 20 世纪 80 年代驰骋华尔街的“垃圾债券大王”，影响并轻轻改写了美国的证券金融业发展的历史。

斯坦福大学和斯坦福法学院的培训

为什么是哲学？基于蒂尔的数学天赋，他可能会更愿意学习自然科学学科，甚至计算机学科吧，特别是在 20 世纪 80 年代，斯坦福大学就在计算机科学方面享有盛名。马克·安德森，一个硅谷领先的风险投资家和互联网浏览器的发明者，前一阵认为，只有具有研究数学背景的大学课程才具有意义，与此相对应的，以人文学位毕业的人通常最终会成为卖鞋匠。[26]

但是彼得·蒂尔很快就发现在大学学习哲学是个不错的选择。在他大学第二年，1986 年的冬季学期，他参加了著名教授迈克尔·布拉特曼[27]的一个课程《心灵、物质和意义》(*Mind, Matter and Meaning*)。在这期间，他注意到了同学里德·霍夫曼。他们的相遇对于双方而言都具有指导方向上的重要意义。讲座结束后，他们继续在斯坦福大学的棕色庭院——在大学生黑话中被称为“四方院”——中谈天说地。这两个人第一次的智力交锋和激烈争论就持续了两个多小时。他们的争论涉及的是一些原则问题，就像哲学中经常阐释的一样，围绕着生活和整个世界的全部准则。他们之间 30 年的友谊基石就此奠定。从一开始，瘦弱的蒂尔和强壮的霍夫曼就代表了外表截然相反的论点。他们第一次见面 25 年后，霍夫曼在接受《福布斯》杂志采访时说，那是个持续了几十年的富有挑战性的智力交流的开始。蒂尔强调，他们之间的讨论“并非是相对的，但始终是关于真相的”。[28]

当时两人都不可能猜到，他们的谈话会扩展到技术产业和社会领域的那种划时代的范围。蒂尔和霍夫曼对社交媒介的发展影响深远。彼得·蒂尔是 Facebook 的第一个外部投资者，里德·霍夫曼是 LinkedIn 的创始人。蒂尔和霍夫曼凭借他们的敏锐嗅觉和远见卓识的精神，成为 Web2.0 时代的无冕之王，顺便也成了硅谷最富有并最有影响力的企业家和风险投资家。《福布斯》杂志因此在 2016 年全球最佳创投人排行榜①上也把他们俩列入最佳资本交易撮合商前 20 名之列。彼得·蒂尔

① 译注：福布斯全球最佳创投人榜（The Forbes Midas List），堪称创投圈“奥斯卡”，从 2001 年起，福布斯每年都会收集全球风险投资人的信息，列出排行榜。

位列第10名，里德·霍夫曼名列第18名。[29]

他们当时的领导抱负和政治观点也体现在斯坦福大学的学生会选举中。蒂尔作为右翼候选人赢得了一个学生会的席位，霍夫曼则作为左翼候选人在学生会中赢得了一席之地。25年后，霍夫曼在《福布斯》专访中强调了斯坦福大学的具备企业家特质的标志性创业场景，是如何在此期间获得巨大发展的。在他们那个时代之前还不是这样的，而这时候的斯坦福学生在大学的基础阶段想的是“我要离开大学，开一家公司”，蒂尔因此感到非常惊讶。2012年，他在斯坦福大学开设了一周的创业讲座，有300多名学生注册听课。蒂尔感到了一种与20世纪90年代末的繁荣时期类似的“紧张度”，但是这一次他的感受比那时更“真切”。蒂尔在谈话中还回忆了，2005年年初，他与霍夫曼和肖恩·帕克（Facebook前顾问）在斯坦福大学举行的“接下来的伟大公司”活动，就在霍夫曼创立LinkedIn之后不久。就如同后来所发现的，这对于web 2.0而言，是一个至关重要的出发点。而Facebook和LinkedIn和他们站在一起，成为“接下来的伟大公司”的主角。

通常，最成功的投资者在他们的决策投资上都有惊人的简单智慧。对于沃伦·巴菲特和查理·芒格①而言，“能力圈”原则就是他们投资决策的能力框架。对于彼得·蒂尔而言，“斯坦福五英里半径”能为他找到需要投资的初创企业。[30]蒂尔在这里谈及的是他作为创业企业家的个人经验。除了邂逅霍夫曼之外，他应该还在斯坦福大学认识了很多同样才华横溢的天才伙伴，这对他今后的人生之路具有举足轻重的意义。

对彼得·蒂尔的世界观和商业及投资决策起到重大影响的人，应该是之前已经提及的法国哲学家和斯坦福大学教授勒内·吉拉尔。按照蒂尔的描述，他第一次阅读吉拉尔的主要作品《世界建立以来隐藏的东西》是在他的大学阶段。对蒂尔来说，这是他所敬仰的那位法国哲学家的经典著作。吉拉尔的著作涉及大局和整体，

① 译注：查理·芒格（Charlie Thomas Munger，1924年1月1日—），美国著名的投资家，沃伦·巴菲特的黄金搭档，巴菲特和芒格提出“能力圈”，认为投资成功的最重要原则就是能力圈原则，投资人需要清楚自己的能力圈范围，界定自己的能力圈边界。

在其作品中，暴力和宗教起着重要作用。吉拉尔思维模式的核心内容是模仿理论。按照吉拉尔的理论，人类的行为建立在模仿的基础上。追求和欲望以模仿为基础，导致冲突以及纠纷。暴力冲突的升级只有通过抓住替罪羊才能解决问题。基督教神学以及宗教是吉拉尔作品中的重要部分，对蒂尔也有很大影响。[31] 蒂尔是被他的福音派基督徒父母抚养长大的。据蒂尔说，基督教的关联以及进化非常“有价值”，并“提供对事物的不同看法”。“这有助于你安全地捍卫自己的想法，或者让你更深刻地理解为什么这些想法错了”。[32]

勒内 · 吉拉尔在接受时尚媒体采访时表达了他的理论和观点。在采访中，他旁征博引，从人类学、宗教、文学和精神分析方面一直到现代社会文化理论均有涉猎。据蒂尔说，吉拉尔的作品“密集而紧凑”，“不容易阅读”。

正如上文所提及的，吉拉尔的作品围绕模仿和竞争展开。彼得 · 蒂尔在接受《商业内幕》采访时说，我们人类不能避免模仿，我们的行为以及我们如何行动的方式，都是因为其他人也是这样行动的。“这就是为什么我们都为同样的事情奋斗：同样的学校，同样的就业机会，同样的市场。经济学家说竞争把利润边际化，这是一个非常重要的阐释。吉拉尔还补充：竞争者往往以牺牲自己的目标为代价，来被其竞争对手所控制。此外，竞争的激烈程度不会高于物品的基本价值。人们为那些毫无意义的事情苦苦挣扎，随着时间的推移，竞争越来越激烈。”[33]

彼得 · 蒂尔可能从吉拉尔的认知观中得到了至关重要的信息，从而成为成功的企业家和投资者。“人类不能完全避免模仿，但是如果一个人敏锐地感受到正走在引导人类前进的道路上，那么这人能以一己之力对抗他人，不去模仿，那他就已经领先一大步了。”[34] 一条他自认是“叛逆者”的建议，让他在大学生涯中一直铭记在心。Amazon 创始人杰夫 · 贝佐斯在接受沃尔特 · 艾萨克森 ① 采访时认同彼得 · 蒂尔是个叛逆者。贝佐斯认为：“叛逆者往往是错误的。”贝佐斯是在 2016 年

---

① 译注：沃尔特 · 艾萨克森（Walter Isaacson），美国著名的传记作家，生于美国新奥尔良，曾先后就读于美国哈佛大学和英国牛津大学彭布罗克学院。毕业后，成为英国《星期日泰晤士报》的一名记者，由此开始了他的职业生涯。

10月底发表这一声明的，就在唐纳德·特朗普参加美国总统选举两星期之前。[35]

互联网浏览器的发明者、蒂尔的朋友和经常合作的共同投资者马克·安德森①表示，他“同意一半”蒂尔的说法。对蒂尔来说，资本主义和竞争是对立的。在完全竞争的情况下，所有的利润都将被缩减。创业企业家应该寻找垄断企业。按照马克·安德森的说法，蒂尔说得没错，但如果人们有一个好的想法，就应该为之奋斗。安德森是其中之一，随着第一个商业互联网浏览器马赛克的开发和网景的创建，他书写了历史，创造了一个巨大的市场，使互联网业务成为可能，但却被Microsoft的竞争所扼杀而被赶出市场。对于马克·安德森来说，蒂尔显然提高了硅谷的智力水平，“尤其是在哲学、历史、政治和人类命运方面。在彼得之前，很少有人想到这些事情。相反，他们全神贯注考虑的是，新芯片能做什么？”[36]

当其他企业家和投资者追随“羊群效应”时，蒂尔通常走在完全相反的方向，而且非常成功。如果有人想达到一个高于平均水平的投资结果，那么按照定义就必须采取不同于大多数人的行动。但并不是每个人都是天生的“叛逆者”，抵制主流需要很大的勇气和自律。“当别人贪婪的时候，保持畏惧，当别人畏惧的时候，请贪婪一些”[37]，蒂尔的想法与投资天才沃伦·巴菲特异曲同工。但即使是彻头彻尾的叛逆者，也无法完全做到这点。

蒂尔的大多数朋友都赞同他的保守观点。他们享受着他们作为局外人的地位和从主流社会中脱颖而出的感觉。20世纪80年代末，斯坦福大学在研究计划的方向和构成上成为激烈的信仰斗争的场所。少数族裔和左翼学生团体抱怨说，这些课程只针对“死去的白人”——即亚里士多德和莎士比亚等思想巨人。另一方面，传统主义者认为，在反西方潮流中，这些研究计划可能会因左翼政治鼓动而被滥用。蒂尔寻求着一种有利于他的方式来影响这场政治讨论。当时没有比创办一本杂志更能接近这一目标的了，毕竟当时还处于“前互联网时代”。

在哲学专业第二学年的学习结束时，蒂尔做了带头人。1987年6月，他与诺

① 译注：1992年，22岁的安德森便发明了全球首款可显示图片的网页浏览器“马赛克”，随后他又与人共同创立网景公司，并促成网景公司成功上市，甚至助推了当年的网络股热潮。

曼·伯克共同创办了保守派学生报纸《斯坦福评论》。最初的创业和政治野心现在已经显现出来。他用这个宣传喉舌建立了另一个带有保守纲领的语言宣传渠道。里根革命和自由贸易价值观的恢复，伴随着保守主义思想，影响了《斯坦福评论》的内容取向。[38]

财政和智力支持由新保守主义之父欧文·克里斯托①提供。尽管蒂尔很少为《斯坦福评论》撰稿，但在最初几年，他显然留下了他作为出版者的痕迹。这些文章混合了对智力要求很高的言论、听起来相当理性的对左派意识形态的攻击以及学生们对“政治正确性”的可耻/恶意的突出强调。[39]据后来的编辑阿曼·韦吉说，在最初的几年里，报纸的特点是“保守的热情”。蒂尔和其他出版者大卫·萨克斯和阿曼·韦吉都自称为自由主义者。而且，根据韦吉的说法，在《斯坦福评论》中也留有表述细微差别的空间。[40]左翼思想家和右翼保守派之间的争论超出了斯坦福大学，成为一种全国性的现象。1987年年初，民主党总统候选人杰西·杰克逊来到斯坦福，并且让学生们在游行中大喊：“嘿，嘿，嘿，西方文化要走了！”这件事成为一件丑闻。第二年，蒂尔邀请了里根政府的教育部长威廉·贝内特，他并没有谈及当时的热点问题，而是严厉地批评了斯坦福课程设置的变化。因为突然之间，关于西方以外文化的课程和作者的书籍成为焦点，它们本应表达性别和肤色的差异。也就是说，应该打破白人男性主导的主流文化。贝内特在《斯坦福评论》中表达了蒂尔和他的保守派同事的想法：“一所伟大的大学被摧毁了。”[41]

《斯坦福评论》也在致大学管理层的公开信中表达了他们的反对意见，因为里根图书馆没有设立在斯坦福大学。②原因在于斯坦福大学和胡佛研究所之间关系平平。如果里根图书馆设立在斯坦福，那么不管政治观点如何，学生和教职员工不仅将会拥有最伟大的思想，而且会拥有最有价值的档案。[42]

---

① 译注：欧文·克里斯托（Irving Kristol，1920—2009），作家，政治家，被誉为美国新保守主义之父，他的保守主义观点影响了20世纪60年代的知识分子和政策制定者。影响力一直持续到20世纪80年代。

② 1955年，美国国会通过《总统图书馆法》，根据此法，美国总统卸任后在自己家乡建造一座图书馆，存放自己的文件，交由国家档案部门管理。

即使到了20世纪80年代末，蒂尔仍对斯坦福大学高昂的学费感到忧虑。蒂尔在一篇题为《财政支持评估》的早期社论中批评了学费的增长远远高于通货膨胀率和个人收入增长率这一现象，“70%的大学学生需要财政援助，这创下了惊人纪录。换言之，自斯坦福大学70%的学生负担不起学费以来，增加的学费就必须由剩下的30%的学生来承担。”蒂尔指出了一个悖论，“即学费的上涨导致仍然负担得起学费的学生比例下降，而付不起学费的学生基数有了更明显的提高”。[43]

30年后的2016年10月，蒂尔在美国总统选举前的华盛顿国会新闻发布会的记者面前，批评了大学高学费和高债务的恶性循环。据蒂尔称，在大学生中，每年累积有13亿美元的学生债务。“美国是唯一一个学生无法逃避债务的国家，即使在申请个人破产的时候。”对蒂尔来说，这是美国的可怕现状，也是他对美国错误的教育培训体系的主要批评点之一。[44]

除了保守思想的政治表达功能外，《斯坦福评论》对蒂尔还有第二个意义：他可以把忠实地围绕在他身边的志同道合的朋友们聚集起来。这家报纸是他的第一次创业，为他提供了测试和塑造与他共事者的个性的机会。因此，《斯坦福评论》成为蒂尔后来为事业培育和招聘人员的平台。遵循这一口号：那些在《斯坦福评论》中证明自己的人，天生就是伟大的！

《斯坦福评论》的工作人员、编辑和出版人名单读起来就像是硅谷科技界的“名人录”。传奇的“PayPal黑手党”也从《斯坦福评论》的工作人员中招募。一直以来，它形成了彼得·蒂尔主要的内部商业和交际圈。

最重要的前《斯坦福评论》工作人员以及他们的现状：

彼得·蒂尔（创始人和前编辑），PayPal、创始人基金会（Founders Fund）、Palantir科技公司的联合创始人，并担任其他职务。

肯·霍威利（前编辑），PayPal和创始人基金会的联合创始人，并担任其他职务。

大卫·萨克斯①（前主编），Yammer的联合创始人、天使投资人。

---

① 译注：大卫·萨克斯（David O.Sacks）他创立的Yammer是一个社交网络，最初是作为微博客服务启动的。Yammer自2008年9月开始运营，2012年被微软收购。

基思 · 拉博伊斯（前主编），Opendoor 的联合创始人，科斯拉风险投资公司（Khosla Ventures）投资者。

乔 · 朗斯代尔（前主编），Palantir 科技公司和 Formation 8 的联合创始人，并担任其他职务。

1989 年，彼得 · 蒂尔终于结束了 20 世纪哲学的研究，从大学毕业。紧接着，他就开始在斯坦福法学院学习法律，1992 年毕业，获得法学博士学位。

蒂尔的继任者，《斯坦福评论》主编大卫 · 萨克斯从 1992 年起就开始推行自己的风格。他强调了言论自由、同性恋权利和一般性别讨论等问题。蒂尔的朋友基思 · 拉博伊斯也是一名法律系学生，1992 年，他对斯坦福大学校园内言论自由的可能性进行了最大限度的尝试。拉博伊斯朝着校园里一间教师公寓的方向高呼："你个白痴，男同性恋！希望你死于艾滋病！"还喊道："等不及你死了，白痴，男同性恋！"[45] 这在当时成为校园的一大丑闻，拉博伊斯不得不在大学董事会的压力下离开斯坦福。

事实证明，报纸是一种很好的媒介。萨克斯也认为《斯坦福评论》成功地发现了许多过激行为，大学管理层在事后往往被迫掌舵。斯坦福大学外的公众也对校园和幕后发生的事情有所耳闻。[46] 但要留下持久的印象，一份报纸是不够的。要有所成就，需要写一本书。大卫 · 萨克斯和彼得 · 蒂尔在 1995 年出版了《多元化神话》一书，标志性的小标题是《校园内的多元文化和不宽容》。这本书拒绝尝试将斯坦福大学的研究计划和政治取向与多元文化主义相结合。这些年来，彼得 · 蒂尔的观点应该有很大的变化发展。就在这本书面世之际，斯坦福大学在新任校长格哈德 · 卡斯帕尔①的领导下经历了一场巨大的文化变革，许多作为持不同政见者主题的人文社科课程都成了牺牲品。

蒂尔显示出了作为公共知识分子的雄心壮志，但他怀疑在学术专业化的时代，这样的职业是否仍有意义。他想献身于资本主义精神，但不确定这是否应该更多地

① 译注：卡斯帕尔教授出生于德国，法学家，1964 年到美国，担任过美国芝加哥大学法学院的院长，1992 年到 2000 年担任斯坦福大学校长。

成为一项智力任务，还是他只是想变得富有，或者两者兼而有之。萨克斯确信，蒂尔能够成为下一个威廉 · F. 巴克利[①]和亿万富翁，只是顺序可以不同。萨克斯应该是对的。通过成功的投资，蒂尔已经成为亿万富翁，同时，他现在的一举一动也成功地牵动着公众的神经，无论是作为一名作家，还是通过他的非盈利机构“蒂尔基金会”。

在斯坦福法学院毕业前不久，蒂尔为《斯坦福评论》撰写了最后一篇社论，嘲讽科学家们对有利可图的职业的厌恶。相反，科学家们在“公法领域”寻求成就。“贪婪的另一选择，既不是个人成就，也不是幸福，而是对那些做了更有价值事情的人的怨恨和嫉妒。”蒂尔特别提到了管理咨询、投资银行、期权交易或房地产开发等行业的职业道路。他还考虑加入一个初创企业，这在当时是一个相当不寻常的职业道路。[47]

从法学院毕业的时候蒂尔没有追求无与伦比的分数，而优异的成绩在他以往的学习生涯中一直让他脱颖而出。这是他第一次质疑分数的有用性，以及一个出色的毕业成绩到底有什么用。在高中，这个问题对他来说还是很清楚的：好的成绩为一所好大学铺平了道路。

到这时为止，蒂尔已经通过了美国环境中的一帆风顺的精英培训，而且采用的是最有效的模式，从而获得了通往一条经典而又保守的职业生涯的入场券。

大约 25 年后，2014 年，蒂尔在他的朋友蒂姆 · 费里斯的节目里对他的“有效模式”的学业培训道路颇有微词。“当最有才华的年轻人都上同样的精英大学，最终学习一个少数学科，从事一个少数职业时，这个社会可能会出问题。在我看来，用这种方式来回答‘人们应该如何开始自己的生活’这样的问题非常狭隘。这极大地缩小了我们的社会和学生的范围。当我回顾我在斯坦福法学院的岁月时，我也同样如此认为。也许我还会选择同样的专业，但我会问自己这样的问题：我为什么学那个？就因为我有好成绩，从而这保证了我具有一定的优先权？或者因为我充满激

---

① 译注：威廉 · F. 巴克利（William F. Buckley，1925—2008），美国保守派公共知识分子，1955 年创办了《国家评论》。

情，想成为律师？在我看来，答案有对也有错。回顾过去，我在 20 岁出头的时候，过于全神贯注在错误的答案上了。”蒂尔在采访中进一步强调，他不喜欢“教育”一词，认为它“非常抽象”。如今，他也对资格证明抱有怀疑态度。他看到了我们正处于一个被误导的“教育泡沫”中，而我们必须远离这一泡沫。[48]

第4章

风险视为机遇，竞争是留给失败者的

持续了七个月，零三天。

彼得·蒂尔谈及他在纽约苏利文 & 克伦威尔律师事务所

做律师的时间[1]

纽约的客场比赛：终极竞赛

1992年，凭借法学学位，年仅24岁的蒂尔前往亚特兰大去接受他的第一份工作。在斯坦福大学学习了七年后，他在那儿做了一年的法院书记员。[2]

在那段时间里，他做出了第一个指导方向的决定，这应该会损害他迄今为止的作为律师的堪称典范的职业蓝图。蒂尔应联邦法官安东宁·斯卡利亚①的邀请，进行了一次美国最高法院的求职面谈。斯卡利亚，2016年2月去世，享年79岁。他被认为是过去25年里联邦法院最重要的法官。斯卡利亚1986年被罗纳德·里根任命为大法官，在他去世前的30年里，一直在最高法院工作，以保守路线著称。蒂尔本应该和他具有同样的政治观点。[3]对于蒂尔而言，这是他从小就参与的"终极竞赛"。法律系学生的最高荣誉就是去联邦法院工作。几万名候选人最后仅仅通过了几十个。和法官们的面谈，在蒂尔看来非常好，现在离目标非常近。在他心目中，已经把自己看作是一个不再为经济发愁的法官了。但他错了，蒂尔被拒绝了。像他这样的人，以前在每一场比赛中都能脱颖而出，这次失败对他而言就像世界轰然崩溃。2016年，在汉密尔顿学院②法学院的大学毕业典礼上演讲时，他承认那一刻他被"击溃在地"。[4]

然后他搬到纽约，为苏利文 & 克伦威尔律师事务所工作。对他来说，事务所的工作内容挑战性很低。每周工作80个小时。和许多律师事务所一样，许多年轻的大学毕业生不得不埋头苦干，才有可能在八年后成为合伙人。被与他一起为未来

---

① 译注：安东宁·斯卡利亚（Antonin Gregory Scalia），美国最高法院在职期间最长的大法官。

② 译注：汉密尔顿学院（Hamilton College），是美国一所知名的私立的文理学院，它位于美国纽约州北部的克林顿市。

而奋斗，为将来努力成为律所合伙人而奋斗的竞争者们所包围，蒂尔对这种竞争模式提出了越来越多的质疑，而这种模式迄今为止构成他一部分教育和训练之路的核心。他后来把他在纽约的工作时间视为回忆中的“生活危机”。[5] 在众多的采访中，蒂尔描述了对“精英”的法律生活和法律生活的截然相反的观点：“从外面看，每个人都想进入这个领域，从内部看，每个人都想再次从这个领域走出来。”蒂尔今天不无炫耀地说，他能马上就说出他在那个律所做了多久律师：“七个月零三天。”这种计数方式让人想起在监狱服刑的煎熬。当他决定“明天就离开公司”时，他的同事们都很惊讶。据蒂尔说，其中一个同事“认为他自己根本不知道如何能逃离恶魔岛”。恶魔岛①这个象征性的目前已经停用的位于旧金山湾的监狱岛，是对一个资深的律师事务所的比喻——这确实是一个挑衅性的比喻。每次蒂尔讲这个故事时，他身边的人总是笑得前仰后合。但对于那些律所的参与者来说，要把这些抛在脑后是非常困难的。蒂尔认为人们已经为自己的职位付出了很高的代价，也许是太高的代价，以至于他们不声不响地就悄然放弃了。[6]

面对汉密尔顿学院毕业生发表演讲时，蒂尔在提及自己的经历时提到了一个重要的时间点：2004 年，在他建立并出售了 PayPal 之后，他碰巧遇到一位法学院的老朋友，蒂尔帮他申请了法官的工作。他的第一个问题不是“你好吗？”或“真不敢相信那是多久以前的事了？”而是“彼得，你后悔没有得到法官的工作吗？”[7]

回想起来，蒂尔不再为自己的法官和律师生涯感到悲哀。“如果我最终赢得了司法机构职位的竞争，我的生活会变得糟糕。”蒂尔在他的书《从 0 到 1》中写道。[8] 法院的职位会迫使他处理陌生人的合同和生意，而不是自己创造新的东西。

蒂尔建议学生们应该走上引导自己事业成功的道路：“无论当时的挫折有多大破坏力，总是有可能找到一条更有回报的职业道路”。回想起来，他想成为律师的雄心壮志，与其说是他未来的计划，不如说是“目前的不在场证明”。一个不在场证明，特别是对父母和团体来说，一切都很好，他“在轨道上”。但回想起来，蒂

---

① 译注：恶魔岛（Alcatraz Island，英语俗称 The Rock）是位于美国加州旧金山湾内的一座小岛，面积为 0.0763 平方公里，四面峭壁深水，联外交通不易，因而被美国政府选为监狱建地，曾设有恶魔岛联邦监狱，关押过不少知名的重刑犯，于 1963 年废止，现与金门大桥同为旧金山湾的著名观光景点。

尔说他最大的问题是，他走在一条路上，却没有批判性地询问这条路通向何方。[9]

蒂尔反问自己的这个问题，可以这样解答：他是否出于激情想成为一名律师。不过，在 2011 年接受《斯坦福律师》① 采访时，他明确表示，法学院是他创业的良好基础。法学专业是“跨学科的”，“一个人学到了很多关于不同领域的知识，还会尝试探索它们之间的互动方式。”此外，还会有“许多具体的技能重叠，例如处理各种信息和总结信息的能力。”回顾过去，在斯坦福大学的学习岁月是“极其宝贵的岁月”。

1993 年至 1996 年，蒂尔曾尝试在纽约的瑞士瑞信银行 ② 担任衍生品交易商。在那里，他学会了如何评估和分析资产。当时，他一年能挣 10 万美元。他的室友比他大几岁，一年能挣 30 万美元，却还得向他父亲借钱生活。在纽约生活真的太贵了。作为银行家，就必须穿着昂贵的西装，去精致的餐厅就餐。作为注重地位观念的大城市代表，纽约加剧着竞争压力。这座摩天大楼之城象征着无数人事业的兴衰起伏。当人们身处这座大楼的时候，会根据楼层的不同而瞧不起其他人，或者会仰视另一部分人。对于蒂尔来说，他热爱竞争，但拒绝这种“暗斗”，纽约的运作方式一定给人留下了相当幽闭恐怖的印象。他回忆起勒内 · 吉拉尔的作品，纽约是吉拉尔“模仿理论”理论陈述中最生动的例子。高昂的生活成本加上无情的竞争压力，让纽约在蒂尔心目中成为一场零和游戏。[10]

具有讽刺意味的是，《华尔街日报》几年后应该在预先宣传他的畅销书《从 0 到 1》时把广告语列为“竞争是留给失败者的”。最好不要把蒂尔在纽约客场不成功的经验总结出来 [11]，蒂尔肯定是不用多想就回到加利福尼亚的，他去了硅谷。

下一件大事：互联网

当蒂尔 1996 年结束了他的纽约客场的游戏回到硅谷时，硅谷正处于一场重大

---

① 译注：《斯坦福律师》是斯坦福大学法学院办的杂志。

② 译注：瑞士信贷集团在 2006 年更名为瑞士瑞信银行（Credit Suisse），是一家成立于 1856 年的投资银行和金融服务公司，是瑞士第二大银行，仅次于它的长期竞争对手“瑞士联合银行”（UBS AG）。

的技术变革中。20 世纪 90 年代上半叶，Microsoft 和英特尔两大巨头牢牢地控制着个人电脑市场。连新闻界也是“WinTel”的缩写，表示 PC 时代两家主要公司的紧密合作关系。20 世纪 80 年代的激烈竞争，是由 Apple 公司与 IBM 公司和 Microsoft 公司之间的竞争所推动的。任务分工很简单：Microsoft 开发了新的资源消耗型版本的摇钱树 Windows 和 Office，英特尔为此各开发了一款功能更强大的微处理器。两家公司都在市场上赚取了大部分利润，个人电脑征服了办公室和家庭。Microsoft 首席执行官比尔 · 盖茨的愿景就是：每家每户都有一台 PC。硅谷陷入了某种意义上的危机。毕竟，Apple 用它独具特色的鼠标和图形化的用户界面等创意推动了个人电脑的创新，但抄袭者从东海岸获得了经济利益。

Microsoft 和比尔 · 盖茨在硅谷被痛恨，因为他们被认为是无情地复制了各种创新，然后通过垄断地位将创新推向市场，从而获得巨额利润。硅谷始终在如饥似渴地寻找“下一件大事”。比尔 · 克林顿做美国总统时的副总统戈尔谈到了“信息高速公路”和“视频点播”服务，这使美国走上了 21 世纪的道路。但没有人准确知道，如何在生活中实现数据高速公路的愿景。伊利诺伊大学计算机科学系的学生马克 · 安德森最终应该是来推动这块稳固的石头滚动起来的一个人，而这“石头”逐渐发展成了天崩地裂般的巨大革新。安德森 1993 年在伊利诺伊大学工作，开发了一款名为“马赛克”的用户友好型图形浏览器，该浏览器在独立于许多不同计算机上的平台运行。其所依据的基础建立在蒂姆 · 伯纳斯 · 李在日内瓦的欧洲原子能研究中心①（CERN）为万维网开发的标准上。他开发的 HTML 描述语言使得从文本、图像、声音和视频创建多媒体内容变得简单快捷。安德森在 1993 年年底把浏览器放到网上，随后它像病毒一样传播，并迅速发展成为下载量最多的明星浏览器。[12] 在媒体的推动下，这款浏览器从最初只是技术奇才下载，发展到越来越多的私人和商业人士也安装，并且形成具有爆炸性的第一批富含内容和服务的网页。伯纳斯 · 李赋予了互联网最初的形象，安德森则用浏览器为大众开发了访问权限。安德森搬到了硅谷，并会见了美国硅图公司的创始人吉姆 · 克拉克②（Jim Clark）。当

① 译注：欧洲原子能研究机构（CERN）成立于 1954 年，是世界最大的粒子物理研究中心。

② 译注：吉姆 · 克拉克（Jim Clark），“网景”创始人，“视算”公司的创始人，“永健”公司的创始人。

时，硅谷最被视为珍宝的科技公司之一就是硅图公司，吉姆·克拉克是最有影响力的人物之一。克拉克很快意识到了浏览器的商业潜力和安德森的技术潜力。他与美国凯鹏华盈风险投资公司的约翰·杜尔一起，带来了一位顶级风险投资者，后者后来为 Amazon 和 Google 提供了资金。在伊利诺伊大学对“马赛克”的命名权提出投诉后，他决定将这家新公司称为“网景”。这家公司发展迅猛，1995 年夏天，网景公司已经拥有数百名员工，超过一千万的用户，除了浏览器之外，还有各种各样的服务器产品。网景是第一家拥有所谓双面商业模式的互联网公司：用户可以免费下载浏览器，公司必须从网景购买经营互联网网站所需的软件，作为需付费的许可证。

网景的产品以“切面包”的形式出售。仅仅几个月后，营业额就增加到了数千万美元。约翰·杜尔看到了上市的最佳时机。互联网是所有媒体的头条新闻，而网景是“啦啦队长”。1995 年 8 月 9 日，在公司成立 14 个月后，网景在华尔街首次亮相。每股价格定为 28 美元，这相当于 10 亿美元的股市估值。对于一家营业额仅为 1700 万美元、亏损 1300 万美元的公司来说，这样的结果并不坏。

华尔街尤其欢迎互联网和网景。在纽约纳斯达克，网景公司第一个确定的股票牌价，信不信由你，高达 71 美元。在第一个交易日结束时，股票交易指示屏上的价格是 58.25 美元，这相当于惊人的 27 亿美元的股市估值。第二天，《华尔街日报》将网景描述为“在几分钟内完成了像通用动力①这样的团队花了 43 年时间才完成的任务”。不能用再好的语言来形容互联网时代的爆炸性动力了。[13] 硅谷有了一颗新星。马克·安德森作为互联网的神童，被视为新的比尔·盖茨，成了媒体宠儿。后来《时代》（*The Time*）杂志把他评为年度最佳人物。硅谷的尊严和自信已经回归。现在，人们发现有机会用与设备无关的浏览器技术打破 Microsoft 的压倒性优势。浏览器甚至被看作是一个新的操作系统，网景被视为新的 Microsoft。

罗伯特·里德②在他 1996 年的优秀著作《网络架构师——构筑商业未来的

---

① 译注：通用动力（General Dynamics）是一家美国国防企业集团，成立于 1899 年，2005 年时通用动力是世界第六大国防工业承包商。

② 译注：罗伯特·里德（Robert H. "Rob" Reid），美国作家。

1000 天》中，用以下事实说明了媒体互联网的发展变化：

——美国已经有 3000 多万人，美国之外有 1000 多万人在使用互联网。

——与 1849 年加州淘金热时期相比，更多的人在初创企业寻找工作中的快乐，目的是通过股票期权致富。

——股市张开双臂接受了互联网这个新的增长领域，并为未来的增长阶段提供了很高的公司估值。[14]

——尽管许多互联网初创企业只有一两年的历史，还没有成熟的商业模式，但他们很快就找到了进入股市的道路：雅虎！（Yahoo!）1996 年，Amazon 1997 年，eBay①1998 年。

PayPal 诞生了

硅谷已经自我革新了无数次！在互联网繁荣之初，人们对未来有着黄金般的憧憬，这种情绪一定让回到加利福尼亚后的蒂尔着迷。他搬到门洛帕克②的一间公寓里，创立了自己的对冲基金——蒂尔资本，规模为一百万美元。他从他的家人和朋友那里筹集资金。第二年，他遇到了 21 岁就到硅谷打拼的卢克·诺塞克。诺塞克和马克·安德森一样，是伊利诺伊大学计算机科学专业的毕业生，他受聘于安德森的网景公司。诺塞克已经有了创业经验，1995 年，他在上大学的时候，就和他的同学马克斯·列夫钦和斯科特·班尼斯特共同创办了 SponsorNet 新媒体。到了硅谷后，诺塞克建立了一个基于 Web 的日历服务。蒂尔最终被这个概念说服，并在这个概念上投资了 10 万美元。但诺塞克的创业失败了，致使蒂尔的钱打了水漂。诺塞克事后感到内疚，因为他亏损了蒂尔的钱。我们都知道，金钱可以让最好的友谊破裂。但这次结局不一样，正如历史应该表明的那样，这是一个例子，说明长期

① 译注：eBay（EBAY，中文名电子湾、亿贝、易贝等）是一个可让全球民众上网买卖物品的线上拍卖及购物网站。

② 译注：门洛帕克（Menlo park）是美国旧金山湾区东南部的一座城市，与世界一流学府斯坦福大学比邻而居。

而牢固的友谊如何能够随后带给参与者经济上的巨大成功。诺塞克的同学、天才的软件开发人员马克斯·列夫钦想通过诺塞克认识蒂尔，来向他介绍自己的一家数字加密公司。但诺塞克犹豫不决，他为自己的失败感到羞愧。[15]

与里德·霍夫曼的命中注定的邂逅一样，这次这所精英大学也扮演了“介绍人”的角色，让蒂尔和马克斯走到了一起。1998 年夏天，蒂尔就他最喜欢的主题“市场全球化”和“政治自由”做了一次客座演讲。[16] 当时 23 岁的乌克兰人马克斯·列夫钦就坐在演讲礼堂里。[17] 这位乌克兰年轻人喜欢这次讲座。苏联解体后，他在 1991 年随父母以无国籍身份来到美国。作为一名犹太人，他在苏联受到教育、住房和工作方面的限制。列夫钦一家从基辅搬到芝加哥后，父母最大的投资就是给他们的儿子马克斯买了一台旧电脑，这次投资以后将会证明获利不菲！[18]

列夫钦也是一位自由主义思想者，于是，两人立刻惺惺相惜。列夫钦向蒂尔介绍了他为便携式移动设备（手持设备）开发加密软件的想法。这个手持电脑或个人数字助理（PDAs：Personal Digital Assistants）是 20 世纪 90 年代末非常流行的一种设备类型。尤其是配备了触屏笔和触摸显示屏的掌上电脑品牌 PalmPilots①，深受商人和技术人员的欢迎。直到大约 10 年之后，史蒂夫·乔布斯才推出了一款可以广泛应用的第一代智能手机 iPhone。在多次会面后，两人决定成立一家公司，为流行的掌上电脑如 PalmPilots 和其他掌上电脑等移动设备上的数据提供加密软件。公司名称是“现场链接”（Fieldlink），毕竟，PalmPilots 之间的数据交换是通过红外接口进行的。起初，蒂尔认为自己只是一个投资者，但列夫钦说服他担任全职首席执行官（CEO）。[19]

在短暂的兴奋期过后，科技初创企业的创始人将要面临的典型问题很快就出现了。尽管有数百万台 PalmPilots 掌上电脑，但 PalmPilots 的商业应用市场是可以管理的。因为：谁会对 PalmPilots 掌上电脑的加密数据感兴趣呢？如果有对这些数据感兴趣的人，那他又是为了什么呢？最后，从潜在投资者的角度看，关键的问题

---

① 译注：PalmPilots 是流行的个人数字助理（PDA，又称掌上电脑）的传统名字，是一种手持设置形式，也以掌上电脑而闻名。

PayPal 企业发展历史

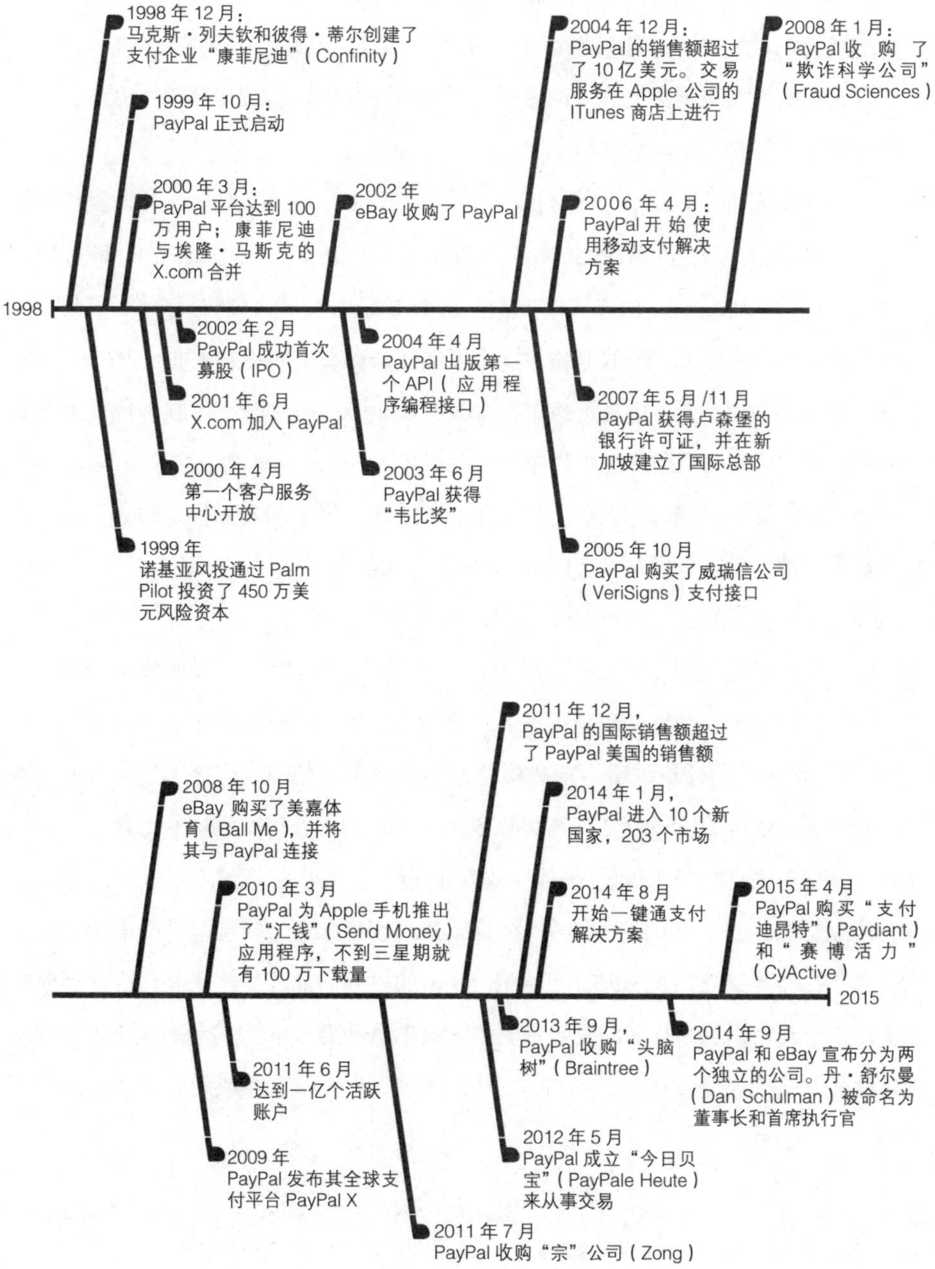

是：如何从中赚钱？由于蒂尔在金融业的背景，应用“钱”的情况似乎已经不言而喻。[20] 重点应该放在支付市场，在此之前，没有任何技术平台可以满足所有客户的要求。虽然信用卡和自动柜员机非常普遍，但也有诸多限制。例如，只有拥有授权和技术设备的经销商，才能处理信用卡业务。而且，不是在客户消费的所有地方，都有自动柜员机。在美国，唯一的选择就是使用支票簿。但你得去银行兑现，收款人不得不等上好几天才能拿到钱。

对于蒂尔和列夫钦来说，他们新公司的主旨很明确：找到一种可以替代陈旧现金支付的方式，找到一种新技术来实现个人之间的支付。借助 Fieldlink，他们看到了自己的出色定位。列夫钦的加密软件可以保证支付交易的安全性和保密性。PalmPilots 也可以充当数字钱包。为了使整个过程对用户很友好，加密的支付流应该简单地通过红外接口，从一台掌上电脑 PalmPilot“拦截”到另一台掌上电脑 PalmPilot。一个所向披靡的应用程序似乎就诞生了。[21]

唯一的问题仍然是公司名称，Fieldlink 这个名字似乎和公司目前的业务不太匹配。最后，他们就“康菲尼迪”（Confinity）一词达成了一致，这是一个由“信任”（confidence）和“无限”（infinity）两个词组成的合成词。

由于蒂尔是首席执行官，业务计划的重点是“支付流程”，因此公司开始招聘第一批员工。列夫钦从母校招募了三名计算机科学家，蒂尔带来了肯·霍威利这位《斯坦福评论》的前评论编辑。霍威利是蒂尔的忠实信徒们应该追随的人，他们都已在斯坦福大学学习阶段创办《斯坦福评论》的过程中获得了霍威利的信任。霍威利在 PayPal 中扮演了关键角色。他不仅帮助 PayPal 筹集了超过 2 亿美元的风险资本，还以首席财务官（CFO）的身份在 PayPal 上市的过程中起到了举足轻重的作用，而且也参与了之后把 PayPal 出售给 eBay 的过程。此外，这家年轻的初创公司还赢得了公开密钥加密技术的发明者马蒂·赫尔曼和惠尔丰①的创始人比尔·梅尔顿这两位知名人士的支持。1998 年 12 月，蒂尔、列夫钦、霍威利和诺塞克终于创

① 译注：惠尔丰（VeriFone）成立于 1981 年，是全球安全电子支付解决方案的供应商，为金融机构、商户及消费者提供借记卡、信用卡、智能卡及互联网交易方面的硬件、软件和服务。

立了“康菲尼迪”（Confinity）公司。[22]

在创立公司后，下一个挑战来了：没有相应的营业额作为支撑，如何让风险投资者相信这一革命性的商业模式呢？和许多硅谷企业家一样，蒂尔和列夫钦也彼此理解，愿意为他们这个年轻的初创企业提供一个完美舞台。在 1999 年 7 月的新闻发布会上，蒂尔他们获得了诺基亚风投和德意志银行这两家著名投资公司的投资。这份“正式的”450 万美元的投资款通过掌上电脑 PalmPilot 转给了彼得·蒂尔。[23] 一堆期待已久的媒体人见证了这一时刻，好莱坞向蒂尔发出致意。这次亮相变成了一场热门的公关节目。硅谷互联网杂志引领者和新趋势舆论领袖《连线》杂志，以及著名的《国际先驱论坛报》都高调报道了这一事件。[24] 在得知转账成功后，列夫钦就在桌旁睡着了。毫不奇怪，他连续工作了三天没有休息！[25]

具有讽刺意味的是，帮助 PayPal 创业的两家欧洲公司——诺基亚和德国银行，现在都生活在 PayPal 的阴影之下，困境重重。2017 年春季，基于“康菲尼迪”的 PayPal 公司市值为 470 亿欧元。[26] 而德意志银行（250 亿欧元[27]）和诺基亚（180 亿欧元[28]）两家市值共计 430 亿欧元，比 1999 年向它们融资的 PayPal 还要少。此外，与 PayPal 合作的德意志银行，在支付业务上，和 PayPal 是真正的竞争对手。

事实证明，对 PalmPilot 设备的片面化的定位以及对专有平台的强烈依赖构成这家新兴公司的一个局限性。由于 PalmPilot 需要一个网站来上传加密的金融交易，因此它接近于通过该网站提供服务，从而使所有互联网用户都可以访问该服务。由于注册免费，PayPal 的使用门槛非常低。服务的中枢是电子邮件地址，这是识别用户的关键。用户只需在 PayPal 网站的一个字段中输入并发送所需的金额和收件人的电子邮件地址就行了。因此，即使收款人还不是 PayPal 用户，也可以便捷地用 PayPal 的“遥距传递”来支付或转账。根据该网站当时的说法，这种商业模式的成功之处就在于，可以用在 PayPal 系统中存放的钱获取短期利息，并从中产生收益。[29]

但 PayPal 提供的不仅仅是免费而便捷的汇款服务，该公司也是市场营销和销售的先驱。在互联网时代，当其他初创企业的大量预算用于目标不明确的广告，如电视广告、报纸广告或在硅谷和美国非常受欢迎的广告牌的时候，PayPal 的创始人有不同的想法。PayPal 启动了一个奖金计划，每个注册并留下信用卡号码的用户都可以获得 10 美元。但这个甜头还不够：每个 PayPal 用户每多邀请到一个用户，就会得到额外 10 美元的奖励。这种形式后来被称为“病毒式营销”。奖金计划非常迅速且有效。该平台于 1999 年 10 月正式以 PayPal 品牌推出后，到了 2000 年 3 月，就已经迎来了第一百万位用户。[30] 蒂尔对此感到很满意，原因有三：1. 广告支出不能更好地投资于用户增长。2. 形成一个理想的雪球效应：新注册的用户邀请了其他朋友，其他朋友随之也成为新用户，然后再次邀请他们的朋友。3.PayPal 已经成为一个市场领导者，随着每一个新用户的加入，它提供的汇款服务变得更有价值。

蒂尔利用了这一时刻的优势：随着 2000 年 1 月用户数量的迅猛增长，他得以在新一轮由高盛①参加的融资中筹集到了总共 2300 万美元的资金。这些钱都花在了以令人担忧的速度增长的用户身上。这家年轻的公司实际上还没有任何收入，但不得不向每个增加的新用户支付 10 美元。收集到的信用卡号码也被证明构成了公司账户的“黑洞”。维萨（Visa）和万事达（Mastercard）等信用卡提供商对通过 PayPal 信用卡进行的每笔交易收取 2% 的手续费。[31] 新员工和与此相捆绑的成本也同样反映在这家仍年轻的公司的收支结算表中，让这家公司不堪重负。但这场灾难还不够：一个名为 X.com 的新竞争对手突然出现。

融合而不是战争

PayPal 有点儿不知所措，因为蒂尔和他的团队遇到的竞争对手是 X.com，该网站是由一系列成功企业的创始人埃隆 · 马斯克于 1999 年 3 月创建的。马斯克出生于南非，17 岁时移民北美，以逃避当时种族隔离制度下的兵役。1995 年，以经济学和物理学专业大学毕业后马斯克就来到硅谷。他和哥哥一起，以 Zip2 的名字建立了第一家初创公司。Zip2 是一种电子工业领域的专业书籍，也是 Google 地图的先驱。在不断的网络炒作过程中，康柏发现了这家公司，并于 1999 年 2 月以 3.07

---

① 译注：高盛集团（Goldman Sachs），一家国际领先的投资银行，向全球提供广泛的投资、咨询和金融服务，拥有大量的多行业客户。

亿美元的价格买下了它。[32] 马斯克从这次交易中获利 2200 万美元。[33] 于是他创建了新企业 X.com，投资了一千万美元。[34] 马斯克希望用 X.com 构建一个综合而又完美的金融门户网站。用户能通过 X.com 门户这一个来源获得所有必要的金融服务。X.com 拥有自己的银行许可证，因此能向客户提供真实的银行账户。它也有一个非常类似于 PayPal 的汇款服务。X.com 给每个新用户提供的奖金，不是 10 美元，而是 20 美元。这为蒂尔和他的同伴敲响了警钟。竞争对手怎么能在这么短的时间内几乎从所有方面复制他的公司呢?

很明显，对蒂尔来说只有通过用户数量的高增长，才能实现真正的网络效应。对他来说，发展是决定性因素。在当时，他已经走在时代的前列，在员工面前不停讲述互联网理论的定律。罗伯特 · 梅特卡夫 ①，以太网标准的发明者和 3Com 的创始人，也是“梅特卡夫定律”的创始人。这个定律说，互联网领域的公司，每增加两倍的用户，其价值是原来的四倍（也就是平方）。换言之，随着整个网络不断增长，获得新的网络参与者的成本也在降低，用户数量的增加会导致公司价值的成倍增加。这是互联网公司盈利和打造长期“金矿”的关键前提。

PayPal 首先尝试推出新功能以对抗 X.com 公司。然而，X.com 几乎立刻就复制了这些功能。蒂尔面临着一个致命的局面：他知道，在平台业务中，最终只能有一个赢家。从另一方面，他又厌恶竞争和直接对抗。从他之前受到竞争理念强烈影响的职业生涯来看，他知道进一步的对抗可能会导致团队内部的损耗，最终这也会体现在公司的估值上。在学习了勒内 · 吉拉尔的理论和著作之后，他发现避免最后的冲突更有用。

2000 年 3 月，X.com 和康菲尼迪（Confinity）（PayPal 的母公司）宣布合并。合并的逻辑似乎很惊人：与迄今为止最顽固的竞争对手握手言和。同时，借助联合起来的力量，就有可能实现蒂尔在数字支付领域成为真正世界领先者的愿景。X.com 凭借其银行许可证、银行账户访问权和广泛的金融产品，带来了一切能将强

---

① 译注：罗伯特 · 梅特卡夫（Robert Metcalfe，1946 年— ），出生于纽约布鲁克林。美国科技先驱，发明了以太网。

劲的客户增长转化为无数叮当作响的金钱的作用。这一切听起来像一个战略计划并具有一个不可抗拒的逻辑。随着埃隆·马斯克的加入，PayPal又迎来了一位成功且富有魅力的年轻企业家。

蒂尔敏锐地察觉到那一历史时刻发生的事。2000年年初，股市一片繁荣欢欣。分析人士和经济学家看到互联网新经济开创了一个新的经济时代，他们一致判断总体经济不但不会衰退，而且会实现长期持续的稳定增长。蒂尔对宏观经济关系的分析能力无人可比，他知道，股民肯定会对互联网领域施加更多压力，期待更快发展。2000年2月，《华尔街日报》对PayPal公司估值5亿美元，这对蒂尔来说并非完全不可想象。

2000年3月，美国电子证券交易机构纳斯达克（NASDAQ）指数达到了5000点，创下新高。仅仅四个月就增加了2000点。初次上市发行的股票和债券大多被数百倍的超额认购，在股票上市交易日市值就翻了一番或是增加了三倍。

对于蒂尔来说，市场显然处于一个巨大的泡沫中。[35]当时的美国联邦储备委员会主席格林斯潘在1996年12月就已经评论过证券交易所的运作是“非理性的暴涨”。[36]也就是说，人们必须抓住这一机会，尽快进行一轮大规模的融资，以使急需资金的初创企业在今后一段时期内免受危机的影响。

就像一个一级方程式赛车手必须在几毫秒内就决定什么时候去加油站加油，需要多少油一样，对于初创企业创始人来说，抓住最佳时机来进行新的注资是最高艺术。很快就得以证实的是，蒂尔有绝佳的敏锐嗅觉。在芝加哥的麦迪逊·迪尔伯恩合伙人公司（简称MDP）、摩根大通、日本互联网投资公司以及PayPal和X.com的众多前投资者的带领下，他成功地融资一亿美元。[37]美联储也认识到了这种情况，2000年3月，它将利率提高了125个基点来抵消通货膨胀趋势。到2000年4月中旬，纳斯达克的股市行情就已经滑落到了1500点左右。蒂尔告诉他的财务团队要确保这一亿美元尽快转移到PayPal。他知道，当股市市场下跌时，投资者会迅速改变主意。而现在一切似乎都井然有序：公司有足够的资金，业绩继续增长，并与主要竞争对手成功合并。

埃隆·马斯克作为首席执行官：合并和兵变

为了让 PayPal 公司打下稳固而坚实的基础，马斯克与比尔·哈里斯一起被任命为 PayPal 公司的新总裁，后者是一位经验丰富的经理。哈里斯是财捷集团（Intuit）的负责人，财捷集团开发了著名的财税程序软件“快速”（Quicken）和“快书”（QuickBook），口碑很好。马斯克首先在合并后的企业中担任监事会主席。蒂尔告诉他的员工，现在是他把首席执行官的职位交给哈里斯，让 PayPal 更上一层楼的时候了。对该公司的许多人来说，“平等合并”下的合并看起来更像是 PayPal 被 X.com 和埃隆·马斯克接管了。大家很快就发现，比尔·哈里斯的企业经验和思维方式对动态发展中的 PayPal 公司来说更像是阻碍，没有起到助力作用。哈里斯没有遏制住高亏损，也没有能整合好合并公司的技术平台问题，而是将管理的重心放在与其他互联网公司建立新的战略伙伴关系上，从而建立了一个大型的其他“战场阵地”。

不过这些措施并未带来显著的效果，员工们因此变得不耐烦起来。不久，比尔·哈里斯被解除了首席执行官的职务。马斯克接手了他的工作，彼得·蒂尔成为首席主管。

马斯克试图直接采取一些措施降低公司的营销费用，好让钱烧得慢一点。他在一些事项上做了成功的尝试，比如把每个新用户的奖励金额从 10 美元减少到 5 美元，他还试图降低信用卡支付所占的高份额和相关的费用成本。但马斯克坚持认为，最根本的问题是开发团队的全部资源应该用于 X.com 技术平台的跃迁。但这有着严重缺陷：一方面，新公司没有能力开发新的功能来提供新的销售渠道和强大的竞争力，这家新合并的公司数月内都要忙于自身事务。这对于一个快速成长的初创企业来说，几乎是一种致命威胁。另一方面，X.com 平台是基于 Windows NT 的，而 PayPal 是在 Unix 上运行的。作为技术主管和开发人员，马克斯·列夫钦意识到了严重的技术问题。当时正值千禧年之交，Windows NT 还没有在金融交易等关键业务环境运用方面赢得声誉，因为它在性能、扩展性、稳定性和安全性方面仍然从属于 Unix 系统。随着 PayPal 迅速累积新用户，切换到另一个平台就像是在一个活着的病人身上做手术一样具有不确定的结果。

埃隆 · 马斯克还做了一些让公司的许多人无法忍受的事：他想把网站上的PayPal标志换成X.com。后来的事实证明这是多此一举。尽管所有的市场调查都显示，用户普遍接受PayPal品牌，“X.com”几乎没有亲和力，但马斯克始终坚持这一点。

所以PayPal必须要悬崖勒马了，2000年10月，埃隆 · 马斯克上任仅半年就被解除了PayPal老板的职务。当时他正在澳大利亚逗留，观看夏季奥运会。董事会意识到了公司面临的危险，并认真考虑了管理层和员工的担忧。如果马斯克继续一意孤行，那公司就会出现人员外流，导致PayPal陷入严重的动荡。于是彼得 · 蒂尔被任命为新的临时首席执行官。马斯克接受了这一决定，没有做什么家丑外扬的事。在蒂尔的带领下，公司的创业精神又重新出现了，公司的创新文化“为最佳解决方案而奋斗”重新发挥了作用，重点是开发新功能，以改善收入方面的困境。蒂尔决定将PayPal定位为支付服务提供商，并与马斯克把PayPal建立成“金融超市”的理想保持距离。[38]

玩火——骑大象

电子商务市场正在腾飞，网上拍卖和eBay作为市场引领者已经发展成为一种现象级现象。eBay已经成为PayPal增长的真正驱动力。越来越多的交易者认识到在领先市场上进行在线交易的好处。PayPal团队迅速做出反应，开发了一个必须支付费用的客户账户，为经营者提供了比信用卡更大的价格优势。商业客户是PayPal的一个大客户群，他们为货币化交易和营业额的增加做出了重大贡献。在有针对性的营销中，这样做总是更有效。尽管如此，PayPal仍然亏损严重。

随着PayPal在eBay网站上的知名度越来越高，人们越来越多地受到PayPal的吸引。对于eBay本身而言，PayPal就是一个眼中钉，eBay很快开发出“比尔森”①

① 译注：1999年，eBay收购了从事网络支付业务的比尔森（Billpoint）。2000年3月，富国银行（WellsFargo）与加州圣荷西（SanJose）交易的一部分，就是于2000年3月收购比尔森（Billpoint）的股份。

（Billpoint）品牌为自有的支付服务提供商。

为了开发新功能，PayPal 和 eBay 之间持续不断地进行着一场兔子和刺猬的游戏。eBay 巧妙地尝试扮演垄断者和平台拥有者的角色来对抗 PayPal。尽管做了种种努力，eBay 还是未能以它的支付服务来获得支付领域可观的市场份额。eBay 的用户很依赖 PayPal，不管 eBay 做了什么，客户都更倾向于使用 PayPal。背靠 eBay 这个拍卖领域的巨无霸，PayPal 这个品牌逐渐形成，与此同时 PayPal 对 eBay 的依赖度也在增加。PayPal 超过 60% 的销售额来自 eBay 平台。在迅速开拓新市场的同时，它也要减少对垄断企业 eBay 的依赖。危险是内在的，如果 eBay 一夜之间就把 PayPal 抛弃，那么 PayPal 的增长故事就会像纸牌屋一样轰然倒塌。

最终，“拉斯维加斯战略”成为了最好的解决方案。PayPal 开始关注巨大的网络游戏和赌场市场。各个互联网公司在这个领域已经投入了几十亿美元。PayPal 也想在这一领域分一勺羹。于是 PayPal 精心地准备了销售方案，向主要运营商进行了说明，让他们觉得使用 PayPal 进行支付会很有品位。这一战略让 PayPal 迅速获得了成功，在营业额增加的同时，PayPal 对 eBay 的依赖也减少了，但 PayPal 仍然深受 eBay 的影响。[39]

核冬天与股票发行

自 2000 年 3 月以来，全球证券交易所纳斯达克指数和科技股的价值连续下滑，处于低谷。除了几起资产负债表丑闻外，许多互联网公司和商业模式被证实就是一张空头支票。分析师创建了公司的“死亡名单”，它们都面临着现金流将要耗尽的危险。仅仅在两年之内，互联网在投资圈里就从印钞机变成了烧钱机。

然后就发生了“9 · 11”恐怖袭击事件，这起恐怖事件让美国和西方世界大为震惊，深度的长期的衰退似乎不可避免。蒂尔又一次用他的“厚颜无耻”让大家大吃一惊。9 月 11 号之后仅几周，当没有人知道如何应对世界经济和资本市场的时候，PayPal 宣布要在纳斯达克股票交易所上市。蒂尔推测，包括提交招股说明书在内的长达几个月的首次公开招股（IPO）进程，为资本市场的复苏提供了充足的时间，也能更好地看清楚全球经济的趋势。当所有人都认为 9 月 11 号的恐怖事件会给股市致命一击时，蒂尔再次坚持了他的反向思维。事实上，纳斯达克直到 2002 年春季才恢复交易。

PayPal 还承诺，在首次公开招股（IPO）的一片萧条中逆风而行，充当破冰者：比方说，如果这家公司在最不利的情况下成功上市发行股票，那么公司中就一定会有强大核心。PayPal 利用这一“机会之窗”，最终在 2002 年 2 月 15 日在证券交易所成功上市。由投资银行所罗门美邦国际①牵头，以每股 13 美元的价格发行了 540 万股股票。PayPal 在证券交易所的估值为 8 亿美元。精心选择的股票发行价格得到了回报。这只股票在发行首日就涨到 22 美元，并以 20 美元收盘。在证券交易所上市第一天就上涨 50%，纳斯达克股市已经很长一段时间没有这样的情况了。就这样，蒂尔第一阶段的目标实现了。首次公开招股（IPO）不仅带来了额外的资本，更重要的是带来了信心和知名度，这对 PayPal 等金融科技公司来说至关重要。

PayPal 在证券交易所的上市，证明了它在经济上可以给股东带来丰厚的回报，也证实了蒂尔押注用户数量会增长的做法可以收获颇丰。因为 PayPal 的成功上市，各种羡慕和嫉妒还有挑战也随之出现了。美国各州的金融监管部门现在更多地注意到了 PayPal。在那之前，PayPal 一直能很优雅地绕过更严格的监管。一如既往，PayPal 的业务状况仍然脆弱，因为它在经济上仍然严重地依赖着 eBay。怎么能从这种桎梏中解脱出来呢？[40]

吃或被吃：出售给 eBay

2002 年夏天，有传言称 PayPal 将被收购，银行、信用卡公司和 eBay 是传言中可能的收购者。此前 eBay 和 PayPal 管理层之间的关系还不错，但现在 eBay 的老板梅格·惠特曼意志坚决地要吃掉 PayPal。2002 年 7 月 8 日，eBay 宣布以 15 亿美元的价格收购 PayPal。交易于 2002 年 10 月正式达成。

eBay 不得不承认，它自己的比尔森支付服务无法赢过 PayPal。PayPal 的使用

---

① 译注：所罗门美邦国际（Salomon Smith Barney）是全球性的，为公司、政府和个人提供经纪人业务、投资银行和资产管理等全套服务的金融公司，在美国证券业处于领导地位。

率为70%，比尔森仅为30%。最终，双方达成双赢的局面。eBay可以访问其全部价值创造链条，包括其平台上的金钱支付流。对于PayPal及其管理层来说，与eBay的经济关系的不确定性已经结束。PayPal在法律上是eBay的一个独立部门，其支付服务随后被完全合并到eBay平台中。

在PayPal被收购期间，金融媒体发表了含有嘲讽意味的评论。一位分析师告诉《纽约时报》，PayPal已经开始为互联网创建一个“独特的支付平台，并进入了一个专营市场，即拍卖市场”。

很快就清楚的是，eBay和PayPal不同的管理文化并没有完全融合。eBay是一家大公司，喜欢形式主义，员工们熟练掌握着冗长的PowerPoint演示文稿。PayPal的团队却一直保持着创新精神。结果，以彼得·蒂尔、马克斯·列夫钦、大卫·萨克斯、里德·霍夫曼和卢克·诺塞克为核心的整个领导团队都逐渐离开了PayPal。eBay也没打算留住这些高管，因为他们显然对PayPal的技术平台更感兴趣。[41]

PayPal黑手党：世界级团队建设

在快速发展的硅谷世界里，历史也在不断重演。来自各个领先公司的一批批人才不断涌现，他们在一定时期内推动了历史发展。20世纪60年代至80年代初，当时领先的仙童半导体公司的八位创始人，他们杰出的领袖罗伯特·诺伊斯和戈登·摩尔组建了英特尔公司（Intel），并被称为“叛逃八巨头”，名扬硅谷。他们当时都有勇气从领导岗位上辞别以前的公司，开始新的事业。

PayPal的创始人和仙童公司的创始人一样，也具有极大的社会影响力。没有PayPal，就没有特斯拉公司、SpaceX、LinkedIn、和油管（YouTube），也许也没有我们今天所知道的Facebook。

2007年，经济杂志《福布斯》用一个黑手党式的“黑屋”环境中来为PayPal的创始人们拍照。他们穿着皮夹克、运动衣，戴着金链子，这幅照片让人想起一个相当暧昧可疑的环境。“PayPal黑手党”这个名字就此而生。[42]

这样一批有影响力的人物是如何产生的，他们在过去的十年里对硅谷产生了强烈的影响，他们的思想和活动也会影响现在的这十年吗？对前首席运营官大卫·萨克斯来说，这不是PayPal黑手党，而是一批流浪者教徒①。“简单地说，我们被赶出家门，然后他们也烧毁了我们的神庙。”[43]对他来说，在PayPal的工作经历是一场烈火考验，“火把所有杂质都吹走了，只剩下纯净的钢铁。”或者换一种说法：PayPal以自己的方式公布了一份创业蓝图，这构成了许多成功创业的基本准则。

像往常一样，这段企业历史的根源可以追溯到斯坦福大学。哪些成功因素使PayPal成为众多成功科技公司的最重要的蓝图呢？20世纪90年代末，还没有社交网络。对于彼得·蒂尔而言，从一开始就很关键，他“想创建一家公司，公司里的每个人都保持着真正的友谊，而且这份友谊高于公司和在经济上获得的成功”。所有员工都不是通过猎头招聘的，而是直接通过在斯坦福大学就建立的关系网。对于PayPal的许多高级员工来说，包括前《斯坦福评论》主编肯·霍威利和大卫·萨克斯，还有里德·霍夫曼，彼得·蒂尔都可以无条件地信任他们。

这种信任是非常必要的，作为初创公司，PayPal面临的技术和管理上的挑战很艰巨。此外，它与eBay和信用卡公司如万事达和维萨还处于竞争状态。PayPal团队对产品的研发非常重视。为了加速研发并与竞争者拉开距离，在一项逐步开展的不断添加新功能的研发过程中取得的成果，会马上应用到到现有的产品中。在2017年，这种现象可能很常见，但在18年前，这是革命性的。eBay的PayPal服务构成了YouTube服务的基础，YouTube服务同样由PayPal前员工乍得·贺利和陈士骏创立，后来YouTube以16亿美元的价格卖给了Google。

正如彼得·蒂尔所描述的那样，这些“牢固的友谊”让前PayPal创始人在进行新的创业时作为投资者互相支持。出售PayPal的股份，尽管让他们提前赚了钱，但不会让他们就此停下来歇息，每个人都打开了进击模式——成立一家新公司。然而，2002年至2004年的互联网经济局势，可以想像得到是不那么有利的。由于那时的互联网股市下跌崩盘，所以B2C初创企业，实际上很难从股市融资。因此热

① 译注：流浪者教徒，指具有共同民族认同的人口群体由于游牧文化的入侵等原因导致的迁移，通常是指宗教团体，指宗教团体中的少数派。

爱风险，而又因为出售 PayPal 而历经磨炼的创始人们，通过彼此之间的技术和资金支持，孕育并创建出了硅谷几个最伟大的成功故事。硅谷已经被宣布死亡好几次了，但总是能够复苏。“PayPal 男孩们”为这一点做出了决定性的贡献。[44]

PayPal 最重要的前员工，以及他们的现状：

彼得・蒂尔是 PayPal 的联合创始人兼首席执行官，并随后创立了对冲基金和风险投资基金。他最引人注目的投资是对马克・扎克伯格的 Facebook 的天使投资，当时他以 50 万美元投资了 Facebook 10% 的公司股份。正如我所说，蒂尔的投资重点不是那种随大流的具有“我也”想法的公司，而是投资给能真正改变世界的企业。例如，他还建立了大学生基金会，如果有大学生放弃学业想去创业，并且能让蒂尔相信他们的企业理念，他们就会获得一笔 10 万美元的助学金。

马克斯・列夫钦是 PayPal 的联合创始人和技术总监（CTO）。列夫钦是一位受过良好教育的计算机科学家，也是著名杂志《麻省理工学院技术评论》（*MIT Technology Review*）的“2002 年度创新者”，他在数据安全和加密领域取得了很高的成就。列夫钦在 PayPal 被收购后创建了社交游戏网站 Slide，成为 Google 自己的社交网络 Google+ 的基础。列夫钦已经在做“下一件大事”，他是大数据初创公司 Kaggle 的首席执行官。列夫钦和彼得・蒂尔以及国际象棋棋手加里・卡斯帕罗夫[①]计划在 2012 年撰写《蓝图》（*The blueprint*）一书，谴责技术进步停滞不前，而这只能靠大规模的研发投资来弥补。但该图书项目没有实施。

卢克・诺塞克是 PayPal 的联合创始人和市场总监。在 PayPal 成立之前，诺塞克就已经有过与马克斯・列夫钦共同创业的经验。他是一位 IT 专家，但由于他非凡的沟通技巧，能够把专业和技术问题准确地联系在一起，从而促进 PayPal 的新产品创新。后来，他与蒂尔和肯・霍威利一起创立了风险投资基金创始人基金。诺塞克还担任 SpaceX 的监事会成员。

肯・霍威利是 PayPal 的联合创始人兼首席财务官。霍威利在斯坦福大学的专业是经济学。在离开 PayPal 后，他回到蒂尔的对冲基金克拉里姆资本管理公司

① 译注：加里・卡斯帕罗夫（Garry Kasparov）被认为是有史以来最伟大的国际象棋棋手。

（Clarium Capital Management）。2005 年，他与蒂尔和诺塞克共同创立了创始人基金。

里德·霍夫曼直到 PayPal 成立后才来到 PayPal 工作，他是 PayPal 的首席运营官（COO），是硅谷最优秀的“交游甚广”人士，他创建的 LinkedIn 是商界领先的社交网络。霍夫曼非常低调谦虚，他对初创企业的投资也很有判断力。他是 Facebook、Zynga、Flickr、Digg 和 Last.fm 的投资者，自 2010 年以来，他一直是风险投资公司 Greylock 的合伙人。

埃隆·马斯克是 PayPal 出售给 eBay 时的最大单一股东，从中获利 1.65 亿美元。《商业朋克》（*Business Punk*）杂志在 2011 年给他取名为“钢铁蛋”（Eggs made of steel），这出自他的第一任妻子的一份声明。[45] 马斯克是一个充满远见和勇于接受挑战的男人。他创建了电动汽车制造商特斯拉（Tesla）、太空探索技术公司（SpaceX）和太阳能公司 SolarCity，是各领域的引领者，这三家公司在各自的市场上与汽车、航天和能源行业等老牌竞争对手展开竞争。马斯克是一个工作狂和狂暴斗士。即使在绝望的情况下他也知道如何自救。他投入了自己所有的私人资金，在最后一秒扭转了特斯拉的劣势，现在他是硅谷最富有的人之一，净资产约 120 亿美元。投资大师沃伦·巴菲特的合伙人兼智囊查理·芒格最近告诉埃隆·马斯克，他认为马斯克是一个天才，也是世界上最大胆的人之一。[46]

乍得·贺利以设计师的身份设计了 PayPal 的 Logo（标志），陈士俊曾经是 PayPal 的工程师。两人后来一起创立了 YouTube，2006 年 YouTube 以 16.5 亿美元的价格卖给了 Google。

杰里米·斯托普尔曼在 PayPal 之后创建了 Yelp① 这个大众点评门户，用户可以在那里提交对餐馆和商店的评论。斯托普尔曼曾多次出价为 Yelp 进行扩张收购（包括雅虎），而且坚持不懈，2012 年，Yelp 于 2012 年在证券交易所成功挂牌上市。斯托普尔曼为 Yelp 的独立与 Google 展开了一场“激战”，“战火”甚至一直蔓延到华盛顿。

---

① 译注：Yelp 是美国最大的点评网站，2004 年，Yelp 在美国旧金山市起步。由前 PayPal 工程师杰里米·斯托普尔曼（Jeremy Stoppelman）和罗素·西蒙斯（Russel Simmons）共同创建。

大卫·萨克斯负责 PayPal 的日常业务，后来创立了公司社交网络 Yammer。Yammer 被 Microsoft 以 12 亿美元收购。创立 Yammer 的资金，来自彼得·蒂尔的风险投资基金。

戴夫·麦克卢尔曾是 PayPal 的营销总监，后来创立了名为 500 Startups 的创投企业孵化器，是硅谷最重要的创始人活动家。

基思·拉博伊斯在 PayPal 离职后，投资了 LinkedIn、YouTube、Yelp 和 Xoom，并在备受尊敬的移动支付创业公司 Square① 负责日常业务，直至 2013 年年初。同时，他创建了在线市场 Opendoor，并为著名的风险投资公司科斯拉风险投资公司（Khosla Ventures）工作。拉博伊斯是硅谷中颇具影响力的人物之一，而这种影响力隐藏在幕后。[47]

结论

PayPal 创始人的数据清晰地表明，他们追求一致，他们在寻找同类人。在 eBay 收购 PayPal 后，离开 PayPal 的 220 人创建了 7 个所谓的“独角兽”企业。在美国，通常那些市值高达数十亿美元的公司被称为“独角兽公司”。

由前 PayPal 员工创建的公司及其市值：

1. 特斯拉汽车公司，395 亿美元[48]
2. LinkedIn，253 亿美元[49]
3. Palantir，200 亿美元[50]
4. SpaceX，210 美元[51]
5. Yelp，26.9 元亿美元[52]
6. YouTube，16.5 亿美元[53]
7. Yammer，12 亿美元[54]

甚至连 Google、Apple，还有离开这些公司创建初创企业的前雇员，在初期都

① 译注：Square，Inc.（NYSE：SQ）成立于 2009 年 2 月，总部位于美国加州旧金山市，是一家从事商户交易的移动支付公司。

无法比得上 PayPal 的这些初创企业的数据。而 PayPal 前创始人的成功故事还没有结束。人际网络继续结出硕果。里德·霍夫曼最近在接受彭博社采访时解释说，他以前同事的建议对他和他要联系的人有多么重要。在涉及与“高瞻远瞩”相关的挑战和话题时，他会询问埃隆·马斯克；当谈到大数据时，他会询问马克斯·列夫钦；当谈到宏观经济、金融问题时，他会询问彼得·蒂尔。[55] 蒂尔本人在接受张慧卿采访时强调，PayPal 团队的合作是一次“从未有过的体验”。[56]

传奇的 PayPal 黑手党：后排从左至右：YouTube 联合创始人贾德·卡林姆；杰里米·斯托普尔曼，Yelp CEO；莱奥拉饭店的执行合伙人安德鲁·麦科马克；Kiva 总裁普雷马·沙赫；第二排左起：创始人基金会执行合伙人卢克·诺塞克；创始人基金会执行合伙人肯·霍威利；格尼以及 9 号娱乐室首席执行官大卫·萨克斯；克拉里姆资本和创始人基金会首席执行官彼得·蒂尔；滑动（Slide）业务发展副总裁和 YouTube 投资人基思·拉博伊斯；LinkedIn 创始人里德·霍夫曼；Slide 首席执行官马克斯·列夫钦；红杉资本合伙人罗劳夫·博塔；Yelp 首席执行官兼联合创始人拉赛尔·西蒙斯

来源：照片模板出自：罗宾·托梅伊财富（Robyn Twomey Fortune），插图作者：马文·阿德霍夫。

第 5 章
作　　家

摆脱教育这个词。

彼得 · 蒂尔[1]

《从0到1》：老师

彼得·蒂尔最初计划和他的朋友马克斯·列夫钦和前国际象棋冠军加里·卡斯帕罗夫一起写一本书，书名是《蓝图复兴：创新，重新发现风险，拯救自由市场》。这本书希望能引起读者关注的是：真正的创新和开创性的技术突破还是非常缺乏的。这本书本来宣布于2012年6月出版，不幸的是，该书因为三位作者意见不一致而没有出版。

美国诺顿出版社对此的解释是："这三个人无法把他们的想法变成一种令人接受的图书形式。"的确，有时真的很难把蒂尔、列夫钦和卡斯帕罗夫这样杰出的三位思想家的思想聚合在一起。

蒂尔对传统的教育培训体系不怎么看重。对于彭博社记者张慧卿向他提出的问题：如果他能再次决定自己的教育，他会做什么？他简短而简洁地回答："摆脱教育这个词"。"教育机构还桎梏在19世纪的窠臼之中。我认为，我们需要找到新的方法，更加个性化地建设教育机构，以便让不同的学生能够按照自己的学习节奏来学习。"[2]

在他的"蒂尔奖学金"项目中，他直面美国传统教育体系，并在很大程度上提出了质疑。从2012年起，他每年都资助年轻学生的商业创意。如果他们中断学业，转而专注于商业创意的实施，就可以申请这一项每人10万美元的创业基金。学术界的大部分人都对此很恼火。蒂尔也对一个独立的名为"创业"的专业课程持怀疑态度。"我不确定是否可以直接教授创业精神，我对此深表怀疑。但你可以间接地获得可以帮助你的技能。"蒂尔在2011年对《斯坦福律师》如此说道。[3]

更令人惊讶的是，蒂尔同年在斯坦福大学举办了一系列讲座。他给学生们分享了他对世界的看法以及讲述了世界是如何变化的。法律系学生布莱克·马斯特斯急切地报名参加了这些讲座，然后在他的汤博乐①博客上发表了这些讲座的内容，最初这并没有得到蒂尔的同意。马斯特斯的博客文章很快成为网上的热门文章。当著名的《纽约时报》专栏作家大卫·布鲁克斯也在自己的专栏中提及这些博客文章时，马斯特斯就此联系了蒂尔。蒂尔通过电子邮件回信给马斯特斯："继续写更多的文章吧。"直到今天，马斯特斯的博客已经有数百万的浏览量。[4]

随后，蒂尔自己独自写一本书的想法出现了，蒂尔在斯坦福大学的讲座可以汇集成一本书，那将会有更广泛的读者。蒂尔想发起一个关于社会创新的全面讨论，不仅仅是在斯坦福大学，还有硅谷外的所有大学。

蒂尔的《从0到1》主张向硅谷学习，"为什么，因为世界上最有价值的公司都是以新方式来解决实际问题的公司，而不是那些还拥挤在陈旧跑道上的竞争对手。"[5]为期三个月的课程最终以一本结构完整的200页的图书形式得以再现。"把思想组织起来"来出书对于蒂尔而言，也是创造伟大内容的关键。[6]布莱克·马斯特斯用自己的博客将蒂尔的讲座内容发表出来，所以成为该书的合著者。

标题《Zero to One》——从0到1，已经显示了蒂尔想用他的书做什么。计算机科学是建立在数学状态"0"和"1"的基础上的。对蒂尔来说，这意味着"做些新的事情"。他深信，只有发明新东西，我们才能使社会达到更高的水平。Facebook及其社交网络，Google公司及其互联网搜索功能，对他来说都是符合这一要求的公司，因此目前都是非常有价值的公司。蒂尔深信，我们作为社会的一分子，在发展方面做得还不够。用他的话来说，我们正处于技术停滞期，被现代智能手机蒙蔽了双眼，这让我们看到了一个位于前端风景中的时髦数字世界。然而，我们周围的环境还是一种古老、奇怪的，而且部分是病态的世界。[7]

蒂尔的信条是，在每一个行业和每一个商业领域都可以取得进展。他呼吁公司管理者最重要的能力是"独立思考"。[8]

---

① 译注：汤博乐（Tumblr）成立于2007年，是目前全球最大的轻博客网站，也是轻博客网站的始祖。

蒂尔强调："下一个比尔·盖茨不会编写操作系统，下一个拉里·佩奇①和谢尔盖·布林②不会开发搜索引擎。复制别人会把世界从1带到n，并增加更多熟悉的东西。但是当一个人想做一些新的事情时，这就是从0到1。明天的赢家将不会来自当今市场上残酷的竞争；他们都将避免竞争，因为他们的业务是独一无二的。"

这本书对美国未来的进步给出了乐观的看法，并提出了思考创新的新方法。蒂尔想让读者提出问题，然后引导我们到"意想不到"的地方，在那里我们将发现"有价值的事物"。整件事听起来像是复活节彩蛋的要求，但蒂尔在书中明确提道："只有那些相信秘密并寻求它们的人，才能在过时的思考道路之外发现新的明显的可能性。"[9]在他的《从0到1》一书中，他不断回到他的所有问题之问题："您的哪些信念，只有很少的人会和您分享并赞成？"《大西洋月刊》（*The Atlantic*）杂志在一篇评论中写道："蒂尔的最佳想法让人耳目一新：请你记住，你的创始人是你的家人，请给优秀的员工定义精确任务，请从雄心勃勃的任务开始，而不要从已经主导专营市场的产品开始，请停止憎恨销售人员，请专注于制定将你与竞争对手区分开来的原则或秘密。"[10]

如果观看蒂尔在斯坦福大学在线课程的授课录像，或者读他的书，那么就会清晰地看到这位热爱技术创业和成为金融家的人的热爱的第二个领域：蒂尔会表现得像一个真正的教授或老师。因为他渊博的知识和丰富的经验，加上他敏锐的智力，可能会迷倒整整一代学生。在回答张记者的问题：如果他没有进入科技领域，他会做些什么时，他脱口而出回答说，他会成为一名教师。[11]

蒂尔总是喜欢扮演"公共知识分子"的角色，凭借《从0到1》这本书，为他成为这一角色提供了坚实的基础。[12]随后，他被邀请到伦敦经济学院和慕尼黑大学

---

① 译注：拉里·佩奇，美国密歇根大学安娜堡分校的荣誉毕业生，拥有密歇根大学理工科学士学位和斯坦福大学计算机科学博士学位。佩奇是Google公司的创始人之一，2011年4月4日正式出任Google CEO。

② 谢尔盖·布林，出生于苏联首都莫斯科，Google公司联合创始人之一。2019年12月4日，谢尔盖·布林宣布卸任Google公司总裁一职。

等世界著名大学，就他的书及其创新的基本目的进行公开演讲。《大西洋月刊》的评论员说，蒂尔的书“像一台数码投影仪”。这是一本“为企业家设计的自救书”，旨在为他们自己的未来积极充电，而这一未来只能由初创企业来设计；这也是一个关于资本主义及其在 21 世纪的成功而进行的精彩而深刻的演讲。[13]

蒂尔的挑衅性文章“竞争是留给失败者的”被刊登在《华尔街日报》上，还在源源不断地产生话题，这也是蒂尔所希望的。因为大多数经济学家都被桎梏于错误的想法，认为竞争可以创造价值。在他看来，情况恰恰相反：只有垄断才能实现最大的利润，从而产生可持续的价值。[14]

《南德意志报》说蒂尔是一个“有思想深度的商人”，马克·扎克伯格说《从 0 到 1》这本书提供了“关于如何在世界上获得价值的全新的、令人耳目一新的想法”。哲学家和前金融数学家纳西姆·尼古拉斯·塔勒布①（著有《黑天鹅：高度不确定事件的力量》），认为蒂尔的这本书是一本经典之作，建议读者不要只草草读一遍，最好读三次。[15]

《纽约时报》评论员大卫·塞加尔非常与众不同。他抱怨说蒂尔没有花足够的时间来证明这本书书名的合理性。“这本书给人一种为一个自认为不需要做广告的人做广告的感觉。”对于塞加尔来说，蒂尔提出的“建立下一个 Google”这样的建议非常不现实。蒂尔在书中承认，他在书中描述的创业类型并不多见，但作为 PayPal 创始人以及后来作为 Facebook 投资者所赚的财富让他相信，如果人们更大胆，更具创造力，这种非同寻常的可能性就会更大。塞加尔把这本书比作一场晚宴的场景，一个人坐在另一个人旁边，后者的金钱和丰富的思想会让后者相信他自己可以控制整个对话。[16]

对于在线门户媒体亚洲技术来说，《从 0 到 1》是“所有人迫切需要的新鲜空气，是企业家之书，是对全球经济、明智的商业哲学和初创企业的研究文本”。但这位评论家认为，蒂尔在亚洲问题上的阐述有一定的片面性，他认为蒂尔仅用了几

---

① 译注：纳西姆·尼古拉斯·塔勒布（Nassim Nicholas Taleb），安皮里卡资本公司的创办人，也是纽约大学库朗数学研究所的研究员。

个简单原型来描述亚洲的情况。蒂尔认为亚洲是世界上最悲观的地方，但事实恰恰相反。许多中国互联网创业者很早就开始积聚财富，因为他们还太年轻，无法在海滩或高尔夫球场提前度过他们的退休生活。许多人将自己的财富用于慈善事业或环境保护，比如阿里巴巴的创始人马云。市场研究机构尼尔森①公司表示，印尼等新兴经济体国家是世界上最可靠的市场之一，东南亚国家也属于具有最高储蓄率的经济体，消费者较高的可支配收入也会带来更高的投资。[17]

《大西洋月刊》认为，蒂尔的书对企业家和该行业本身都是一种鼓舞。在同类经济书籍中，《从 0 到 1》的畅销呈现出压倒性的垄断优势。[18] 数据证明了这一点，蒂尔的书成了《纽约时报》的畅销书，也成了国际畅销书。在中国，蒂尔的书也引起了极大的轰动。根据蒂尔的说法，他的书在中国的销量超过了美国以外所有其他国家销量之和。[19]

“多样性神话”：律师

在某些时候，将“陈年旧事”从地窖中挖出来的不仅仅是政客，还有记者和媒体创作者。2016 年 10 月，新闻界再次提到了蒂尔和萨克斯写的一本书。1995 年考试后，他们不顾学习压力出版了这本书，书名是《多样性神话：校园里的多元文化和政治不容忍》。这里的“校园”，指的仅仅是斯坦福大学。

蒂尔和萨克斯都是《斯坦福评论》的主编和出版人，20 多年前，他们被邀请写一本关于大学价值观改变的书。在他们看来，自 1986 年以来，一个由管理机构、教师和学生组成的协调一致的行动一直致力于把斯坦福大学变成美国第一个多元文化大学。两人都在书中引用了当时的校长唐纳德·肯尼迪②的话，他把 1989 年新

---

① 译注：尼尔森是全球著名的市场监测和数据分析公司，1923 年由现代市场研究行业的奠基人之一的阿瑟·查尔斯·尼尔森先生创立，总部位于英国牛津。

② 译注：唐纳德·肯尼迪（Donald Kennedy，1931—2020），神经生物学家，毕业于哈佛大学，曾任斯坦福大学第八任校长，美国食品和药物管理局局长、《科学》（*Science*）杂志主编等。

来的学生送上了多元文化项目这个“必须成功的勇敢实验”的道路。斯坦福大学的25000人参加了肯尼迪的实验。这些变化包括课程设置的变化、学生观念的变化以及新的行为准则的引入。肯尼迪以前在斯坦福大学担任生物学教授，现在他可以从校园里的活生生的学生身上看到他的创新是如何取得成功的。肯尼迪说：“如果我们在这里做不到这一点，那我们在任何其他地方也做不到这一点。”这是把法兰克·阿尔伯特·辛纳屈①的著名纽约引文“如果我能在那儿做成，我就会在任何地方做成”稍加改变了一下。对肯尼迪来说，这是进一步实践教学改革的指导方针。但肯尼迪在1992年夏天因卷入一桩金融丑闻的事被公开后，不得不辞职。

蒂尔和萨克斯认为，基金会理事会、国会议员、大学毕业生以及普通民众，都会很快意识到，“伟大的多元文化实验”带来了与高等教育承诺完全相反的结果。两人描述了对言论自由的限制和“一种新的不宽容形式，也被称为政治正确，一种歇斯底里的反西方课程，学生生活政治化的加剧以及不同种族和民族的分化”构成了斯坦福大学校园伴随而来的负面现象。他们把这次多元文化之旅与克里斯托弗·哥伦布发现美洲新大陆相提并论，哥伦布满怀热情地启程远航，然后又灰心丧气地回来了。根据蒂尔和萨克斯的说法，斯坦福大学的人员也发生了同样的事情。尽管如此，多元文化主义已经蔓延到“整整一代美国领导力量”身上，其他毕业生也紧随其后，计划在社会中确立多元文化规则。

斯坦福大学作为改革先锋——在8年左右的时间里整个美国各大学紧随其后逐步进行改革——是这些“实验”的“巨大警告信号”，也是与多元文化未来相关的“危险”的预警信号。如果斯坦福大学没有聪明的人，和平的小镇环境和巨大的财政资源，那么应该在哪里为多元文化铺平道路呢？对于蒂尔和萨克斯来说，著名的斯坦福大学因为这些变化而贬值了。他们把斯坦福大学与第三世界国家进行了不那么讨人喜欢的比较。最后，他们敦促美国国家停止追求多元文化。[20]

① 译注：法兰克·阿尔伯特·辛纳屈（Francis Albert Sinatra，1915—1998），出生于美国新泽西州霍博肯市，歌手、演员、主持人。

但对于新闻界，特别是对于2016年10月又把《多样性神话》这本书的内容曝光在公众面前的《卫报》来说，把这本书中的其他段落展示出来更具媒体效应。

因为媒体2016年10月报道的《多样性神话》，蒂尔立即对《福布斯》杂志表示，他对这些观点表示遗憾。“20多年前，作为合著者，我写了一本书，里面有一些不敏感但是刻薄的陈述，正如我之前所说，我希望我没有写这些东西。我很后悔。”

同一天，在蒂尔表示自己感到遗憾之前，合著者大卫·萨克斯接受了Recode技术新闻门户网站的采访，并为这本书和其中的相关阐述道歉。他把这本书描述为“20多年前写的大学新闻。我为我先前的一些观点感到羞耻，并为写下这些观点而感到遗憾。”[21]

但仅仅把这本书理解为被媒体捕捉到的某些段落所描述的那样，那就太狭隘了。20世纪90年代中期，萨克斯和蒂尔就谈到了当今无处不在的“文化冲突”。通常，保守派和自由派之间会有一场多元文化的辩论，更准确地说是“愤怒的白人保守派和所有其他人之间的辩论”。这句话比以往任何时候都更具话题性：唐纳德·特朗普获胜后，媒体难道不想向我们充分表明，正是这个目标群体起到了举足轻重的作用吗？

20多年前，蒂尔和萨克斯就已经认为，关于多样性的辩论不应该对现实视而不见。考虑到经济的多样性，应该注意到美国的教育系统与高昂的学费有关。成功完成大学学业通常需要六位数的资金投入。许多家庭负担不起这样巨额的经济支出，大学就会提前进行筛选。所以金钱仍然是获得高等教育入门券的关键因素。

根据蒂尔和萨克斯的说法，政治多样性通常也不被赋予。他们指出，在《多样性神话》出版的时候，也就是1995年前后，大学约80%的学院教员属于同一政党，即民主党。

最后，两人的书中还涉及学校中的多样性以及与不同种族相处的问题。蒂尔和萨克斯列举了康奈尔大学、伯克利大学和斯坦福大学，这些大学根据学生的原籍地区划分学生，如非裔美国人、拉丁美洲人、亚裔美国人和本土美国人，并根据他们的原籍分配学生住房。他们的结论是“这种种族隔离的结果是让大量的少数派学生远离校园的其他地方，限制多样性和交流”。[22]

尽管蒂尔和萨克斯在这段时间里对书中的很多段落避而不谈，而且在很多段落中他们流露出了要与母校算账的意图，但他们也表明了立场，要让关于多元文化和多样性的辩论变得更加公开，甚至更具攻击性，并摆脱社会标签和政治正确性，因为政治正确不再允许提及某些事物的名称。

20 多年后，多样性的话题比以往任何时候都更加热门。大型科技公司像 Alphabet 和 Facebook 虽然在我们这个时代的各个方面和社会的大部分方面都存在分歧，数字化和颠覆这样的关键词却无处不在。但在其最核心的部门，各个企业似乎还是有一个保守的核心，而这内在核心几乎与多样性无关。

《财富》杂志在 2017 年年初的一篇关于 Google 在多元化领域的举措的报道中称：“Google 正在寻找自己的灵魂”。全球大约 80% 的问题搜索都是通过 Google 进行的。来自不同民族和种族的问题，他们希望获得对他们问题的合适的搜索结果。但 Google 已经意识到，自己的员工构成也必须进一步做到多元化，只有这样，才能提供有意义的结果和答案，从而让用户满意。

投资者也越来越关注多元化的问题。汤森路透①在 2016 年首次创建了多元化指数（D&I）。金融数据提供商分析了 5000 多家公司。汤森路透发现，重视多元化的公司能生产出更多创新产品，拥有更满意的客户，并取得更好的财务业绩。宝洁、强生、Microsoft 和思科等美国跨国公司，它们都跻身前 25 名。Google 2014 年第一次克服阻力，妥协了，向公众公布了员工的构成数据，当时的员工构成比例还是冷静而客观的。2016 年 Google 更新了数据，约 46000 名美国雇员中，71% 是男性，57% 的肤色为白色。大多数管理职位由男性担任。亚洲人至少占劳动力的三分之一。但是，拉美裔只占 5.2%，黑人占 2.4%。[23]

---

① 译注：汤森路透（Thomson Reuters）成立于 2008 年 4 月 17 日，是由加拿大汤姆森公司（The Thomson Corporation）与英国路透集团（Reuters Group PLC）合并组成的商务和专业智能信息提供商。主要为专业企业、金融机构和消费者提供财经信息服务。

Google 与美国劳动力市场比较
Google 2016 年劳动力数据 / 2015 年美国劳动力数据

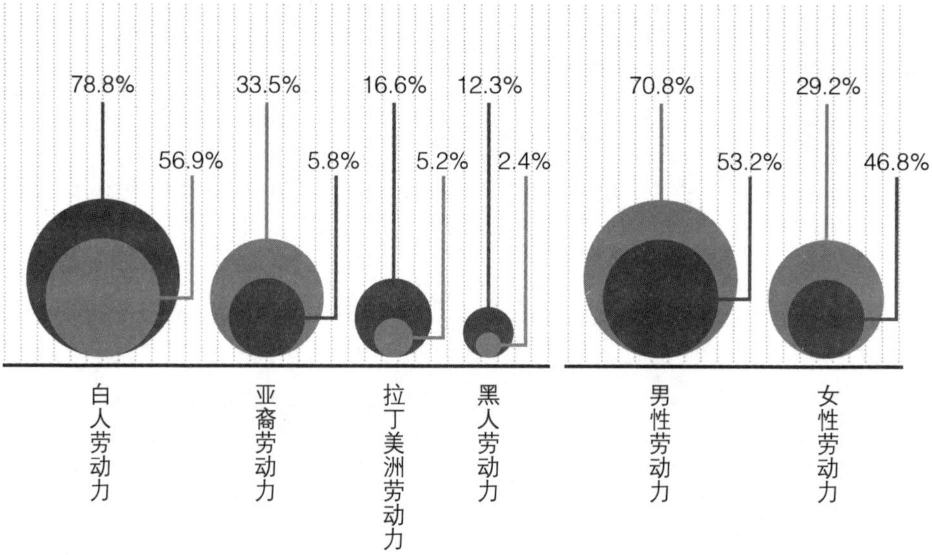

来源：Google，劳工统计局

在 Facebook 公司，这种迹象更为明显。只有 17% 的雇员是女性，3% 是西班牙裔，只有 1% 是黑人。据《华尔街日报》和彭博社的报道，Facebook 目前正试图改变这一情况，并用一个数字化的问卷调查作为试点项目的一部分，在招聘女性、黑人或有西班牙裔背景的开发人员时，这些人事经理将获得双倍的奖励积分数。[24]

在多元化方面，人们可以看到科技公司还有很远的路要走。蒂尔的公司 Palantir 也不得不正式承认，仍有必要在多样性问题上迎难而上。2017 年 4 月，双方就支付 160 万美元与美国劳工部提起的法律诉讼达成协议。Palantir 被指控在电话面试中经常“例行化地挑选”有亚洲背景的候选人，Palantir 对此表示异议。法院的否定裁决可能会对 Palantir 造成重大的经济影响。Palantir 公司有可能被踢出政府的供应商名单，不再有机会获得美国各级机构的有利可图的合同，而这对 Palantir 公司非常重要。[25]

20世纪90年代中期，互联网向公众开放，所有人都认为这将导致知识的民主化。人们在网络空间的生活似乎正在蓬勃发展，正如托马斯·杰斐逊所希望的那样：基于个人自由首要地位的是对多元化、多样性和集体的承诺。[26] 米切尔·卡普尔是软件公司 Lotus 的创始人，也是电子表格的发明者，电子表格成为办公室中个人电脑广泛使用的杀手级应用之一。卡普尔创立的卡普尔资本是一家风险投资公司，他本人是硅谷最有影响力的投资者之一，也是一位慈善家。

马克斯·列夫钦认为缺乏多样性的原因在于："PayPal 公司的人都是一群书呆子！他们从不跟女人说话。那么应该怎么与她们互动并聘用她们呢？"列夫钦还强调说，在一个年轻的团队中，多样性是非常重要的这一设想是经不起推敲的。"越是多元化的早期群体，人们就越难找到共同的基础。"在初创企业中，工作精确到每一分钟，有时甚至是每一秒，时间通常是除了金钱之外最具限制性的因素，所有人都必须无条件地齐心协力。长期的讨论和分歧已经让许多有希望的初创企业望而却步。大卫·萨克斯说："如果一个效率社会存在于世界的某个地方，那么它就在硅谷。"[27]

媒体可能只把《多样性神话》一书的重点放在性侵犯的阐述中，以便让人注意到特朗普和蒂尔之间的关联，但在这方面，有一些要补足和解释的事。因为近年来，针对硅谷知名初创企业的性侵事件屡屡发生，无论是在编程门户网站"Git① 技术中心"（Github②）、人力资源软件提供商天顶星还是交通服务公司优步（Uber）③。在 Github 和天顶星人力资源公司（Zenefits）④，联合创始人不得不离开公司，并承诺会有所改进。大卫·萨克斯本人作为 Zenefits 公司的临时首席执行官参与了各种丑闻的详细处理过程。

① 译注：Git 是一种二进制存储方案。

② 译注：GitHub 是一个面向开源及私有软件项目的托管平台，因为只支持 Git 作为唯一的版本库格式进行托管，故名 GitHub。GitHub 于 2008 年 4 月 10 日正式上线。

③ Uber（UberTechnologies，Inc.）中文译作"优步"，是一家美国硅谷的科技公司。Uber 在 2009 年，由加利福尼亚大学洛杉矶分校辍学生特拉维斯·卡兰尼克和好友加勒特·坎普创立。因旗下同名打车 APP 而名声大噪。

④ Zenefits，为中小企业提供免费的一站式云 HR 管理工具。

优步前雇员苏珊 · 福勒①在 2017 年春季公开了自己的经历。她要求科技公司做出自我承诺，“在骚扰、歧视、报复和其他非法行为方面，它们应以道德、法律、负责和透明的方式行事。”[28]2017 年 6 月初，优步在对工作场所的性骚扰和其他不当行为进行内部调查后，解雇了 20 多名员工。[29]

在这方面，蒂尔和萨克斯的前母校似乎更进一步。2017 年 6 月初，斯坦福大学教务长佩西斯 · 德雷尔教授首次做了关于“第九章大学生诉讼”项目的进度报告。这项由斯坦福大学设立的试点项目包括审理涉及学生的性骚扰、跟踪、关系暴力和性暴力案件。从 2018 年起，该校就不断发布年度报告。在 2015 年的一项校园调查中，约 40% 的女大学生表示，她们遭受过某种形式的性暴力。据德雷尔教授介绍，目前有 36 起案件正在内部调查中。[30]

这些丑闻大多来自于硅谷。纽约天使投资人乔安妮 · 威尔逊表示：“我不认为这里有任何人会感到意外。”[31] 或许这也是因为整个竞争环境、增长型文化、初创企业寻求关注的原因，这些企业大多由非常年轻和缺乏经验的人控制。他们还想改变世界，在这样做的同时，他们有时也失去了对某些法律和道德界限的理解。

硅谷是一个非常特别的地方。但如果硅谷不接受这一挑战，它就不是硅谷。人们可以等待硅谷的创始人和初创企业关注这一主题。或许有人还将出版一本关于全球网络和社交媒体时代多样性和多元文化的新书，为创造更具同情心的科技未来提供蓝图和可持续宣言。

---

① 译注：苏珊 · 福勒（Susan Fowler）是一位新闻编辑和软件工程师。她揭露了 Uber 中歧视女性以及性骚扰的黑幕，使得 Uber CEO 引咎辞职，也引发了硅谷对公司如何处理性骚扰的讨论。

第 6 章

企 业 家

我们学到的最重要的一课是，创立一家伟大的公司不容易但也不是不可能，它介于两者之间。这真的很难，但可以做到。

彼得 · 蒂尔[1]

PayPal：联合创始人兼首席执行官

真正的企业家精神不会把创业视为毫无艰难险阻的旅程！任何白手起家建立过公司的人都知道创业的艰辛，在新市场创建技术公司是一个更大的挑战。科技初创企业十有八九都失败了，这是有原因的。初创企业的建设与“血、汗、泪”有关。尽管有着巨大投入，但在大多数情况下，人们最终还是空手而归，只能梦想着以出售公司甚至股票上市的形式“脱身”。

媒体最近发现，如今创业很“酷”。“狮子洞”等节目的播出表明，公众对创业精神和新的商业模式非常感兴趣。创业者们经常在高光杂志中被描绘成时尚潮人。现在 20 到 30 岁的年轻一代，没有经历过网络泡沫和与此相关的千禧年之交的“繁荣和崩溃”时代，所以总把事情想得很简单。

然而，真正的创业者往往出现在海上风浪越来越大、飓风越来越强的恶劣天气中。本 · 霍洛维茨作为一家科技公司的创始人亲身经历了这些风浪。他是硅谷最有影响力的风险投资家之一。他与第一款商用互联网浏览器的发明者马克 · 安德森一起，在当时的科技泡沫繁盛时期，于 2000 年创立了第一家云计算公司 Loudcloud，在经历了许多创业起伏之后，他最终以 16 亿美元的价格将该公司卖给了惠普公司。

后来，两人以 A16Z[①] 公司取得的投资成绩，跻身硅谷最成功的风险投资家行列。A16Z 的投资包括爱彼迎（Airbnb）、Facebook、Github、图钉兴趣照片分享网站（Pinterest[②]）、网络电话（Skype）和 Twitter 等公司。霍洛维茨在著名畅销书

① 译注：A16Z 是马克 · 安德森（Marc Andreessen，1971-）和本 · 霍洛维茨（Ben Horowitz）两人创立的 Andreessen Horowitz 公司的简称。

② 译注：Pinterest 是照片分享网站，此单词由 Pin（图钉）和 Interest（兴趣）组合而成。

《创业艰难：如何完成比难更难的事》（中信出版社，2015年3月出版）中记录了他作为创业者的经历。霍洛维茨对初创企业面对的艰难毫不掩饰，作为创业经历者，他无情地驳斥了创业“容易上手”的观点——这种观点认为整个世界的人们都对新的商业模式充满热情，每个人都和谐相处。按照达尔文学说，这事实上是一个“适者生存”的问题，是关于“富人生存”的问题。推荐任何有创业想法的人看一下这本书。[2]

从创业之初到股票上市，再到PayPal卖给eBay，霍洛维茨的书名也可以作为对彼得·蒂尔创业经历的完美阐释。对蒂尔来说很重要的是，把公司放在第一位，为员工树立榜样。事实上，创业者往往更需要自我塑造，因为，虽然他们在生活和工作的两个平行世界中取得了成功，但是却缺乏与最重要的“资产”合作者的联系。另一方面，作为PayPal的首席执行官，蒂尔当时仍低调地住在斯坦福大学附近门洛帕克的一居室公寓里，尽管他在短短三年内就把刚起步的PayPal打造成一家价值10亿美元的公司。他是在把PayPal卖给eBay之后才把私人生活和工作中心都迁到了位于旧金山的具有代表性的不动产中。

在《从0到1》一书中，蒂尔还谈到了管理层的薪酬问题：“一家通过借贷来融资的新公司的首席执行官，其年薪绝不应超过15万美元。”“如果首席执行官的行为更像一个政治家，而不是一个公司的创始人，而且还坚持现状，这一切对一个创新型初创企业来说是致命的。”

蒂尔以Box的首席执行官亚伦·莱维为例。莱维为商业客户打造了一个价值10亿美元的Dropbox公司，但莱维的收入却低于他的员工。莱维本人在公司成立四年后还住在一套一居室公寓里，除了床垫外没有其他家具。[3]

企业家往往不能在适当的时候辞职，他们常常把自己创立的公司当作自己的孩子，只希望自己能够永远经营公司。但历史书上写满了这样的故事，成功的企业创始人错失了及时交付权杖的时机。蒂尔不是这样的，他对自己投资者的角色总是感到更满意，认为自己在担任PayPal CEO的时间里更像是个“绕道而行的人”。[4]这里有些有趣的情况，与金融天才沃伦·巴菲特的情况类似。巴菲特在接手纺织公司伯克希尔·哈撒韦①后，很快意识到自己的未来不在纺织业。相反，他把伯克希尔变成了一家独一无二的对冲基金公司，专注于他能做的最好的事情：寻找和收购被低估的一流公司。

在对PayPal非常重要的两个里程碑上，蒂尔立刻意识到了把首席执行官交出去是最好的选择。PayPal与埃隆·马斯克的公司X.com合并是第一座里程碑，蒂尔在给员工的一封电子邮件中解释说，他已经辞去了首席执行官的职务，他“在17个月的日夜工作后筋疲力尽”，“他更多的是一个有远见卓识的人，而不是一个经理”，而PayPal在转型阶段需要的是一个实干家。[5] 把PayPal出售给eBay是第二座里程碑，在第二次辞职中，蒂尔清楚地看到，PayPal现在掌握在一家拥有完善管理结构的老牌公司手中。作为企业家，他更愿意迎接巨大的挑战，领导PayPal扭亏为盈，建立起稳定增长的强劲商业模式，并以10亿美元的估值，带领这家成立仅几年的初创企业在纳斯达克成功上市。

如果彼得·蒂尔在德国长大，尝试做同样的事，他就会面临重重阻力而最终失败。只要想想整个监管框架就能得出结论，而且也很难在德国赢得对PayPal这样的颠覆性商业模式的投资者。对他来说，美国，特别是硅谷，现在仍然是最有效率、能创造最高价值的创新之地。[6]

在《从0到1》一书中，蒂尔以初创者这种类型的“创始人悖论”为题，在讲座内容外又补充了单独一个章节。在很多方面，PayPal的六位创始人都完全不合时宜。如果一个传统大公司的人事部经理读过这六个人的简历和兴趣爱好，大多数人可能都不会被邀请参加面试。根据蒂尔的说法，“其中四个人在读大学的时候就做了些惊天动地的事。”[7] 不过他自己不是其中之一。[8] 但这还不是最要紧的，其中五个人小于23岁，四个人在国外出生，而其中三个来自共产主义国家。因此，对于建立一个资本主义金融科技公司来说，这是一个有趣的组合，因为它的目的无非是创造世界上第一个数字货币。

---

① 译注：伯克希尔·哈撒韦公司由沃伦·巴菲特创建于1956年，是一家主营保险业务，在其他许多领域也有商业活动的公司。

蒂尔准确地提出了一个令人兴奋的问题：“由非同寻常的人而不是由可更换的管理者来管理一家公司为什么对一家公司来说如此重要，同时，也非常危险？”[9] 据蒂尔所说，这些企业家的特点之一就是“自我强化效应”，理查德·布兰森①认为，这是由于“自身重叠”和“他人重叠”造成的“不寻常的人重叠，甚至更不寻常的行为”。几十年来，布兰森用维珍集团建立了一个令人印象深刻的品牌帝国，他在商界和社交界都被誉为企业家精神的流行明星。他能点石成金。

有很多世界名人们也是他们自己品牌的创始人。蒂尔以Lady Gaga②为例，她的公司就是她自己的品牌。许多名人被大肆吹捧为各领域之王，他们升得越高，接下来就摔得越严重。对于蒂尔而言，具有典型特点的就是猫王普雷斯利③的艺术生涯，还有迈克尔·杰克逊或布兰妮·斯皮尔斯。而今天，科技公司及其创始人被誉为流量明星。最好的例子是色拉布（Snapchat）的创始人埃文·斯皮格尔④，他与好莱坞女星米兰达·克尔有着密切的联系，他在红毯上留给了观众很好的印象，和他之前在华尔街令人难以置信的首次公开招股（IPO）过程中，在股票分析师面前留下的印象一样好。诚实正直的科技公司永存在它们创始人的心中。“创始人的重要性并不在于他们是唯一创造价值的人，而是因为伟大的创始人能从公司其他人身上获得最大的利益，这一点才彰显其重要性。”[10]

对于蒂尔来说，比尔·盖茨和史蒂夫·乔布斯就是最出色的例子。这两人在公司战略上的看法截然不同，但他们都能把自己的远见卓识和近乎狂热的工作热诚结合起来，然后将这些能力转移到员工身上，从而鼓励他们取得最好的成绩。在出走Apple12年后，乔布斯在Apple生死存亡之际，以“失去的儿子”的身份重返公

---

① 译注：理查德·布兰森，是英国维珍（Virgin）品牌的创始人、跨国娱乐投资集团——啪啪国际有限公司联合创始人，全世界最引人注目的“嬉皮士资本家”。

② Lady Gaga，原名史蒂芬妮·乔安妮·安吉丽娜·杰尔马诺塔（Stefani Joanne Angelina Germanotta），美国女歌手、词曲作者、演员、慈善家。

③ 译注：埃尔维斯·普雷斯利（Elvis Presley，1935—1977），出生于美国密西西比州图珀洛，美国摇滚歌手、演员。

④ 译注：埃文·斯皮格尔（Evan Spiegel），1990年出生于美国洛杉矶帕丽萨德斯，毕业于斯坦福大学，Snapchat创始人。

司。当时，Apple 认为，只有死敌 Microsoft 公司的注资和比尔·盖茨的保证——"Microsoft 将继续为 Apple 平台开发重要的办公程序"——才能让 Apple 死里逃生。乔布斯因为忠实地执行这些行动，1997 年备受那些追随 Apple 公司的年轻人的批评，但他做这些仅仅是为了公司的发展。另一方面，Microsoft 在 2000 年年初达到顶峰，成为当时世界上最有价值的公司。2000 年，在比尔·盖茨将首席执行官交给他的朋友史蒂夫·鲍尔默①之后，Microsoft 已经走了十多年的下坡路。鲍尔默和比尔·盖茨不一样，他既不了解技术趋势，也不能代表公司里举足轻重的程序员们的意见。结果，Microsoft 在向智能手机和平板电脑的转变大趋势中睡过头了，尽管该公司早在 20 世纪 90 年代初就在比尔·盖茨的领导下开发了移动设备的操作系统和应用软件。虽然以萨提亚·纳德拉为首的 Microsoft 正慢慢摆脱移动市场的劣势，但现在，乔布斯的继任者蒂姆·库克②有必要问，他的"下一件大事"是什么。在彼得·蒂尔的书中，他本人并没有提到比尔·盖茨和史蒂夫·乔布斯。如果没有蒂尔独特的领导风格，PayPal 不可能取得成功。毕竟，PayPal 是他的第一家公司，也是他作为企业家的第一站。什么样的动机，什么样的成功秘诀和技巧伴随着蒂尔度过了他的 PayPal 时期呢？

对于蒂尔的朋友、PayPal 的一流队友大卫·萨克斯来说，PayPal 现在是硅谷最理想的现代初创企业蓝图。[11] 让我们详细地看看 PayPal 的成就。

独特的企业愿景

已故前联邦德国总理施密特③很久以前就说过"有愿景的人应该去看医生"。正如他后来在德国《时代杂志》上所说的那样，这是一个"对这样一个愚蠢问题的冒昧而又厚颜无耻的回应"。[12]

---

① 译注：史蒂夫·鲍尔默（Steve Ballmer），1956 年 3 月 24 日生，微软公司前首席执行官兼总裁，现任 NBA 洛杉矶快船队老板。

② 译注：蒂姆·库克（Tim Cook），出生于美国亚拉巴马州，现任 Apple 公司首席执行官，清华大学经济管理学院顾问委员会主席。

③ 译注：赫尔穆特·施密特（Helmut Schmidt，1918—2015），德国社会民主党政治家。

与此相反，美国的公司很喜欢这个问题，因为这个话题是有关企业愿景的。对蒂尔来说，这是激励员工最重要的方面之一，如果它不是最重要的话。作为一个优秀而生机勃勃的企业愿景的例子，他列举了他的朋友埃隆·马斯克创建的太空探索技术公司（SpaceX）。SpaceX 计划在 15 年内推动火星任务。这种独特的理念激励着员工，激励他们每天都能取得新的成就。“从积极的意义上讲，初创企业喜欢宗教，喜欢狂热崇拜一些看似不可能的事。”[13]

创业成功的难度与攀登马特洪峰①不相上下。人们要拥有站在山巅之处的远见卓识，但在山脚下时要视自己为微不足道的一个小点。从山脚到山巅之间，存在着许多不确定性、危险性和艰难险阻。蒂尔脑子里可能有一张这样的“马特洪峰的图片”。他知道，只有拥有一个伟大而具有激励性的愿景，他才能使他的 PayPal 统一体从一个经验不足、但极有才华和热情的“攀登者”走向成功的巅峰。他对于 PayPal 的愿景并不十分谦虚。在一次和同事们的谈话中，他用一种在踏上征程之初的“登山向导”的方式来磨炼他们的意识。“我们肯定走在做大事的路上。PayPal 要解决的需求是巨大的。世界上每个人都需要钱——用来支付、交易和生活。纸币是一种过时的技术，是一种令人不安的支付方式。纸币会耗尽，它可能会丢失和被盗。在 21 世纪，人们需要一种更舒适、更安全的货币形式，可以通过 PDA 或互联网连接从任何地方访问。”但这不仅仅是技术本身的目的。[14]

蒂尔想把 PayPal 放在一个更大的联系之中。毕竟，几个世纪以来，金钱一直是经济强国发展和博弈的润滑剂。20 世纪 90 年代中期的经济和货币政策为其提供了理想的温床。1997 年，东南亚发生了经济危机，次年，由于俄罗斯支付危机后货币投机加剧，对冲基金美国长期资本管理公司②倒闭。由于油价过低导致了支付信用问题，俄罗斯政府失去了国际信誉，其信用评级出现问题。其结果是导致较高的通货膨胀率和货币贬值。经济寡头成了赢家，他们在能源和原材料公司的运作中积累了巨额资产，有可能将资金转移到国外并用更为安全的货币来支付。

---

① 译注：马特洪峰，别称马特宏峰，是阿尔卑斯山脉最为人所知的山峰。

② 译注：美国长期资本管理公司（Long-Term Capital Management LLC，简称 LTCM），成立于 1994 年 2 月，总部设在离纽约市不远的格林尼治，是一家主要从事定息债务工具套利活动的对冲基金。

据蒂尔说，这些国家的“普通人”被困住了，无法在政府的领导下安全地存下他们的辛苦钱，而 PayPal 可以改变这一点。“未来，如果我们在美国境外提供服务，并继续将互联网普及到所有人群，PayPal 将让全世界的各国民众比以往任何时候都能更直接地控制他们自己的货币。”蒂尔说，因为有了 PayPal，各国政府的人民可以直接转账，干脆利落地把钱从本币换成更安全的货币。[15] 蒂尔现在正值巅峰，作为一位有远见的经济学家，蒂尔就像罗宾汉①一样站在他的员工面前，希望打破政府资金转移的垄断，确保普通民众与政府和超级富豪享有平等的机会。一旦启程，蒂尔又在上面加了一码，他把 PayPal 放在 TechWelt② 的周期系统中，并把它比作当时最强大的科技集团：Microsoft！“毫无疑问，这家公司有机会成为 Microsoft 的支付解决方案，即全球范围内的金融操作系统。”[16] 蒂尔用他直截了当的演讲和形象生动的比喻打动了员工们的心，并在房间里展现出了一个看起来非常吸引人，而且似乎可信的，每个人都可以实现的愿景。由此带来的积极影响是：PayPal 的员工谈论的更多的是 PayPal 将如何改变世界，而不是考虑从股票期权中来获取更多的私人财富。

破坏性因素

如果人们现在问创始人他们为什么开始创业，通常会得到以下答案：他们想要获得“影响力”，即可持续的效果。“颠覆性”一词目前正在对数字化的讨论过程中盛传。简单地说就是：没有任何阻碍了。通过 Apple 和 Google 应用商店等数字平台，以及智能手机的普及，新的商业模式正在快速发展。“创造性破坏”是奥地利著名经济学家约瑟夫·熊彼特③1942 年在其著作《资本主义、社会主义和民主》[17] 中首次提出的宏观经济学术语。他写道：“新的、外国或国内市场的开放，以及从

① 译注：罗宾汉（Robin Hood）是英国民间传说中的英雄人物，人称汉丁顿伯爵。他武艺出众、机智勇敢，仇视官吏和教士，是一位劫富济贫、行侠仗义的绿林英雄。

② 译注：Techwelt Sp.z.o.o. 是一家其他供应商。

③ 译注：约瑟夫·熊彼特（Joseph Alois Schumpeter，1883—1950），是一位有深远影响的美籍奥地利政治经济学家，被誉为“创新理论”的鼻祖。

手工业企业和工厂到美国钢铁等工业集团的组织发展，都说明了同样的工业突变过程，如果我可以用这种生物学表达的话，他不断地从内部改革经济结构，不断地破坏旧的结构，不断地创造新的结构。这种‘创造性破坏’的过程是资本主义的基本事实。这就是资本主义，每个资本主义实体都必须生活在其中。”[18]

对熊彼特来说，破坏行为是创造新秩序的必要条件。

毫无疑问，当蒂尔滔滔不绝地谈论PayPal的时候，他心里有着和熊彼特相同的看法。他知道，虽然“互联网和货币”这一组合的一切在实施过程中都是微妙的，许多市场参与者都可能会在其中被波及。但如果一切顺利，蒂尔将能够掌握独特的杠杆来可持续地改变世界。顺便说一句，他也会吸引众人关注自己和PayPal来取得巨大的财富成功。同时，他对PayPal的愿景也符合他自由主义的世界观。他希望让世界摆脱政府货币专政的桎梏，并创造出一种新的互联网货币，这种货币不在政治家和国家的掌控范围之内，因此PayPal是第一家全球金融互联网公司。

直到15年后，由于银行、保险公司和风险资本家在金融业的数字化方面进行了大量投资，金融科技的概念才被广泛接受并得以表现出来。“金融科技”和“大数据”这样的流行语对蒂尔来说是泡沫形成的警示信号。他使自己远离这一点，转身去寻找那些有趣的新挑战和还没人想得到的新公司。

彼得·蒂尔的领导风格

彼得·蒂尔作为PayPal这家年轻的初创公司的首席执行官，有着什么样的领导风格呢？没人能比蒂尔的密友大卫·萨克斯更能准确地描述这一切了。他上大学时追随着蒂尔的脚步，在其后担任《斯坦福评论》主编，工作后在PayPal担任日常运营业务的负责人（首席运营官，COO），负责让这家初创公司从爆炸性增长的会员数量中获得收益。在接受《财富》杂志采访时，他指出，蒂尔作为一名企业家有如下特点：“彼得从来都不是亲力亲为的实干类型，但他具有识别出所有重要的战略性问题并正确解决这些事情的能力。”

萨克斯回忆说，在2000年3月，互联网泡沫达到顶峰，当时PayPal计划增资超过1亿美元。虽然许多人在当时的情况下预测的估值甚至更高，而且对新一轮的融资故意表现得犹疑不决，但是“彼得狠狠地踢了每人屁股一脚，迅速结束了这轮融资。几天后，股市崩盘。如果他再拖延一个星期，公司就会倒闭。”[19]

很少有人有能力从一个清晰的视角看问题，然后直接地而且持续地将问题落实到具体行动中。蒂尔无疑是一位高瞻远瞩的伟大思想家。对于 PayPal 面临的每一个挑战，他都迅速地找到了解决方案。在 PayPal 工作期间，蒂尔回忆起了洛塔尔·谷瑟尔·布赫海姆①的世界级畅销书《船》中的潜艇船长。船员们称之为“老人”的他，不仅要在汹涌的大海中操纵潜艇，指挥船员，还要躲避轰炸机和驱逐舰，同时保持冷静和高屋建瓴的意识。

蒂尔带领 PayPal 进入了新世界。在那时，还没有金融科技，没有法律框架，也没有监管机制。在这场战役中，他必须靠自己，才能将 PayPal 引向一个安全的港湾。

对于像蒂尔这样的杰出企业家来说，最典型的能力就是能够把精力专注在对公司最有价值的话题和活动上。具有对所有重要参数进行精确衡量的能力，是承担重大风险的基本前提。蒂尔总是竭尽全力乃至孤注一掷。尽管如此，对他来说，创业并不容易。他知道，只有尽最大努力，他才能领导 PayPal 获得成功。

蒂尔发挥管理作用的基本前提是，他可以无条件地依赖自己的管理团队和 PayPal 的其他团队。他身边有两位斯坦福大学时期最好的朋友——里德·霍夫曼和大卫·萨克斯，他们负责公司日常事务以及项目的操作实施。蒂尔有处理主要战略路线的自由，特别是拥有负责筹集资金的自由和空间。蒂尔深刻理解美国职业体育的精神，知道如何以“最有价值球员”（MVP）的身份登台亮相，他凭借其在 PayPal 团队的出色战略技能来出谋划策，并因此得到了团队的尊重和支持。

对蒂尔来说，牢固的友谊是创业成功的基础。关于彭博新闻社张慧卿提出的问题“彼得·蒂尔的投资神话和现实人生是怎样的？”他回答说，他并没有以独奏的形式来处理所有的事情。他有朋友，并且经常和他们交谈，身边也有密切合作的伙伴。[20]

---

① 译注：洛塔尔·谷瑟尔·布赫海姆（Lothar-Günther Buchheim，1918—2007），德国最著名的作家、画家。他的小说作品《船》（*THE BOAT*）畅销全球，在 1981 年被改变成电影，并被提名奥斯卡奖。

如果你更仔细地分析蒂尔的创业模式，不可避免地会遇到“志趣相投”这个词。蒂尔把他信任的人当作战略家。蒂尔至少需要一个同样富有才华的伙伴，他几乎能志趣相投地完全理解他的精神路径。沃伦·巴菲特也有相似之处。巴菲特是否总是喋喋不休地强调，如果他不能依靠自己的“右脑”查理·芒格，他的伯克希尔·哈撒韦公司和他就不会出现在现在所在的地方了？

巴菲特和查理·芒格的关系，就如同 PayPal 创立之初，马克斯·列夫钦和彼得·蒂尔的关系。两人共同演绎了成功创业的一个基本前提：极高水平上的对商业和技术理解的完美共生。正是因为如此，许多初创企业和创意都失败了，它们要么太过商业化，要么太具技术弹性，因此无法为市场创造出优秀的产品。没有列夫钦的编程技巧，PayPal 不可能实现用户的爆炸式增长。在担任首席技术官（CTO）期间，列夫钦开发了非常重要的反欺诈算法，使他在 2002 年麻省理工学院（MIT）著名杂志《技术评论》中，跻身 35 岁以下的 100 强创新者之列。但是列夫钦不仅是一个出色的程序员，他还召集了一个忠诚的开发团队，让他们以日班制和夜班制的不停歇工作的方式，使 PayPal 的产品团队以极快的速度将新想法注入软件中。

蒂尔认为，如果一个人开始创业，“第一个也是最重要的问题是与谁合作。商业伙伴的选择就像一场婚姻，而纠纷也会像离婚一样难看”。与婚姻类似，初创企业也会在浪漫的“蜜月”之后就开始暗淡的日常生活，挑战无处不在。出于这个原因，蒂尔在他的著作《从 0 到 1》中急切地建议初创企业创始人应该有“共同的历史”，“否则整个事情只不过是一场赌博”。我们需要“和睦相处的好员工，但他们也需要一个稳定的结构，这样每个人都能长久地团结起来。”[21]

蒂尔讨厌官僚集团系统，就像魔鬼讨厌圣水一样，他肯定不会用那样的方式在一家大公司里作为首席执行官获取如同他在 PayPal 所获取的成功。对他来说，创业是“具有最大可能的项目，在这个项目上仍然可以进行具体的控制”。[22]

绝妙的企业战略

成功的创业就像参加一级方程式，人们总是处于紧张的临界状态，每一秒，内在和外在的影响都会发生根本性的变化。人们在使用新技术时，总是有必要考虑到准备承担的最大风险，即使还不知道是否真的能完成比赛。

一级方程式赛车的颁奖典礼是在摩纳哥。尼基·劳达①曾在摩纳哥的大奖赛上说，这就像直升机在客厅里飞行。他想表达的是，在每一秒，你必须非常专注，一切都在最狭窄的空间发挥出来。即使处于领先地位，饱经风雨的赛车手也可能由于疏忽大意，在最后一圈把赛车撞到墙上，从而埋葬他们赢得胜利的梦想，在初创企业中也是如此。成功没有固定的技巧，人们更多的是游移在日常疯狂的边缘。一天之内，要么一切都是对的，要么一切都是错的。在初创企业中，创始人、投资者和员工必须学会清醒地应对这些"高亢与悲痛"之间的波动。证券交易所在自己的波动率指数中衡量市场的每日波动，该指数每天黑白分明地衡量着投资者的风险倾向。安迪·贝克托尔斯海姆②是除了彼得·蒂尔之外，硅谷最著名的德裔美国人，他在斯坦福大学举办的题为"创新过程"的讲座中总结了成功创业的成功因素，以及创业失败的五个原因：

——创意太早；

——创意太迟；

——创意不相关；

——创意太贵了；

——创意没有明显的好处。

因此，重要的是"解决正确的问题"。如果人们在恰当的时机对客户做出正确承诺，那么初创企业通常是成功的。[23]

蒂尔和他的联合创始人马克斯·列夫钦、卢克·诺塞克和肯·霍威利在贝克托尔斯海姆演讲之前已经把这一切内在消化了十多年，这成了 PayPal 公司战略的基因。特别是在互联网和电子商务即将崭露头角的时候。在 eBay 拍卖平台上，私人

① 译注：尼基·劳达（Niki Lauda，1949—2019），奥地利人，三届 F1 车手冠军、飞行员、企业家，电影《极速风流》原型，被誉为 F1 史上最勇敢的赛车手，2016 年获得劳伦斯终身成就奖 。2019 年 5 月 20 日，尼基·劳达去世，享年 70 岁。

② 译注：安迪·贝克托斯海姆（Andy Bechtolsheim）是 sun 的联合创始人。在 Sun 主管高性能计算及存储等技术的开发工作。

和小型零售商可以出售相当于旧货市场上的商品，该平台已迅速成为互联网上领先的电子商务平台。PayPal 首先需要增长，成长。增长必须是迅速的、指数级的和尽可能具有成本效益，即具有高效率。蒂尔和他的团队有信心把其他选手淘汰出局，只留有一个供应商的空间，纯粹的达尔文主义。在 2017 年，聪明的商业顾问——在考虑成功的互联网公司时——谈论不休的是平台。Facebook 是社交媒体的领先平台，Amazon 是领先的电子商务平台，PayPal 也是许多成功初创企业的蓝图，因为在千禧年之交，PayPal 已经有资格成为互联网上领先的支付平台。

PayPal 如何在这么短的时间内成为强大的数字支付品牌和领先的网络支付平台呢?

蒂尔已经提出了一个绝妙的创意，给每个新的 PayPal 用户奖励 10 美元，同时为他们每个新招募的客户再奖励 10 美元。于是一个“滚雪球”系统开始发挥作用。

PayPal 应该是一个个人之间、个人和企业之间相互转移资金的网络平台。市场参与者越多，网络平台就越有价值。蒂尔知道，速度是加速增长和让用户数量达到临界规模的决定性参数。如果与核物理进行比较的话，临界量是引发连锁反应所必需的。PayPal 成功地做到了这一点，它具有所谓的“病毒效应”，病毒效应表现为“曲棍球棒效应”。就像冰球运动员一样，生长曲线不是线性增长而是不均衡增长，即指数增长。因此，从数学上讲，在分析的“短期讨论”中，人们提到的是一个迅猛增长的曲线。

现在 PayPal 正在全力运转。与一级方程式类似，一级方程式的赛车手希望继续全速前进，并一直保持踩住油门踏板的状态。当然，在最短的时间内保持增长率，最重要的润滑剂就是钱。PayPal 发展成为一个独特的“烧钱机器”。

蒂尔和他的团队必须在指数级的客户增长情况下，引入一个可持续货币化的商业模式，并创造出不断创新的金融资源之间近似不可能的平衡。而此时正值互联网市场崩盘，只烧钱的公司所剩无几。而 PayPal 很快就赢得了客户的信任，因为它只需要一个注册电子邮件地址和一张能存款的信用卡。此外，这项服务对个人客户和最初的商业客户都是免费的。PayPal 也在蒂尔的引导下认识到客户服务对保持持久客户关系的重要性。他们在美国内布拉斯加州的奥马哈投资建立了自己的服务中心，当时有 700 名员工在那里工作，可以快速回答 PayPal 用户的问题。而当时，硅谷的核心团队只有大约 220 人。[24] 一种“消防意识”被创造出来了。用户不再谈论转账金额，而是谈论把钱“转账到 PayPal”。每当一项服务发展成所使用语言中的动词时，就会创造一个新的品牌。最好的例子是互联网搜索：如果我们想在互联网上找到什么东西，会直接说“Google 一下”。

品牌设计和客户增长非常重要，因为 PayPal 创始人知道，下一个竞争对手只需动动手指，几乎一夜之间就可以从几行程序代码中脱颖而出一个新的供应商。

这就是为什么选择了这个策略：先增长，再谈销售额！

10 年后，这一战略也应该成为许多成功公司的战略典范，尤其是 Web2.0 的互联网公司。Facebook 因为 Microsoft 或香港华人李嘉诚等知名投资者的投资，已经获得了百亿美元级的估值，但依然不表示它有一个运作良好的盈利模式。

为了进一步推动客户增长，人们选择了一条非传统的道路。创始人和管理团队由彼得·蒂尔、马克斯·列夫钦、卢克·诺斯克、大卫·萨克斯和里德·霍夫曼组成，他们决定将 PayPal 的整个战略，包括营销和产品开发，直接投放到 eBay 市场。互联网上没有其他地方像 eBay 这样有如此之多的电子商务客户，他们同时也需要支付功能。所以他们可以孤注一掷，尽管没有与 eBay 建立官方业务关系或产品及分销合作关系。PayPal 团队的想法是“骑在大象的背上”获得成功，eBay 总是想把讨厌的暴发户 PayPal 从身上甩下来，而且折断它的经济和金融的脖子。没有备选计划，这是一个“要么全赢，要么全输”的战略。

这个策略果然奏效了。据 PayPal 产品团队的负责人大卫·萨克斯说，PayPal 之所以这么做，是因为 eBay 太“功能失调”，即完全功能受损。“如果 eBay 和 PayPal 有相同的文化基础，eBay 可能会打败我们，所以我们有能力把这个一往无前的‘领头鹿’打倒。”而对 PayPal 创始人来说，这是命运的一个“苦涩讽刺”，因为艰难的文化差异是 PayPal 创始人在与 eBay 合并后离开公司的主要原因。[25]

蒂尔和其团队的工作艺术在于，把客户增长转化为销售。eBay 平台也派上了用场。越来越多的专业零售商正在为他们的 eBay 业务寻找解决方案。PayPal 立即开发了一个收费的经销商版本，并能够通过娴熟的营销来说服越来越多的客户信任他们的优质服务。因此，PayPal 货币化的关键是对目标群体及其产品需求的近乎疯狂的关注。大卫·萨克斯来 PayPal 做战略经理，后来说，很早他“就意识到，没有一个好的产品，其他一切都是毫无价值的”。这个产品对他来说“绝对重要”。

最后，所谓的现金消耗率，即损失率，显著降低，商业模式得到完善。蒂尔非常热爱数学，他成功地攻克了 PayPal 复杂的货币化公式，其中包括许多未知数——盈利，并借助 2002 年春季的首次公开招股（IPO），把 PayPal 以可持续的方式带入盈利区。

正如我所说，对蒂尔来说，一个成功的公司必须建立在垄断的基础上。在 PayPal 的帮助下，他几乎完成了不可能做成功的事：他依靠一家垄断公司 eBay 建立了一家亿万量级的公司。

PayPal 实际上是在支付服务提供商的竞争中胜出的。

任务完成了！

企业文化与沟通

人们可以长达月余来探讨企业文化吗？可以。初创企业通常表现得像婴儿，它们是未经授权的年轻生物，只能慢慢地在这个世界上找到自己的角色。和婴儿一样，最初的几天、几周和几个月会刻下成长的烙印。“在成立的那一刻，您可以创造出比一个有价值的公司更多的东西：您可以为它设定在遥远的未来创造新事物的道路，而不仅仅是管理一笔遗产。”[26]

除了合适的伙伴，必要的资本和让人激动的思想，也许最该受重视的就是内部文化和沟通。一个成功的初创企业必须自内向外生存。管理层和员工必须团结一致，形成一个人人投入的集体。最重要的不是个人，而是团队。在初创企业中，工作是以团队形式来开展的。

PayPal 与其他公司有很大的不同，尤其是在企业文化方面。负责业务发展和公共关系的基思·拉博伊斯形容，PayPal 文化具有对抗性。PayPal 促进了内部辩论和争论文化。多层次的个性给讨论带来了有趣的方面。通过这种方式，PayPal 在面临巨大挑战时，能够迅速地从各个角度进行观察，从而找到最好的解决方案。这种方式的优势是显而易见的，蒂尔、拉博伊斯、萨克斯和霍威利通过他们在《斯坦福评论》时期的工作，形成了一种非常坚实的辩论和争论文化，他们被这种文化带到了 PayPal。但与许多其他初创企业不同，在 PayPal，人们经常在内部战壕战中迷失方向，对有针对性的战略不能达成一致，但是在听取所有争论，从而确定方向后，PayPal 又能团结一致。一个企业的愿景和战略只有在员工生活和执行的过程中才能体现出来。因此，蒂尔非常重视团队合作和友情，这就像一条红线贯穿了 PayPal 的建立初期。

"动机的问题总是很重要，"蒂尔说，"我认为，对于伟大的公司来说，总有这样一个特别的任务：如果你自己不去做，别人就更不会去做。如果你不努力，它就不会实现。这就是 PayPal 的愿景。"[27]

因此，蒂尔发现 Google 或 Microsoft 等其他科技公司的创始人没有像"PayPal 黑手党"那样后来发展出那么多而且高质量的初创企业，这一点也不足为奇。"当你是一家一切都很完美的公司的一部分的时候，来自这类公司的创始人，会低估了新建立一家公司的难度。"[28]

蒂尔在员工大会上的发言里解释了 PayPal 的战略，以及公司里公开透明的沟通，这一切都促成了一个强大团队的形成。管理层体验到了团结的感觉。蒂尔和他在首次公开招股（IPO）上的管理层同事并没有在纽约证交所停留很久，而是与硅谷的团队成员一起庆祝了这独一无二的事件，这本身就是团结的象征。在庆祝活动中，蒂尔还为这项活动留下了纪念：他组织了一场国际象棋车轮赛，众多 PayPal 员工在比赛中与他同时下棋。他打败了他们所有人，除了大卫·萨克斯。顺便说一句，国际象棋比赛是在 PayPal 公司大楼外的一个未经修饰的朴素的停车场举行的。[29]

许多人的生活格言是"把每一天都当作最后一天来过"。作为一个真正的"叛逆者"，蒂尔认为恰恰相反。对他来说，这意味着"把你身边的人当作你要和他们相处很久的人来对待。今天做出的决定很重要，因为随着时间的推移，这些决定产生的影响越来越重要。"蒂尔喜欢引用阿尔伯特·爱因斯坦①的话，爱因斯坦强调，

① 译注：阿尔伯特·爱因斯坦（Albert Einstein，1879—1955），爱因斯坦开创了现代科学技术新纪元，被公认为是继伽利略、牛顿之后最伟大的物理学家。

复利效应是宇宙最强有力的力量。"这句话不仅仅涉及财务或金钱的问题，更多的是关于你通过投资时间获得人生最大利润、建立持久的友谊和长期的关系的理念。"[30]

PayPal 特别的首次公开招股（IPO）庆祝活动：公司停车场的快速国际象棋锦标赛

资料来源：大卫·萨克斯的照片，插图：马文·阿德霍夫

PayPal 和蒂尔的成功都是建立在深厚的友谊之上的，这种友谊不仅使他，而且使他的许多 PayPal 朋友获得了创业和商业上的成功。

同样，巴菲特也有相似之处。在商界，几乎没有人像这两位亿万富翁一样，懂得如何在几十年里保持一个牢固的友谊网络，从而为自己和企业获取巨大的经济成功。为了让美国回到曾经拥有过的未来，它必须把未来理解为有待塑造，而不是被动的体验和消费，所以要离开舒适区。对蒂尔来说，美国需要一份 PayPal 最初的企业文化。对信任的追求和跨向新海岸，实现新的突破。[31]

企业管理

经营一家生机勃勃的初创企业当然不是一件容易的事。蒂尔受益于这样一个事实：在创办校园杂志《斯坦福评论》的过程中，他不仅获得了第一次管理经验，而且还与那些有才华而又志同道合的人建立了联系，这些人愿意和他“同甘共苦”。

埃里克·杰克逊是一位优秀的营销工作人员，也是《支付战争》①（中信出版社，2015 年 5 月出版）一书的作者，被蒂尔从安盛咨询公司招聘进 PayPal。在杰克逊眼中，PayPal 在一开始展示出了一个“迷失方向、混乱无序的初创公司”的场景，但他很快意识到，蒂尔的这个用 PayPal 将世界金融体系解救出来的愿景，通过传统的公司治理手段是不可能做到的。[32]

然而，这个混乱的公司有明确的原则。PayPal 可能是第一家在整体风格及产品开发方法上遵循“灵活”原则的初创公司。由于各种各样的挑战，如最初的高亏损率和自身业务模式的不确定性，PayPal 成功地在公司治理中实践了以下几点：

实时公司和指标

从一开始，管理层就非常重视利用实时信息来评估形势。事实上，许多初创企业注定不会将其最重要的公司特征数据结合到实时报告系统中。那么，创业公司可能会损失不必要的资金和时间，仅仅因为从中得出公司关键数据和必要结论的时间会持续很久。除了业务数据的临时可用性之外，还需要正确的公司特定指标来实时做出正确的管理决策。

PayPal 的重要参数是：

1. 新客户数量

2. 获得新客户的成本

3. 欺诈的滥用率

4. 通过 eBay 获得的新客户数

5. 通过 eBay 与 eBay 的支付服务比尔森公司获得的新客户数

6. 资本流出（现金消耗率）

① 译注：《支付战争》的作者埃里克·杰克逊是“PayPal 黑帮”成员之一，他真实还原了 PayPal 这个伟大产品是如何诞生的，以及在后来的发展壮大之路上，如何应对融资紧张、突破增长瓶颈，在竞争者凶猛围剿与平台商霸王条款的夹击下，逆境求生，改变业务模式，最终完成 IPO，并成功出售给竞争对手 eBay 的全过程。

7. 需付款的客户数量
8. 信用卡手续费
9. 获取的营业收入

马克斯·列夫钦和他的团队开发了一个特殊的软件，具有数据吸附的功能，并会不断检查 eBay 的拍卖页面，查看存入 PayPal 的款项与比尔森的比例。这个预警系统通常有助于从 eBay 的新战略中迅速得出结论，并确保 PayPal 迅速恢复竞争优势。

与一级方程式赛车类似，赛车的遥测数据对于快速调整策略是必不可少的，策略师蒂尔基于 PayPal 建造了自己的指标。通过这种方式，他能够预见到新的融资轮次和股票行情，并对业务进行越来越精细的调整，因为即使是商业模式的最小变化也会立即表现在数据之中。

明确责任

“作为 PayPal 的总经理，我所做的最好的事情就是确保每个人都对一项任务负责。这项任务是独一无二的，每个人都知道我只会用它来衡量。”彼得·蒂尔在他的《从 0 到 1》一书中描述了他在人事管理上的简单但有效的方法。这避免了双重工作的低效率，也避免了由于工作内容的含混不清而产生的纠纷。恰恰是初创企业才会“特别脆弱，因为它们的角色一开始就在不断变化”。因此，许多公司有时就像陷入瘫痪，因为它们更关心自己的内部，而不是市场和客户。对于初创企业来说，这种行为很快就意味着失败。[33]

焦点

像蒂尔、巴菲特和盖茨这样的成功企业家会将专注的原则统一起来。专注于最重要的核心，或者如巴菲特所说，专注于“能力圈①”，这是企业成功的先决条件。

① 译注：巴菲特（1996）提出投资的能力圈原则，认为投资人真正需要具备的是对所选择的企业进行正确评估的能力，并不需要成为一个通晓每一家或者许多家公司的专家，只需要能够评估在能力圈范围之内的几家公司就足够了。能力圈范围的大小并不重要，重要的是要很清楚自己的能力圈范围。

在日新月异的技术领域，更重要的是要把重点放在核心事务上。创业的限制因素是资源，特别是时间和金钱。因此，PayPal 在解雇首席执行官比尔・哈里斯这件事上做得不错，哈里斯当时同时也被金融软件公司财捷集团聘用，他让 PayPal 陷入了无利可图的合作谈判中。

事实上，PayPal 遭受到了初创企业可能面临的所有问题，而这些恰好都不是什么小事：

1. 顾客认证
2. 滥用
3. 监管问题
4. 维萨和万事达卡的不友善
5. eBay 的竞争

因此 PayPal 团队承受着巨大的压力。不过，负责业务发展的基思・拉博伊斯表示，PayPal 利用压力作为“狂躁专注”的杠杆。[34] 所以 PayPal 完全有能力专注于快速增长的支付业务，并与建立“全金融超市”的理念保持距离。

以产品为中心

PayPal 将电子邮件作为媒介进行的资金转移联系起来，这已触碰到了金融市场的敏感神经。战略经理大卫・萨克斯后来强调，他认为“绝对以产品为中心”是最重要的经验。[35] 他也是通过产品开发来成功实施该战略的人。在他的支持下，成立了由产品设计和软件开发人员组成的联合团队，以尽可能高效地设计新的产品特性，并让程序员立即将它们注入代码中。这种“快速原型化”的方法帮助 PayPal 在与其他支付服务提供商，特别是与 eBay 的支付系统比尔森的竞争中，获得了持久的竞争优势。PayPal 一直在实践的这种以产品为中心的成功方法，现在不仅在初创企业中，而且在传统的大企业中，找到了越来越多的仿效者，即使它们取得的成功并不一致。

员工义务和参与度

对马克斯·列夫钦来说，创业的核心团队必须是由那些有着相同偏好和兴趣的人组成。彼得·蒂尔认为，PayPal 团队一开始就如此和谐的一个主要原因是，所有人都是电脑奇才和科幻怪人。"最重要的是，我们都痴迷于创造一种不受国家控制而是由人民控制的数字货币的想法。"[36]

因此，创始人志同道合是一个重要的先决条件。那么他们是如何，并且以什么为基础来招聘那些加入团结一心的集体的员工的呢？

蒂尔很清楚该怎么做。在纽约律师事务所当律师的时候，他就亲身体会到他的同事们的工作模式。"朝九晚五"是工作时间，而"晚五朝九"是休闲时间，这之间存在着严格的区分。

对蒂尔来说，时间是"我们最宝贵的资产"，因此"与我们无法想象能够拥有长远未来的人共度时光是荒谬的"。PayPal 团队的形象富有传奇性，他们在工作之余的晚上举行的扑克比赛体现了这一点。工作和休闲是一体的，从而才能创造出一个团结的集体。基思·拉博伊斯将 PayPal 早期的发展描述为一个"非常高强度的工作环境"。[37] 只有在这种特殊的"机构设置"和与此紧密相连的创始人氛围中，技术突破才是可能的，就像 PayPal 所做到的那样。

因此，对于蒂尔来说，简历和出色的成绩不是招聘某一个人的理由。根据他的经验，招聘应该总是由公司直接完成，而不是由相应服务的提供商完成。蒂尔从一开始就把 PayPal 介绍为"一个团结一心的集体，而不是个'永远开门又永远关门'的旋转门"。决策者大多由内部人员组成。一般来说，最有能力的员工担任各部门的负责人。优点：个人的职业声誉会向小组确保必要的权威。刚获得 MBA 学位的求职者大多会被拒绝，因为没有足够的灵活性来跟随 PayPal 的快速调整。[38] 取而代之的是，PayPal 在《斯坦福评论》的招聘栏目发布带有挑衅性的一些问题，比如"拥有一个很酷的初创公司的超级股票期权，从大学退学值得吗？我们在招聘！"

在蒂尔的《从 0 到 1》一书中，蒂尔把一个初创企业"团结一心的共同体"和教派之间进行了有趣的比较。以 PayPal 模式为榜样的初创企业，会创造出一个属于自己的宇宙，形象地看就像是一种奶酪块，它把团队成员从外界一块块切开。按照蒂尔的观点，这样做的回报就是获得“强烈的归属感和深奥‘智慧’，而这种归属感对于其他人则是难以接近的。”蒂尔认为，企业家应该要“认真对待那种全心投入的文化”。

硅谷的哲学适合他。按照著名的启动孵化器 Y-Combinator 创始人保罗·格雷厄姆①的描述，理想的创始人应该是 20 多岁，无拘无束，没有家庭，无牵无挂，准备一切都随心而行。在他看来，硅谷不在法国、德国，英国或日本，这不是“意外”，因为在这些国家，大多数人会墨守成规，不敢越雷池半步。[39]

蒂尔对咨询公司的评价很低。对他来说，它们是“完全相反的”一个教派。咨询顾问们没有自己的使命感，他们在公司之间穿梭，但不会与这些公司建立起长期的关系。[40] 除了初创企业的内部核心之外，这主要是由创始人以及那些与公司关系密切的员工组成，企业精神也很重要。

因此，对蒂尔来说，提出以下问题很重要：“为什么还要让第 20 个雇员来您的公司工作？”

蒂尔提供了两种解决方案：

首先，初创企业应该有一个简明的愿景陈述：“为什么您要做别人不做的事？”PayPal 的愿景是创造一种独立于政府的新的数字货币。

其次，公司员工会提出以下问题：“这些人是我想一起工作的人吗？”也就是说，优秀的志同道合的人会吸引其他优秀的同道之人。[41]

对 PayPal 来说，提出的这两个问题都很重要，因为，大卫·萨克斯说：“PayPal 团队为他们的生存而战，因为 eBay 掌握着现金流。”

伴随着股票期权的启动，PayPal 员工的参与度也越来越高。在硅谷，员工对这种形式的薪酬更公开，也就是说，对“风险承担”更为开放，这一点在美国得以积极证实——相比德国和欧洲，在那里，日常业务中的风险是可怕的，人们想避免或消除风险。[42]

① 译注：保罗·格雷厄姆（Paul Graham，1965 年—），美国著名程序员、风险投资家、博客和技术作家。以 Lisp 方面的工作而知名，也是最早的 Web 应用 Viaweb 的创办者之一。

PayPal 中也有员工没有股票期权，但会商定一个很高的每日工资。在这方面，初创企业在硅谷和 Apple，Alphabet 和 Facebook 这样的行业领头羊进行竞争。在这些大公司，新员工通常至少能获得六位数的年工资，如果具备“大数据”“人工智能”与“网络安全”等领域的专业知识，那就能获得七位数的年收入。因此要让这些员工相信有未来的股票期权作为回报，不是那么容易的。“他们不是流动的，他们与一个特定的企业紧紧地绑在一起，但如果这家公司倒闭了，那他们就一文不值了。对准备好愿意以公司股份形式获取报酬的人，会承认长期的价值提升的回报形式。”尽管有种种弱点，蒂尔的公司股份仍然是“让所有人都团结在一起”的最佳选择。[43]

创新文化

真正的创新是无法计划和安排的。它们通常以一种简单的形式发生，而且通常是在困境中出现。为了让 PayPal 在与已经站稳脚跟的信用卡公司、其他支付初创公司和电子商务巨头 eBay 这些老牌金融集团的超强竞争中成功地玩“兔子和刺猬”游戏，从这种特殊的氛围中脱颖而出，就必须形成一种新的创新机制，它能成为 PayPal 未来十年的初创指导。

大卫·萨克斯称之为“烈火炼真金……所有的异质和杂质都已经被烧掉了。对于初创企业来说，这是一种纯粹的方法，可复制到许多领域。”[44]

PayPal 可能是第一个在整体风格上一贯遵循灵活开发方法的初创企业。根据最初的想法，联合开发团队——由产品 / 营销和软件专家组成——直接参与创建简单但立即可用的版本。后来，他们把这称为一个专业名词“MVP”，即“最低可行的产品”。

在此之前，软件开发的特点是线性过程，也称为“瀑布模型”。商业创意产品首先由产品和营销团队构思，然后提交给 IT 部门实施。这种方法不仅花费了大量的时间，而且还造成了这样一个事实：由于专家部门的愿望与软件实施的技术和财政资源方面的实际情况存在分歧，许多项目注定要失败。如今，在 PayPal 成立近 20 年后，灵活的软件开发方式已成为初创企业、科技公司以及更保守的行业老牌企业软件开发的主导形式。Facebook 开发人员最初的座右铭一直是基于灵活的

PayPal模型的“移动打破一切”。埃隆·马斯克后来成功地将PayPal开发出的灵活开发机制转移到了“物理世界”。他制定了一个“一号救世计划”，并于2006年发布。他在这个计划中详细描述了特斯拉在全球汽车领域的战略制定。马斯克的MVP型号汽车是一款运动型跑车，他用灵活方法从豪华轿车（S型）到SUV（型号X），为中产阶级车型（S型）和必要的电池工厂（Gigafactory）的大规模生产奠定了基础。只有通过反复验证的阶段，他才在2010年将特斯拉在证券交易所成功上市。汽车公司上一次股票上市还是至少56年前福特汽车公司的时候了。

PayPal灵活的产品开发模式是由公司独特的非正式文化所驱动的，所有员工都要出谋划策。PayPal的文化不仅让他们能够大展宏图，而且还要求他们做到这一点。[45]

大卫·萨克斯列出了PayPal首次实施的四项创新功能，这些功能如今被当作新创业公司的一般标准：

——最早能病毒般复制的手机应用软件之一：PayPal用户可以给某人转钱，而不必开银行账户取钱。

——最早采用平台战略的公司之一：PayPal“本质上是eBay平台上的一个应用程序”。

——最早提供嵌入式软件元素的公司之一：用户能够将PayPal支付标识集成到eBay拍卖中。嵌入式内容后来成为YouTube强劲增长的关键。

——最早关注迭代产品策略的公司之一：新功能在完成后立即发布，而不仅仅是固定一个新产品的周期。[46]

这还不够。对于蒂尔来说，创新和创业精神是一对独特的共生体：“但最有价值的公司仍保持着对创新的开放性。从这个意义上说，只要公司创造出新的东西，创新就继续存在，当这个创造过程结束时，创新就结束了。或许你可以无限期地延长这一创新时刻。”[47]

Palantir：联合创始人兼董事长

除了PayPal，世界还应该为彼得·蒂尔提供什么呢？难道他不是破除重重障碍向全世界展示了，有人可以领导像 PayPal 这样的精英团队达到获利数十亿美元的最终目标吗？蒂尔摆脱了邦德惊悚片的座右铭“世界已经够好了”，他寻求着下一个挑战。

“9 · 11”事件后，美国这个超级大国无情地暴露出了自己的脆弱。如果蒂尔谈到西方社会的技术僵局，就会想到这个隐喻，航空旅行是多么耗时，因为现在的管制已经达到了严重限制个人自由的程度。对于像他这样的自由主义者来说，这是一场噩梦。美国武装起来投入战争。对蒂尔来说，这是“旧世界”，即原子世界的反应。他，一个数字世界的人，看到了通过软件来满足我们自由的西方生活方式的可能性。

蒂尔将这一最初问题以及新公司的商业基础定义如下：“我们的任务是在维护公众自由的同时减少恐怖主义。”[48] 蒂尔了解 PayPal，在他的领导下，马克斯 · 列夫钦最终开发出了 PayPal 生存所需的算法来检测和减少支付诈骗。即使在那时，安全部门也开始注意到蒂尔团队中的算法痕迹。那么，在“9 · 11”事件后的世界里，还有什么比成立这样一家新公司更贴近需求的呢？前提还不错，蒂尔把 PayPal 卖给 eBay 获得了大约 5500 万美元。PayPal 已经是过去时了，所以他一身轻松，可以重启“进击模式”。

2003 年 5 月，蒂尔成立了一家名为 Palantir 的公司。蒂尔再次从他最喜欢的作家之一 J.R.R. 托尔金[①] 的作品中为他的投资公司命名。他以《指环王》中的一系列魔石命名 Palantir，这些魔石会让有权势的人有能力看到远处的真相。然而，不仅公司名称，还有技术基础，蒂尔都可以依靠 PayPal 时期积累下的财富来解决。他们没有把一切都交给机器，而是把机器世界和人类世界这两个世界的精华结合在一起。机器智能专注于搜索大量数据和检测异常；人类专家可以利用他们的专业知识来评估这些模式，并从中得出决定性的结论。Palantir 后来发明了听起来像是“机器增强智能方法”（机器帮助人们）。蒂尔仍然是这种方法的伟大倡导者，每当有人

---

① 译注：约翰 · 罗纳德 · 瑞尔 · 托尔金（John Ronald Reuel Tolkien，1892—1973），英国作家、诗人、语言学家及大学教授。以创作经典严肃的奇幻作品《霍比特人》《魔戒》与《精灵宝钻》而闻名于世。

问他人工智能是否让人变得多余时，他都会提到这种做法。

蒂尔还利用了一个重要的资源为他的新公司招募员工：斯坦福大学。2004 年，他认识了两位斯坦福大学计算机系毕业生乔·朗斯代尔和斯蒂文·科恩。他们和前 PayPal 工程师内森·盖丁斯一起开发了 Palantir 软件的第一个原始版本。Palantir 公司最初是蒂尔自己出资创办的，他和他的风险投资公司“创始人基金”一起投资了大约 3000 万美元，这真不是小数目。但尽管蒂尔当时已经具有传奇般的声誉，红杉资本①和凯鹏华盈风险投资公司②依然没有对 Palantir 表现出明显兴趣。红杉资本的负责人迈克尔·莫里茨，曾经为 PayPal、Apple、WhatsApp 和 Google 投资，据说他在 Palantir 的创业报告会上一直无聊地乱写乱画，而凯鹏华盈风险投资公司的一个小员工向创始人做了大约 90 分钟的演讲，就为了说明 Palantir 成功不了的原因。“叛逆”的蒂尔，再次将这一切视为对方对他的这条道路正确性的确认。

用 In-Q-Tel③能够获得中情局的风险投资部门高达 200 万美元的投资。[49] 但对 Palantir 软件的商业目的内容进行介绍，就已经构成一大挑战，销售发行的可信度也是巨大挑战。“真该死，22 岁的人，怎么该听这个？”联合创始人乔·朗斯代尔这么问自己。[50]

蒂尔当时已经 30 多岁了，作为前 PayPal 的首席执行官，他经验丰富，但这次他想专注于自己的战略性角色。他不想再被推上首席执行官的职位，他需要有人站在台前做这些事。“一个头发灰白一点的人。”乔·朗斯代尔说。蒂尔再一次利用了他长期以来的友谊和人脉，他的目光聚焦在一个叫亚历山大·卡普④的人身上。卡普在许多方面与蒂尔完全相反。他的典型标志是高高竖起的头发，就好像通了电似

---

① 译注：红杉资本于 1972 年在美国硅谷成立。红杉作为第一家机构投资人投资了如 Apple，Google，Cisco，Oracle，Yahoo，LinkedIn 等众多创新型公司。

② 译注：凯鹏华盈风险投资公司成立于 1972 年，是美国最大的风险基金，主要是承担各大名校的校产投资业务。

③ 译注：In-Q-Tel 是位于美国弗吉尼亚州阿灵顿的高科技风险投资公司，其唯一目的就是使 CIA（美国中央情报局）拥有最新的信息技术以支持美国的情报能力。

④ 译注：亚历山大·卡普（Alexander Karp），美国人，Palantir 联合创始人，彼得·蒂尔的斯坦福法学院同学。

的。在德国法兰克福攻读法律学位之后，他还在法兰克福著名教授、哲学家尤尔根·哈贝马斯①那里攻读了博士学位。在那之后，卡普在伦敦做过成功的金融生意，给富有的顾客带来了很高的回报。乔·朗斯代尔和斯蒂芬·科恩对卡普的独一无二的能力充满赞叹——卡普能在没有技术背景的情况下洞察复杂问题并为非技术人员讲清楚这些问题。他们很看好卡普。卡普还真有乔·朗斯代尔所要求的必要的代表老成稳重的一头白发。卡普被任命为Palantir的首席执行官。当其他首席执行官候选人都在提出典型的商学院问题，询问关于Palantir潜在的市场规模时，卡普用其哲学背景犀利地分析了如何建立世界上最重要公司的问题，优势立刻倒向了卡普这一边。[51]

因此，Palantir的内在基因就与蒂尔与创始人深厚的友谊、斯坦福大学的人脉以及PayPal的技术基础密切相关。让俄罗斯黑手党“技艺大增”的那些事物，现在成为美国向全世界展示如何用高科技来应对恐怖事件的基础。

所以我们坚持：这听起来很简单，根据乐高（Lego）或捕鱼技术的模块化原则，蒂尔是如何在创建PayPal之后，来创立“下一个高水平公司”Palantir的，简单但有效。对于任何一支成功的球队来说，它的好教练都会用著名的陈词滥调“永不改变一支走向胜利的球队”来说明这一点。蒂尔找到了卡普这个志同道合、才华横溢的搭档。因此，当我们在下文中谈到Palantir的企业角色时，我们试图分析这两人的志同道合之处。“超级”战略家蒂尔，还有在运营责任方面同样出色的卡普。

在Palantir，是什么动机，什么成功秘诀和技巧一直伴随着这两人？

企业使命

彼得·蒂尔从一开始就清楚地概述了Palantir的使命——在尊重公民自由的同时遏制恐怖主义。[52]

① 译注：尤尔根·哈贝马斯（Jürgen Habermas，1929—），德国当代最重要的哲学家之一，是西方马克思主义法兰克福学派第二代的中坚人物，由于他的思想庞杂而深刻，体系宏大而完备，哈贝马斯被公认是“当代最有影响力的思想家”。

为什么 Palantir 是以《指环王》中的“魔石”（Palantir）来命名？ Palantir 公司的名字选得很好。卡普在与电视记者查理·罗斯的同名脱口秀节目中解释了这个非同寻常的命名选择：“那些在高中就有社交生活的人，是不可能在 Palantir 开始工作的。而像我们这些没有社交生活的人，会立刻对出自《指环王》的‘魔石’产生兴趣。”这是对不同类型的人的一种回应，对那些喜欢科幻小说胜过周六晚上的朋友聚会的特立独行的人和“书呆子”的回应。卡普接着说，“‘魔石’可以让善良的力量交流和发散。我们认为这是一个合适的名字，它可以提供对大型数据库的深入了解，但不允许人们访问无权访问的数据，即查看‘魔石’的核心思想。”[53]Palantir 致力于“基于话语的搜索”。所以搜索变得非常集中，而且目标明确。如果有人进入 Palantir 的雷达屏幕，软件就会检测对方所有可能的不良行为。

与此同时，政府机构的搜索范围仍然有限，比如不包括此人的社会生态系统，从而不会让无辜者被怀疑。卡普谈到“非常精确”的入侵，让人想起微调的外科手术。从 20 世纪 70 年代的反恐斗争中，我们知道了“网格搜索”这一术语，它说出了 Palantir 软件的方法的要点。Palantir 和卡普，同样重要的是“每一步行动都有文件记录”。[54]

如果人们看一下 Palantir 的网站，很快就会发现，这家公司的运作方式与硅谷的许多公司不同。这家公司网站主页没有任何引人注目的地方，没有感觉良好的程序。相反，会有大写字母提醒访问者，Palantir 生产的产品有特定的用途。整个情况都由一部背景影片来说明，这部短片描绘了我们这个世界的残酷现实：美国的精锐士兵，他们正拿着行军行李，在一个贫瘠的危机地区登上一架运输直升机，手术室里有外科医生在工作，纽约警方的行动和地震后被毁的房屋。这不是罗兰·艾默里奇新版《后天》的预告片，而是从 Palantir 看到的自己的背景和工作环境，一览无遗。“数字超人”Palantir，作为一个“世界超级警察”，它保护世界免受数字犯罪和恐怖主义的侵袭，但同时它也是一个超级外科医生，在遭受自然灾害的地区帮助拯救生命和恢复秩序。[55]

与其他的硅谷公司不同，Palantir 的“使命宣言”是公司整体成功的核心。例如，当谈到 Palantir 的使命时，主页的标题“我们相信什么？”也带有哲学特征。根据卡普的说法，一位投资者曾经问他 Palantir 是“一家公司还是一个教派？”[56]Palantir 自认为是一个为公众服务的团队，做“正确的事情”，始终与伟大的激情、一流的软件和成功的公司结合在一起。[57]

这项使命的重点应该是尊重社会和个人权利。通过 Palantir，世界将变得“一天比一天更美好”。Palantir 公司认为，只有通过对社会和个人权利的强制保护，人们才能建立对数据处理的信心。

Palantir 认为自己将通过出色的工程师和出色的软件来解决我们这个时代的重大问题，从恐怖主义、有组织犯罪、自然灾害和战争到巨大的医学挑战，如癌症和老年痴呆症。Palantir 应该也参与了寻找本・拉登的过程，以及参与了处理伯纳德・麦道夫①欺诈案金融丑闻。[58]Palantir 让人想起了西部荒野的光辉岁月，当时声名远扬的西部牛仔们为正义而战，他们剥下违法者的头皮②钉在法律保证书上。

“拯救夏尔”几个白色大字也被印在 Palantir 员工的黑色 T 恤上。“夏尔”③（Shire），是霍比特人在《指环王》中的故乡，位于帕罗奥图④的 Palantir 总部起了这个名字不是没有原因的。资深员工希亚姆・桑卡尔在 Quora⑤知识平台上发布了这样的口号：“霍比特人是谦虚的英雄，他们不寻求冒险，也不想离开他们舒适而田园般的家园——他们这样做只是因为现存的风险。这些书中的类人生物对 Palantir 的使命宣言做出了重要贡献。他们是非传统的、奇怪的三眼战士，他们在为正义的力量而战时，热情而英勇。”[59]因此，他们是 Palantir 书呆子的榜样，他们从帕罗奥图的硅谷总部出发，用他们独特的软件，影响着华盛顿、伊拉克、阿富

---

① 译注：美国华尔街传奇人物、纳斯达克股票市场公司前董事会主席伯纳德・麦道夫，2016 年因涉嫌证券欺诈遭警方逮捕。检察人员指控他通过操纵一只对冲基金给投资者造成了大约 500 亿美元的损失。

② 译注：剥头皮是美国文化中的一段历史，原指印第安人对敌人的一种惩罚措施，后来美国人在开发美国西部的时候采取同样的方式对待印第安人以及其他违法者。

③ 译注：夏尔（Shire）是托尔金在《魔戒》和其他著作中所创造的中土大陆（Middle Earth）内的一个区域，主要居民为霍比特人（又译哈比人）。

④ 译注：帕罗奥图（Palo Alto）是美国加利福尼亚州圣塔克拉拉郡内的一座城市，位于旧金山湾区西南部，在山景城和门洛公园市中间，西边毗邻著名的斯坦福大学。

⑤ 译注：Quora 是一个问答 SNS 网站，被称为美版知乎。

汗、海地、非洲之角或巴基斯坦的事件，并在更大程度上让这些事向好的方向转化。对彼得·蒂尔来说，“公司内部的T恤衫是简单但重要原则的体现：公司全体员工的形象应该整体相似，与世界其他地方的人有所区别。他们应该是一个由志同道合的人组成的团结一致的集体。这一点被坚定不移地写进了公司的发展目标。”[60]

Palantir的顾问团包括美国前总统乔治·W·布什的国家安全顾问康多莉扎·赖斯和前中情局局长乔治·特尼特等精英人士。特尼特情不自禁地说：“我真希望在“9·11”事件之前就拥有具备这种力量的工具啊。”

如果说以前蒂尔和PayPal还想让世界有一个独立于政府外的新货币，那么现在他们在Palantir所做的就是为了拯救世界。不是反对政府，而是明确地与西方世界的机构合作，这些机构也能够为Palantir软件筹措不菲的许可费。作为回报，Palantir可以做些奢侈的事，为人道主义项目提供资金。

破坏性因素

“找到一些破损的东西”“寻找那些不（再）正常工作的东西”总是一个开始新创业的好起点。“9·11”事件清楚地表明，即使是像美国这样的超级大国，其几乎无限的私人经济和军事资源也很脆弱。最近，随着美国自由主义生活方式的削减，每个人都清楚地认识到，自由与安全并不总是相容的。美国与恐怖分子交战。尽管当时的美国总统乔治·W·布什在第二次海湾战争中取得先期胜利后，就站在一艘航母上以胜利者的姿态在美国星条旗前庆祝他的军事干预，认为“任务已经完成”。但蒂尔和卡普清楚地看到，“9·11”事件带来的美国梦魇给他们提供了一个很好的商机。

新的非对称的恐怖分子战争具有破坏性的特点，作为回应，它也需要一种破坏性的反应。蒂尔的答案来自于以革命性软件形式出现的比特和字节世界。新软件处理的数据应该是解决方案，一个优雅的能打击恐怖主义的“奇迹武器”。

Palantir利用数据和算法的强大功能来检测早期的威胁模式。真正颠覆性的方法是将人工机器智能与专家从中获取指令的技能进行特殊配对。Palantir致力于数据、技术和人类知识的链接。Palantir创造了“机器增强智能”一词，可以理解为“机器帮助人”。这一点的基础就是在PayPal成功使用的用来检测俄罗斯黑手党的欺诈行为的算法。Palantir成为了一家“人们应该具有与数据对话的能力”的公司。[61]Palantir做了一个最大胆的冒险：如果PayPal的数据仍然是中央数据库中的结构化形式，那么Palantir现在几乎也能结构化地通过实时链接将非结构化记录合并到系统中，比如来自电子邮件、互联网、社交网络、计算机、数据库、银行账户、行为档案和手机档案的数据。这是一项技术上非常具有挑战性的任务，最重要的是，对于像Palantir这样的新手和“白板”来说，这是一个非常困难而又不透明的市场：当局和政府。

此外，在2005年至2009年期间，即在Palantir创立之初，在公司客户（B2B）领域开始创业并不合适。卡普将几年后吸引风险投资比作“创造一个马戏团”。[62]企业软件——如Palantir，对投资者来说不够“热门”，对美国政府来说是“冷门”。[63]相应地，以他们的风险偏好著称的硅谷投资者，才可能会比较感兴趣。蒂尔和卡普碰了很多钉子。此外，亚历山大·卡普的形象也不是很有助于游说各方：“因为卡普的头发和外表——不像我和为我工作的人。”迈克尔·E·莱特这样说道。莱特是前美国反恐中心（NCTC）主任，反恐中心是小布什在“9·11”事件后成立的机构。[64]

到2008年中期，在Palantir建成4年多后，对于蒂尔和卡普这样的参与者来说，他们还不清楚公司整体上是否会发挥作用。卡普认为，这得等到人们用一种“复制的赝品”来操作，也就是说，用一种幻影的方式才能了解这一种类型的公司是否会成功。但后来，突然之间，似乎一切都走上了正轨，公司开始运作起来。卡普说，Palantir真正实现“对其理念的验证”是“我们创造了没有销售人员而把产品推销出去的高需求。从那时起，我们就知道它一定会有用的。一个人告诉另一个人关于他自己人际网络的事，然后说这真是出色，对方也绝对应该拥有。”因此Palantir的分销战略也具有颠覆性：在PayPal中，由客户推荐的“病毒性增长”会通过电子邮件引发“雪崩”似的连锁反应。类似于PayPal，Palantir使用了相同的机制，通过安全机构以及政府机构的封闭网络进入B2B市场。[65]

最终，成功的公司和产品诞生了，体现在可以让正确的人在正确的实践中交流。Palantir费尽周折，它艰难的努力终于获得了巨大的成功。

领导力风格

对彼得 · 蒂尔来说，Palantir 并不是普通的创业投资，通过软件和数据分析使世界变得更美好和更公平是它的使命。蒂尔冒了很大的风险，投入了很多的钱，却没有引起市场和风险资本的反应。

亚历山大 · 卡普如何适应这种情况？卡普没有计算机科学或工程学位，乍一看根本不行。就连喜欢用第三人称来谈论自己的卡普也说："这个人怎么可能是联合创始人，而且自 2005 年以来就是首席运营官，而且公司迄今还存在？"

答案再一次来自于蒂尔与卡普几十年来所保持的深厚友谊。他们在斯坦福大学学法律的时候就认识了。在研究生第一年，他们都上了同样的课程，但政治观点有着强烈冲突。卡普在费城长大，是一位艺术家和儿科医生的儿子。他记得，他的父母每个周末都会把他拖到示威游行现场，争取工人权益，反对"里根所做的一切"。与此相应的是，蒂尔和卡普两人总是要演练一下各种辩论。卡普回忆说："我们经常像野生动物一样赛跑。原则上，我喜欢和他进行这种'拳来拳往'的争辩。"和蒂尔一样，卡普从法学院毕业后也不想当律师。和蒂尔一样，他决定学习哲学。就在彼得 · 蒂尔的出生地德国法兰克福，卡普就读于尤尔根 · 哈贝马斯所在的法兰克福歌德大学，哈贝马斯是 20 世纪最具特色的哲学家之一。[66]

卡普在接受查理 · 罗斯的采访时说："社会哲学是一条不寻常的道路，其直接目标就是失业，也许能够凭借最好的教育获得世界上最低的收入。"对于记者问他为什么要这样做，卡普说："我加入 Palantir 的原因是一样的，我对这些事情有着极大的热情。我研究过一些非常重要的事——知道'知道某事'意味着什么吗？沟通的意义是什么吗？西方社会的基础是什么吗？"[67] 和蒂尔一样，卡普意识到他的学术工作只可能在一个小圈子里产生影响力，这埋没了他在股票和创业投资方面的潜力。

卡普是 Palantir 公司中目标最明确、行为最灵活的领导人，卡普确定公司方向，也被形容为企业的"良心"。[68] 关于竞争这个话题，卡普不懂宽恕的含义。"我们直接打倒慢速竞争者，在他们打倒我们之前"。对卡普来说，与 IBM 或博思艾伦咨询公司①

① 译注：博思艾伦咨询公司（Booz Allen Hamilton）是全球最领先及最大的管理咨询机构之一。

这样的公司竞争只是为了生存而挣扎。[69] 毕竟，卡普用德语撰写的博士论文的题目是《生活世界中的侵略：通过描述行话、侵略和文化之间的关系来扩展帕森斯的侵略概念》。卡普在论文中研究了西奥多·阿多诺和马丁·沃尔泽以及宗教在德国生活世界中的重要性。[70]

卡普是 Palantir 朋友圈怪人中最古怪的一个。他承认自己是个单身汉，建立家庭和拥有房产会让他引起人生方向的“偏移”。他练习气功冥想，对合气道和柔术非常熟悉。他全神贯注地致力于建设 Palantir，这表现在他下面的陈述中：“我唯一不会想到 Palantir 的时候是在我游泳的时候，练习气功的时候或者做爱的时候。”但是卡普本人必须为自己的成功和作为 Palantir 首席执行官的角色付出高昂的代价：他已经失去了匿名身份，并始终有保镖陪伴。像他在德国的学生时代一样，沉浸在柏林的“肮脏”酒吧里对他来说已经不可能了。[71]

在有光的地方也有阴影。在处理维基解密丑闻事件的过程中，美国银行的一名前 Palantir 雇员提交了一份带有 Palantir 标志的报价，并解释了如何“能够最好地消除维基解密①的危险。”[72] 卡普立即从中得出结论，并通过一次通告与这件事的进程保持距离。“言论自由权和隐私权对繁荣的民主至关重要。”卡普看到了他自己的责任，也看到了开诚布公并富有企业家精神的 Palantir 组织结构的责任。员工不必事事都获得上司的授权。[73]

对于卡普来说，Palantir 有权重写“零和游戏”的规则，这是隐私和安全的难题。他说：“我们必须找到保护自己不受政府干预的地方，只有这样，我们才能与众不同，才能完全不同。”[74]

企业战略

对蒂尔来说，公民自由的捍卫者应该会欣赏 Palantir。“我们承受不起美国发生第二次‘9·11’事件或是更大的事件。这一天为各种荒唐的违法行为和严厉的规

① 译注：维基解密（Wikileaks）是一个大型文档泄露及分析网站，成立于2006年12月，目的是为揭露政府及企业的腐败行为。

定敞开了大门。”在蒂尔看来，为了避免今后出现类似的情况，政府机构必须配备好已经设定规则的最佳技术，以确保刑事调查人员合法使用这些技术。卡普已经实现了蒂尔制定的用户承诺。Palantir 拥有市场上最先进的数据保护技术。这个软件存储了每个访问信息的人，以便创建一种“数字足迹”。Palantir 软件也只允许各自的授权人员访问信息。在 Palantir 之前，任何情报分析员都可以在数字档案中获取概览，而没人能确定什么内容被浏览者观看。[75]

与使用 eBay 作为销售平台的 PayPal 类似，Palantir 必须找到一个目标群体。很快，目标用户就锁定在情报界。这一战略很快见效。2005 年，中情局成为 Palantir 的客户，其风险投资公司 In-Q-Tel 也加入了。PayPal 还采用了迭代式的产品开发方法。第一个产品是“Palantir 政府”，是 Palantir 与政府当局对话探讨后开发的。在最初的三年里，开发团队每两周飞往华盛顿，为了根据蒂尔和卡普的固有理念来开发一款适销对路的产品。Palantir 的成功也建立在垄断的基础上。这一次，它垄断的不是像 eBay 这样的私营公司，而是世界上强大的国家：美国。

然而，一开始的合作是极其困难的。Palantir 小组不明白政府代表在说什么，反之亦然，每个人都自说自话。尽管如此，Palantir 坚持只雇佣工程师，而不雇佣政府雇员。据卡普所说，在 Palantir 拥有和穿着西装的人并不常见，但就是这些不穿西装的工程师能制造出有用性的软件产品，而这种有用性可以根据所提供的数据证明。[76]

除此之外，来自 PayPal 时代的旧的已知 PIN 也再次被使用：最初，人们关注的是更容易处理的结构化数据。人们在一个又一个部门之间搜索所需的记录。当 Palantir 有了“最低可行产品”，即首次运行版本（MVP）时，In-Q-Tel 选择了美国情报局（CIA）内具有高度重要性的客户作为试点。基于反馈，在短周期内开发出更新换代，然后再次提供给客户。在当时，这不是一个非常简单的任务：如果安全当局被切断与互联网的联系，人们就不能那么干脆利落也没那么容易进行更新了。[77] 软件工程师很快就能够在相关领域开发出更多的应用领域，如“监管和监督”“网络防御和间谍活动”，以及“健康和疾病检测”领域。

金融板块也紧随其后，凭借其对如何构建和处理信息的知识，Palantir 数据专家甚至认为自己比华尔街的数据处理规模更具优势。Palantir 在数据集成和可视化方面的专业知识很快被发现对金融行业很有用。一个由交易员、分析师和程序员组成的快速成长的对冲基金团队，在快速迭代阶段开发出了一款更好的产品。Palantir 的目标和以往一样具有挑战性：最终，Palantir 赢得了最大的对冲基金和银行客户，并与主要的金融数据提供商达成了合作关系。[78]

Palantir 董事希亚姆·桑卡尔在 Quora 知识平台上描述了以下进程："更新换代次数越多，速度越快，就需要更多的咖啡因，更少的睡眠。"[79]

Palantir 认为自己在技术上有义务同时满足隐私和个人自由以及安全部门对数据详细分析的需要。私人权利应该从一开始就在技术中"加工"。将这些功能完美地集成到软件中，是为了避免随后的误用。Palantir 希望成为全球大数据游戏中的好"警察"，并认为自己必须满足的高要求就是公平合理！

Palantir 是一家"工程公司"。到目前为止，公司只聘用了软件工程师和开发人员。人们如果想在这里寻找一个销售团队是徒劳无益的。Palantir 也没有营销和宣传部门。因此，该公司人员精明强干，专注于新技术的开发。

Palantir 软件不是一款便宜的产品。客户的成本可以在 100 万到 1 亿美元之间变动。因此，Palantir 专注于赢得在各自行业中处于市场领先地位的大客户。凭借这一点，Palantir 一举两得：首先，它实现了收入保证；其次，Palantir 获取了对不同行业的独特的洞察力，无论是石油、制药还是金融行业，因此可以根据越来越多的领域定制其软件。

卡普反复强调，Palantir 的主要动机是解决美国及其伙伴的主要问题。"如果某件事要奏效，就一定不是为了钱。"即使对硅谷来说，这也是对公司战略的一种不同寻常的描述。[80]

公司文化和沟通

Palantir 有意识地不同于其他的硅谷初创企业。如前所述，位于帕洛阿尔托的总部是按照托尔金的《指环王》中所描述的霍比特人的家乡来命名的。员工在 Palantir 的感觉就像在家里一样。公司允许携带宠物狗上班，有些人甚至总会把牙刷放在水槽里，因为他们经过连夜的编程之后，思绪早就不知道飘到了哪里。[81]

美国《财富》杂志在2016年以“连接点”为题对Palantir进行了一次内部观察。在其中一张照片中，亚历山大·卡普带领大约30名员工一起练习太极拳，参与者跟随着卡普缓慢而精准的动作。他一次又一次地调整员工的手臂和姿势。这体现出的是领导，而不是纠正。“我们是一个反独裁的文化。”卡普说。

卡普有着哲学背景，当谈到Palantir的使命时，他几乎变得诗意盎然。“我们沉迷于信念，我们相信我们所做的。”这不是空洞的市场营销言论。卡普说，客户应该看到了我们的行为是出于信念。[82]

客户和投资者通常认为Palantir的员工“不正常”。这些员工分享了卡普关于Palantir的理想主义观点，包含金钱和财富方面的。

在硅谷，金钱无疑是创新的重要驱动力。财富对许多人来说都很重要，尤其是作为互联网创业殿堂的硅谷，它的生活成本是美国最高的。股票上市的过程也是合乎财富逻辑的一步，但卡普对此有很大的保留。金钱和证券交易所可能会破坏Palantir使用该软件改善世界的使命。那样的话，Palantir将会面临短期的投机行为，并将不得不每季度处理一次由那些极能抗压的分析师们提出的令人恼火的问题。更不用说，要通过发布证券交易所的季度和年度报告来提高透明度。公司上市，卡普本人将会是证券交易所的一大受益者，因为他拥有公司约10%的股份，这会让他成为纸面上的亿万富翁。但他不在乎财富。他租房住，没有自己的车，因为他从来没有时间去领驾照。[83]

大多数时候，最初的几十名员工将决定一家公司的成功与否，并赋予它某种内在基因。在Palantir的五位创始人推动了公司的发展之后，公司的核心团队由大约20名完全支持Palantir未来愿景的人组成。

根据联合创始人乔·朗斯代尔的说法，Palantir需要那些能给公司带来创意的员工。因此，公司最初的使命就是吸引人才，让员工感觉这是一家有趣的公司。初创企业招聘新员工总是要兼顾才能和文化。软件工程师的才能很容易用书面软件和程序代码来证明，而文化上的问题就有点复杂了，Palantir用了一个简单的公式：“这是一个你愿意与之共事的人吗？”[84]

Palantir 的员工增加得很快：实际上每年员工的人数都翻一番。最近，他们的员工规模达到了 1500 人左右。如果申请者成功地完成了甄选过程，那么他将收到一本《隐约的塔楼：基地组织和“9・11”之路》作为阅读材料。[85]Palantir 的员工并不是硅谷薪酬最高的员工之一，他们的年薪大约 13.7 万美元，相当一部分收入是以股票期权的形式获得的。但最后 Palantir 也缴纳了硅谷地区高生活成本的税收，然后为员工增加了 20% 左右的工资。[86] 因此工资问题是一个重要的考验：那些能“炽烈”思考的员工，那些具有创新思维的员工，是 Palantir 梦寐以求的。蒂尔从他在 PayPal 的经历知道，很多潜在的优秀员工没有通过这种试金石一般的考验，他们希望获得的是高薪形式的快钱。虽然作为股东长期参与财务状况较好的公司，其实是一种更好的选择。

尽管员工数量增长迅速，Palantir 依旧保留着它独特的工程文化，因为它专门招聘软件开发人员和工程师。对于卡普来说，这是 Palantir 最根本的支柱之一。许多公司会避免让他们的直率而不善交际的软件开发人员出现在顾客面前，Palantir 不这么做。卡普的观点是，开发人员总是能说出产品的优点和缺点的真相，而且也了解如何解决存在的问题，随着时间的推移，这能为客户建立强大的信任基础。卡普是这样描述 Palantir 的独特之路的：“有这么一个公司，它患有阿斯伯格综合征①，但总是可靠的，最后你会信赖它。”[87]

由于公司日益扩张的规模，卡普不能再和员工单独谈心。因此，他经常通过基于 YouTube 模式的 KarpTube 视频与员工交流。[88]

像 PayPal 一样，Palantir 内部也有关于公司政策的讨论和辩论文化，讨论的核心总是客户。比如是否考虑让 Palantir 现在为英国政府工作？员工如何对待以色列，如果员工对以色列针对巴勒斯坦人的政策持批评态度？

按照内部讨论，Palantir 决定远离利润很高的烟草行业。卡普一再强调，Palantir 出于伦理上的原因拒绝了很多工作任务和由此会产生的大量营业收入。[89]

---

① 译注：阿斯伯格综合征（AS）属于孤独症谱系障碍（ASD）或广泛性发育障碍（PDD），具有与孤独症同样的社会交往障碍，局限的兴趣和重复、刻板的活动方式。

员工有独立渠道，可以在公司里向他们的上级直接报告他们认为在道德伦理上有顾虑的事情。

企业管理

Palantir 的管理有什么特别之处？

那就是 PayPal 方法的一种逻辑化的持续发展，概括成三个词是：伸展性、速度、敏捷性。用 Palantir 的描述方式就是，人们在其主页上开发的产品，可以让人们更好地完成最重要的工作任务。而且这些产品通常会服务于在报纸的第一页上读到的时政要闻。[90]

Palantir 本身就是一家与众不同的产品公司。与 PayPal 一样，公司的核心是产品，小团队必须具备高度的责任感。对蒂尔来说，关键是要形成创造性的解决方案，而且这些创造性的解决方案，不会窒息在臃肿的等级结构中。

Palantir 的三个基本条件是：

——我们提供的产品能够让人们把世界变得更好。

——到目前为止，我们只开发了我们所设想的产品的一小部分而已。

——拥有无限想象力的小团队。

三个指导思想，或者人们应该说三条戒律，构成了 Palantir 的内在身份：

（1）获取最佳创意

“工程学没有首席女歌手。”

弗里曼·戴森①

① 译注：弗里曼·戴森（Freeman Dyson，1923—2020），美籍英裔数学物理学家、数学家和作家，普林斯顿高等研究院教授。

拥有好创意是成为Palantir员工的基本前提。Palantir一直在寻找有创造力和有自我见解的员工，因为Palantir的领导相信——最好的创意最终会赢，无论是谁拥有它。

（2）没有什么是永恒的。

成功的软件总是会改变。

弗雷德里克·P·布鲁克斯①

在Palantir，发展受制于是否能够不断地取得创新成果。如果现有的解决方案被新的解决方案所取代，那么就获得了成功：达到了一个新的“功能平台，迭代又开始了”。

（3）始终专注于公司使命

软件系统开发中最困难的一点，就是决定到底要建什么。

弗雷德里克·P·布鲁克斯

Palantir开发了一款软件，用于处理非常复杂的与数据相关的问题。Palantir形容这项工作极其复杂，它涵盖了广泛的主题，例如：计算机科学，软件工程，一般规则，好的领导力、高度可扩展的分布式系统和用户行为。对于Palantir来说，最重要的永远是用户的问题和挑战。因为聚焦在这一点上，所以Palantir总是把“以客户为导向”作为正确的公司发展路径。

在一名前Palantir员工描述的维基解密事件发生后，Palantir的反应非常积极。他们立即道歉，让外部公司对审判进程进行审查，然后设立内部道德热线。[91]

社会和个人自由的权利对蒂尔和卡普来说非常重要，以至于他们创造出了一个

① 译注：弗雷德里克·P·布鲁克斯（Frederick P. Brooks）是1999年第三十四届图灵奖获得者，以20世纪60年代领导开发IBM的大型计算机System/360和OS/360操作系统而著称。

特别的职位分类："隐私和公民自由工程师"。[92]

卡普想让 Palantir 清清白白。维基解密事件似乎已经过去了，但他也还向软件开发者们强调，丑闻对企业文化是一种毒药，可能会损害内部认同和凝聚力。[93]

Palantir 现在是硅谷最大的租户之一，它拥有 25 万平方米的办公面积。强劲的公司业务增长也导致对员工数量的进一步需求。卡普估计，Palantir 可以发展到 5000 名员工的规模，这会让它达到最大的工作效力。在托尔金的小说里，霍比特人的总部变成了一片工业沙漠，蒂尔、卡普和他们的团队希望能够避免这一切。[94]

明确的责任

在责任方面，Palantir 延续了 PayPal 时代的风格，也许还要更加坚定不移。卡普和蒂尔痴迷于保持公司的简单结构，尽管公司已经达到了一定规模。Palantir 认为营销和公关部门只是不必要的累赘，取而代之的应该是工程和文化建设。与 PayPal 类似，承担重要责任的小型团队正在开发新的行业解决方案，这就要求员工具有高度的想象力。错误是可以被原谅的，因为它属于开展工作的一部分，如果人们要求员工承担创业风险的话。

焦点 = 以产品为中心

专注和以产品为中心对 Palantir 来说是最重要的事。聚焦战略基于三个主要原则：

——使命

——客户

——产品

自 Palantir 成立以来，一直坚持独立思考。以政府、军队、情报部门和大公司的形式，专注于一个精选的、强大但难以触及的客户环境的方法，迄今为止被证实是有经济回报的。这种方法对于 B2B 行业是可扩展的，因为只有一定数量的强大客户才能完全负担得起 Palantir 软件的费用。销售实际上只在决策者一级进行。在这方面，如果有必要的话，传统的“处理”公司的中间环节的分销方式将是无效的，甚至会适得其反。“在没有自己的销售的前提下，综合销售是最有效的。我们缔结的合约规模在一百万到一亿美元之间。”在这种购买力维度的客户，一般会希望直接与老板交谈，而不是与销售经理谈，蒂尔在《从0到1》中这样介绍。他进一步指出：B2B软件业务的基础是被介绍来购买软件的客户，公司必须要说服这些顾客，而且以此为基础，就可以采用“方法和耐心”来获得销售成功。[95]

以产品为中心，Palantir有在处理数据时创造最好的用户体验的诉求。Palantir不是提供一种复杂的学习查询的语言，而是以一种复杂问答游戏的风格，提供与用户友好切入点相关的数据。[96]

对于In-Q-Tel的前风险资本经理哈斯·帕特来说，尤其出色的是，“他们是多么专注于这个问题……人们会如何利用数据来交谈。”但这个挑战是巨大的，员工必须拥有最多样化的数据源，是否将结构化或非结构化转换为一个整体，对直接的非结构化数据的处理是一个重大挑战。但是在这方面，Palantir也能够提供帮助来制定聚焦战略：开发人员最初关注的是结构化记录，运行他们的数据分析，然后带来越来越多的数据源，特别是非结构化数据源。今天，处理非结构化数据，如电子邮件，网站，社交媒体和传感器，都属于Palantir的核心能力。[97]

在商业上，Palantir同样也专注于类似的策略，就像PayPal一样。人们寻找那些最需要这些软件的客户：美国情报局（CIA）。从这个角度来看，Palantir建立了一个产品，而且让更多的政府机构和后来的民营公司能够接受。

员工参与度

和早期的PayPal一样，Palantir的员工把工作当成是一种信仰。Palantir普通员工的平均年薪约为13.7万美元，奖金约1.5万美元，个人内部分配的分红总额不超过30万美元。对于一个互联网局外人来说，这听起来像是一大笔钱；但对于硅谷工程师来说，就不算什么了。硅谷又一次进入了真正的淘金热，而且普遍30岁以下的工程师就能变成百万富翁。

卡普认为，在Palantir的工作“并不能使人富裕”，但“一个人的生活就像一个小社区的王子”，重点是“有趣而又重要的工作”。Palantir 将这些挑战视为对某些员工的吸引力。对于软件破解，涉及的就是砸破硬核，找出最关键的要素。同时，开发人员也必须融入企业文化，与其他员工和谐相处。独来独往的人和鹤立鸡群的首席女歌手，都是不被接受的。就像一个精英大学，人们身处志同道合的人之中，但也必须面对这样一个事实：每个人都很好，个人不再像以前那样占据突出地位。

正式的资格证书，如计算机学位是不必要的。一个先决条件是愿意处理那些“破碎而零散”的东西。人人志同道合，Palantir 创造了一种独特的文化。一群开发人员在彼此接触时感觉最舒服。彼得·蒂尔喜欢在公开场合谈论的技术突破，正是由这种特殊的、实际上是独一无二的企业文化所创造出来的。

所以工程师们为每一个新版本的程序制作一件带有新漫画的定制 T 恤也就不足为奇了。[98] 这是开发者们为新版本的成功进行庆祝的特殊方式，这种行为在其他公司的销售人员眼里可能会显得很幼稚——他们一般会在这种场合打开一瓶香槟酒。

当奥巴马政府指责 Palantir 种族歧视时，那时候的 Palantir 公司显得有些灰头土脸。按照起诉书的陈词，亚裔候选人在早期的选拔过程中就已经被拒绝，尽管他们与白人竞争对手具有相同的资格。根据起诉书，130 名求职者中约 75% 是亚洲人，但在已被雇佣的员工中只有 4 人是亚洲人，而非亚洲人有 17 人。此时的 Palantir 处于一种棘手的处境。如果从政府的角度来看，人们要求那些为美国政府及其当局工作的企业，对所有求职者保证平等的工作机会的要求是合情合理的。[99]

最近也有报道称，包括一些重要经理在内的 100 多名员工已经离开 Palantir 公司。根据内部文件，2016 年的人员变动率为 20%，大约是过去 3 年平均水平的两倍。作为回应，卡普宣布给工作超过 18 个月的员工提高 20% 的工资收入，每年的“能力评价”也被取消。根据卡普的声明，这是因为“能力评价”并没有达到考核目标。[100]

自从 2016 年秋季以来，Palantir 的股票上市成为一种可能，卡普执掌企业的方式也更为开放一些了。“我们准备好了去证券交易所。”卡普在《华尔街日报》的一次技术会议上强调。首次公开募股（IPO）将使长期雇员有机会分享公司获益。[101]

创新文化

对于像 PayPal 和 Palantir 这样的公司来说，核心竞争力其实是创新。公司的共同创立者正在让 Palantir 成为一个有吸引力的雇主。公司的每一单业务，都为软件工程师带来可能的最大挑战，正如同登山者坚持要爬最高的山，攀爬最陡峭的岩一样，对于优秀的软件开发人员来说，最刺激的是和最好的同事用最具挑战性的任务来测试自己的水平。

每天都有大客户的新挑战和问题需要解决，这是以不断创新为前提的。卡普的优点是以其独特的吸引力，为优秀的软件开发人员创造一种氛围。虽然他自己不是技术员，但最重要的是他有快速的理解力。[102]

Palantir，这就是它的巨大优势，一直忠实于它的工程文化，并成功地将其分析软件在越来越多的应用情况中适应于政府和私营部门的需要。这个团队以小集体为工作单位，每个小组都具有创新的特点。在这些单元结构中，客户需求会立即快速地用迭代步骤加以实施，并且在客户处进行测试。

没有一家 B2B 软件公司像 Palantir 这样直接进行反馈，其中一个关键原因是，Palantir 只有开发者，而这些开发者直接与他们各自的客户和任务分配者进行沟通。同时，软件团队进行最大程度的自治。他们完全可以全神贯注于解决客户需求，既不需要销售也不需要商业发展来作为干扰因素存在。

Facebook：第一个外部投资者和监事会

2004 年对蒂尔来说是一个成效斐然的好年景，也是他作为企业家和投资者的转轨之年。蒂尔不仅创办了新公司 Palantir，而且还遇到了一个哈佛大学的年轻的辍学生，他创建了一个新的互联网平台，并用其学生团体的名字“thefacebook”来命名，他叫马克 · 扎克伯格，是牙医和心理医生的儿子。

扎克伯格 1984 年出生，属于所谓的“千禧一代”，这一群体，只要有电脑和互联网接入，就能在此基础上发挥出无限创意。扎克伯格成长于美国的纽约州，家境良好，家里有三个姐妹。扎克伯格很早就意识到，尽管有搜索引擎可以搜索信息，但没有任何网络工具能像搜索信息一样搜索人，这就构成了后来 Facebook 的创意基础。[103]

对彼得·蒂尔来说，与扎克伯格的第一次会面一定似曾相识。12 年前的 1992 年，他的朋友里德·霍夫曼谈到当时刚出版的《雪崩》(*Snow Crash*）一书作者，科幻小说作家尼尔·斯蒂芬森[①]。这部小说描述的是在不久之后的未来，美国已经被像微型国家一样的公司所替换，电脑病毒会杀害程序员。斯蒂芬森在书中预计，社交网络和 Google 地球等应用程序将带来颠覆性的创新。

当时，社交网络只是学术界的一个话题。心理学家和社会学家基于表达友谊模式的数学公式交换了理论上的网络概念。霍夫曼并没有放弃这个话题，他最终在 1999 年创立了社交网络“Social Net”，蒂尔对彭博社说“这提前了好几年”。

这家初创公司之所以失败，是因为当时的发展时机还不成熟。但这给了霍夫曼足够的灵感，让他在 PayPal 工作后又创办了 LinkedIn 职业网络，这让他成为亿万富翁。

此外，Google 联合创始人谢尔盖·布林后来承认，《雪崩》这本书对他影响之大，无书可以比拟，它也是 Google 地球的一大灵感来源。在他看来，这本书“比时代提前了十年”。[104]

扎克伯格正在为他快速发展的 Facebook 公司寻找投资者，许多经典的风险投资家拒绝了，他们不得不为最近互联网崩盘而导致的血淋淋的伤口疗伤，对私人客户（B2C）的互联网服务的风险偏好和理解也被克制住了，而这正提供给了蒂尔这样一个具有逆向思维的投资者伸出援手的机会。

2014 年，彭博社的记者张惠卿问蒂尔，是谁说服了谁（蒂尔还是扎克伯格）投资 Facebook。蒂尔回答说“这是两者的结合”。他比其他任何人都更了解病毒式销售方式和平台业务，很明显，他把扎克伯格的公司视为有待打磨的宝石。他强调，对当时的他来说，这是一次“无脑”投资，根本不用考虑。一方面，蒂尔喜欢扎克伯格年轻而且做事雷厉风行的风格，另一方面，是蒂尔非常看好仍然未开发

---

① 译注：尼尔·斯蒂芬森（Neal Stephenson）是美国著名的赛伯朋克流科幻作家，在当今被电脑培养起来的 IT 一代人群中，他享有不朽的声誉。

的蓝海市场——社交网络“thefacebook”。他还承诺给扎克伯格一个相对自由的机会。[105] 蒂尔看好扎克伯格，很快就和他签署了投资协议，而且传说他还给扎克伯格提了个建议：“别给搞砸了”。蒂尔作为Facebook的第一个外部投资者，投资了50万美元，占企业10.2%的股份。[106]

蒂尔自2005年起就加入了Facebook董事会，因此成为董事会成员任期最长的董事。他和扎克伯格成了志同道合的伙伴，一起获取了超额利润。那时候的扎克伯格才20岁出头，是个完全没有经验的企业家，而蒂尔已经历经艰难险阻，经验丰富。因此，蒂尔在Facebook的作用不可低估。扎克伯格也赞赏蒂尔“作为董事会成员提出了有预见性的经济建议”。[107]

蒂尔最后一次担任Facebook董事会成员，是因为他在网络八卦媒体《Gawker》和前摔跤手胡克·霍根①之间的惊人诉讼过程中提供了财政支持。批评者认为政治和媒体之间的权力划分处于危险之中。毕竟，怀疑论者说蒂尔通过资助霍根案让《Gawker》破产。[108]

但扎克伯格没有渲染这件事，他继续把蒂尔视为Facebook的董事会成员。他在2016年10月的Facebook网页上强调，一方面人们想创造一种多样性文化，而在另一方面又排斥另一半人，仅仅因为他们支持某个政客。2017年春天，扎克伯格又一次说，局外人向他建议，他不应该让共和党人进入Facebook董监事会，这太疯狂了。扎克伯格认为“需要多样性的所有形式，从而推动社会向前发展。”[109] 对扎克伯格来说，蒂尔是一个强有力的朋友，他们俩都非常感谢彼此。扎克伯格扮演着一个支持蒂尔的关键角色，根据有关其股份多重投票权的法律条款，他可以不必考虑其他股东的反对意见。

如果我们继续讨论Facebook在蒂尔的这些新闻中所扮演的企业角色，那就能说明，Facebook试图将两人之间的志同道合加以全面对待分析。蒂尔作为经济领域的战略家，与扎克伯格在企业运行责任方面，都同样出色。

---

① 译注：胡克·霍根（Hulk Hogan），1953年出生于美国，原为摔跤手，摔跤界最著名的英雄式人物之一。

企业使命

2017 年，Facebook 才 13 岁，还是个青少年，但已经是全球用户数最多的社交网络。自 2004 年以来，公司的使命分几个步骤得以逐步发展。

2004 年 Facebook 的声明是：我们是人们通过大学的社交网络而把彼此链接起来的在线目录。

后来有人说 Facebook 想“给人们提供分享事情的机会并使世界更加开放和增强联系”。

Facebook 作为 Web2.0 运动的主角，把自己的宗旨明确表述为给人们提供一个在线使用的工具，让人们在网络中有能力、有效率地交流。Facebook 把自己视为文本、图像或者食品等内容的提供和共享的“民主化者”。因为在此之前，内容和经验只能通过个人网站的方式传播，而这通常需要有娴熟的编程技巧。

在 2012 年股票上市的过程中，马克 · 扎克伯格向最初的股东们披露，Facebook 最初的理念并不是想创建一个商业企业。他把 Facebook 列为媒体革命中的一环，从书籍印刷到电视再到互联网。扎克伯格把 Facebook 视为基础设施提供商，借助 Facebook 人们可以通过互联网来连接彼此，能够通过服务相互联系，交流信息和思想。Facebook 所应该关注的必要规模和基础设施对他来说是一个巨大的挑战。

一般来说，人际关系是我们社会的基础。人际网络的起点是两个人之间的联系。在扎克伯格看来，Facebook 的诉求是提高人们的生活质量和生活效率。他已经让股东们做好心理准备，利润最大化并不是 Facebook 发展的主要诉求，所有参与者都要全力以赴，来实现 Facebook 的社会使命。作为硅谷的领头羊，惠普创造了“惠普之路”（HP Way）这个词；扎克伯格则在 Facebook 发明了“黑客方式”（Hacker Way）。“黑客攻击”（Hacking）在媒体上通常被片面地宣传是负面的，认为它是对其他计算机系统的蓄意入侵，但扎克伯格把“黑客攻击”理解成在未知领域创造新事物。[110]

与此同时，扎克伯格认为 Facebook 面临着一个更大的使命，即履行 Facebook 应当承担的社会责任。2017 年 2 月，他以《构建一个全球社区》为题发表了一份宣言，描述了他打算如何通过 Facebook 让世界变得更具活力。他的新五点计划将诸如“支持性”“安全性”“知情性”“社会责任”和“包容性”等概念列为 Facebook 的新价值观。因此，Facebook 不仅仅是通过社交媒体把人们聚集在一起，在此基础上，它也应该有利于社会。这可能会使扎克伯格的角色更加政治化。

在扎克伯格的宣言中，他谈到了诸如打击恐怖主义、气候变化和流行病等重大挑战。对他来说，更好地分配财富、促进和平与相互了解非常重要。“人类社会最大的挑战需要全球性的答案。”他认为 Facebook 要承担起这一责任。

最近我们听到对 Facebook 越来越多的批评是它提供了控制个体的机会。扎克伯格也已经意识到，Facebook 不能再把自己仅仅定义为基础设施提供商。如果它要完成其使命，必须重视起其社会责任。[111]

破坏性因素

过去 10 年，硅谷最具颠覆性的两个角色无疑是 iPhone 和 Facebook。综合起来，它们的协同效应产生了强大的破坏力。Facebook 的 logo 是一个军事形象——看起来像一个推土机，能粉碎一切阻碍它的东西。这个形象本身就说明了它的颠覆性，虽然在早期它就让扎克伯格受到了人们的嘲笑。

扎克伯格将人类的行为转变为一种智能产品，具有非常明确和战略性的主张。如今 Facebook 是最大的网络社区，拥有超过 20 亿的会员。如果把 Facebook 看作一个国家，那它会成为一个超级大国，甚至比中国和印度十几亿的人口还要多，更不用说美国了。由于使用者规模庞大，所以这家公司发展成了巨无霸。如果 Facebook 选择一个新兴产业作为目标，那这个产业将面临根本性的变革。

Facebook 已经以一种可持续的方式彻底改变了两大行业：媒体和通信行业。Facebook 本身并不创造自己的内容，但它间接地成为世界上最大、最强的新媒体公司。新媒体市场的规模有几千亿美元。对于越来越多的人来说，Facebook 新闻流成为了新闻的中心来源，没有出现在 Facebook 上的媒体就变得无关紧要了。

平均而言，美国的 Facebook 用户每天花在社交网络上的时间约为 1 小时。与此同时，Facebook 还使用特殊工具来提供高质量内容发布的便利性。知名媒体公司的文章直接出现在 Facebook 用户的新闻流中，用户省去了去报刊亭的麻烦，可以直接在网上消费自己喜欢的新闻内容。

今天的网络数据已经令人震撼，显示出了互联网行业的巨大变革：从 Facebook 页面来看，新闻页面的流量比 Google 更多。彭博社专家预测，这一数字超过了 Google 流量的 50%。Facebook 因此从“给人们便利”中获益，这些人不再直接去看新闻，而是通过 Facebook 来自我驾驭新闻。媒体公司的生存空间越来越小。只有那些使用 Facebook，并且在 Facebook 上发表其内容的新媒体公司，才有可能在广告领域分得一杯羹。得益于其独特的数据库，Facebook 在营销新闻网站方面也具有明显的优势。[112]

Facebook 的商业数据显示了该公司如何将其在平台上的使用变现。在电信行业，Facebook 也因“Facebook Messenger”① 和对亿万体量的 WhatsApp 的收购而引发动荡。“得益”于 Facebook 的消息服务，对电信运营商来说像印钞机一样有利可图的 SMS 已经完全失败，电信公司因此损失了数十亿美元的合同。Facebook 以数字“寄生虫”的形式使用电信公司价值数十亿美元的网络基础设施，同时摧毁了它们最赚钱的业务。

2016 年 12 月，德国电信公司（Telekom）的首席执行官蒂莫托伊斯·黑特格斯在接受德国《商业日报》(*Handelsblatt*）的多方面采访时抱怨说，像德国电信这样的公司必须应对“框架条件、法律和内部优先次序的截然不同的负担”。然而，硅谷的科技公司和初创企业正以“公民抗命”的形式远离现有规则，转而创造新的框架条件和事实。他们以他们的设计思维来定位自己——在客户的问题上总是毫不妥协。[113]

领导力

扎克伯格的领导风格可谓独树一帜。从一个学生的创意到成立一家公司，并在短短 10 年内成为世界上十大最贵的公司之一，股票市值约为 5000 亿美元，扎克伯格就是 Facebook 的代言人。“这一切都是从他开始的，但不是以他结束的。”迈

---

① Facebook Messenger 是 Facebook 的桌面窗口聊天客户端，允许客户进行聊天、接收信息并从电脑桌面上阅读新鲜事。

克·霍夫林格①说，他在《回归商业常识》（中信出版社，2019 年 6 月出版）一书中描述了这种情况。霍夫林格肯定知道一切，作为 Facebook 的一名高级员工，他多年来一直是公司核心圈子的一部分。[114]

互联网领域有很多优秀的开发者，但能创造出全球顶尖企业的成功企业家却是非常罕见的。扎克伯格成功的秘诀是他在不断地发展自我，他每年都给自己定一个年度目标，无论他打算每两周读一本书，学中文，还是像 2016 年一样重新做回一名程序员，开发一款数字助理器，所有这些目标都凸显了他学习和发展中的不屈不挠的意志。

除了彼得·蒂尔，Facebook 的董事会还吸引了风投传奇人物马克·安德森、网飞创始人里德·黑斯廷斯和盖茨基金会的负责人苏珊·德斯蒙德·赫尔曼，他们不仅拥有高知名度，而且具有丰富的专业知识，这些人都给扎克伯格带来了全新的认知，让他能够在关键的市场博弈中展现出自己的实力，就像在搏击比赛中获取领先地位一样。[115]

扎克伯格不得不把一个个竞争者打倒在地，那些能在一次又一次的搏击中坚持住并站起来的人是伟大的。最困难的时期无疑是 2012 年 Facebook 股票上市后的前半年，当时，股市暴跌了 50% 以上，对商业模式的质疑和对扎克伯格本人的怀疑也越来越多。②

在互联网世界，只有另外两个科技巨头——Apple 和 Google 战胜了类似的公司危机。[116] 扎克伯格不仅是一个“好运气”企业家，建立了一个优质企业，而且在一点上和蒂尔也很相似——依靠自己的判断力和直觉。

到目前为止，已经成功证明了他的判断力和直觉的正确性。

仔细观察扎克伯格的领导原则，人们不可避免地会发现以下五点：

---

① 译注：迈克·霍夫林格（Mike Hoefflinger）是 Facebook 前客户营销主管。

② 译注：2012 年 5 月，Facebook 上市之时，扎克伯格的股票价值高达 190 亿美元（约合 117.5 亿英镑），但半年后已经缩水了大约 50 亿美元。2012 年年底美国科技博客 SAI 发布文章，列出了 2012 年的最大失败者榜单，Facebook 首席执行官马克·扎克伯格进入该榜单。当时，Facebook 的移动收入前景遭到华尔街质疑，股价大跌。

1. 激情

扎克伯格对公司和公司的潜在使命具有热情洋溢的工作激情。扎克伯格说，在困难的日子里，他总是退后一步，想起 Facebook 让世界变得更美好的使命，会激励着他继续前进。

2. 设定目标

真正的大公司有一个特殊的目标，这个目标指引着企业前进——从招聘员工开始，赢得合适的投资者，再到市场营销和客户服务。大企业家和大公司不仅支持他们的产品，而且支持一种理念和价值观。扎克伯格认为，Facebook“受到了革命性的信息传播和消费技术的启发”。对他来说，最好的例子就是报刊和电视。“它们赋予更多民众一个声音，它们鼓励进步，它们改变了社会前进的方向，它们让人们更加团结。”对他来说，将 Facebook 纳入媒体史上这样一系列重大创新的行列中，就是他的动力。

3. 员工

创新型公司的特点是给予员工极大的自由，从而可以让他们按照自己的爱好和兴趣研发创新，但这些公司也鼓励他们去冒险。根据扎克伯格式的“黑客方式”，新员工在强化培训中，将学习 Facebook 的快速和创造性的编程公式。对扎克伯格来说，以下两件事对一个公司的繁荣至关重要：一个明确的方向和能执行整体方向性运作的优秀员工。

4. 产品

扎克伯格和 Facebook 把产品看得重于一切，这一点的核心部分是“快速行动，破除陈规”哲学。相信自己的产品，让扎克伯格对某些媒体或用户的批评产生免疫。当新闻反馈这一功能被引入时，用户们提出了很多意见，但扎克伯格置之不理，Facebook 因此在社交网络领域取得成功和主导地位，新闻反馈成为一重要的增长引擎。Facebook 的“黑客方式”致力于持续的改进和迭代，扎克伯格的“黑客信条”就是“(软件)代码能赢得论据”。

5. 合作

没有一个企业家——无论他多么出色——能独自经营一家公司，成功是一项团队运动。成功的企业家知道自己的长处，也知道自己的弱点。扎克伯格的志同道合的搭档是谢丽尔·桑德伯格①。作为首席运营官，谢丽尔负责日常运营业务。扎克伯格把重点放在战略发展上，桑德伯格成功地实施了货币化战略，她把Facebook变成了“印钞机”。“谢丽尔是我在Facebook管理方面的合作伙伴，她是我们多年来的成长以及所取得的成功的核心人物。”扎克伯格认为。[117]

企业战略

2005年6月，史蒂夫·乔布斯在斯坦福大学毕业生面前的演讲被载入史册，演讲中充满了箴言警句。提到当时在硅谷刚刚建立Facebook的扎克伯格，乔布斯下面的这句话很贴切：“我们不能把现在的每个点连接起来去看未来，但是我们却能把它们连接起来，看到它们对于过去的意义。”

人们不能提前把这些点连起来，而只能回头看。回首扎克伯格的一路奋斗，我们终于可以理解乔布斯的意思：使世界更加开放和紧密联系的这一目的，一直伴随扎克伯格到今天，只是他现在只追求更大的规模。[118]Facebook是扎克伯格毕生的事业，就像投资的艺术对巴菲特而言，是他与生俱来的能力。扎克伯格把他心理学和程序设计的知识结合起来，致力于实现Facebook的使命。就像投资界不能没有巴菲特一样，人们也不能想象一个没有扎克伯格的Facebook。

因为扎克伯格拥有多重投票权，他可以在短期内采取机会主义态度对新的研发做出反应，收购WhatsApp和虚拟现实专家Oculus②就是这一战略的有力证明。速战速决根植在扎克伯格和Facebook的内在基因里。每天都有新的程序代码交付给客户，停止就是退步。以比尔·盖茨为榜样的Microsoft，需要三年的时间才能把一个新的office程序版本推向市场。Facebook需要比Microsoft更快速和敏捷，从而在快速发展的社交网络世界里满足消费者的需求。正如古罗马一样，21世纪的

---

① 译注：谢丽尔·桑德伯格（Sheryl Sandberg），1969年出生于华盛顿。曾任克林顿政府财政部部长办公厅主任、Google全球在线销售和运营部门副总裁。现任Facebook首席运营官，被媒体称为“Facebook的第一夫人”，她也是第一位进入Facebook董事会的女性成员。

② 译注：Oculus是Facebook旗下的包括视频游戏、电影和虚拟就诊预约等领域的平台。

世界也是关于“面包和博弈”的世界。普通大众希望得到良好的娱乐，这也会让各个广告发布者在 Facebook 上收入颇丰。

扎克伯格的赌局已经赢了。他用 10 亿美元收购了拍照手机应用软件照片墙（Instagram）这件事，今天看来，正如巴菲特的收购一样，是捡了个大便宜。分析师们今天认为 Instagram 的价值超过 350 亿美元。像任何一个成功的足球教练一样，扎克伯格需要好的进攻和防守策略。迄今为止，Facebook 在股票上市过程中的表现非常不错，而且吞并了三个具有威胁性的竞争对手：Instagram，WhatsApp 和 Oculus Rift[①]。

随着广告业务的蓬勃发展以及在社交网络中的统治地位，扎克伯格可以制定一个长期的计划。在这里，他比蒂尔在 PayPal 的地位更舒服。扎克伯格成功地与其他三家 AAA 科技巨头（Apple、Alphabet、Amazon）一起，从零开始创建了自己的生态系统和准垄断企业。蒂尔只在 eBay 的支持下成功地管理了 PayPal，他总是看到 PayPal 暴露在 eBay 的压力之下，因此永远也不能走得太“远”，为自己争取最大的投资回报。起初，当扎克伯格把 Facebook 称为“平台”时，人们对他一笑置之。但多亏了他自己的策略，他成功了。这基本上分为三个部分：

1. 利润最大化

对 Facebook 来说，新增客户的成本相对较低。在这里，扎克伯格所扮演的网络效应正是关键。与此同时，Facebook 正试图通过开发自己的计算器和整个数据中心来降低基础设施成本，同时也能更好地将现有的服务货币化。

2. 创立新目标群体

在这里，扎克伯格有能力长期思考。他正以自己的魅力来拥抱和攻取印度十几亿人的市场，但他也知道，这些策略只会在很长一段时间后才奏效。

3. 开发新的收入来源

随着视频业务的发展，YouTube 的一个真正的竞争对手已经出现。“Facebook

① 译注：Oculus Rift（“眼裂”），是一款为电子游戏设计的头戴式显示器，这是一款虚拟现实设备。这款设备很可能改变未来人们玩游戏的方式。

for Work”这一个按照LinkedIn方式所设定的一种企业愿景，也已经进入了广泛的应用领域。按照PayPal模式建立的Facebook用户之间的转账交易可能也是一个主题。至少Facebook与初创企业Tranferwise① 在该领域进行合作，从2016年开始就已经取得爱尔兰签发的支付许可证。[119]

但即使是马克·扎克伯格，也只有两只眼睛来探查市场，所以Facebook暗地里静悄悄地以1亿美元购买了一个名为Onavo② 的以色列小公司。对于Facebook来说，这个价格很便宜。Onavo研发了一个强大的应用程序分析平台，不论在Apple或Google商店，新上的应用程序一旦发布，那么Onavo就能听到风吹草动，提前获得消息。

Onavo也是唯一的外部公司，它精确地量化了Facebook的竞争对手Snapchat的潜力。现在扎克伯格有可能成为令人不快的竞争对手，把像Alphabet这样的竞争对手公司给买走！[120]

企业文化与沟通

Facebook的文化特点是“黑客文化”或“黑客方式”，原来的座右铭“快速行动，破除陈规”，复制了PayPal作为一家初创公司时的格言。[121]PayPal的快速发展迭代步骤，再次被扎克伯格完善。以前，扎克伯格认为“为了速度，错误是可以容忍的”。但是随着Facebook的发展，“错误文化”导致错误数量的不可预测的增加，而且错误不再是可控和可修复的。那么，Facebook就会在错误中窒息，而且用户的满意度也会受到损害。所以，旧的格言不再适用，现在修改后的座右铭是“在稳定的基础设施下快速行动”。对于扎克伯格而言，这是企业发展方向的一个逻辑性调整。

人们必须要做“属于你所在的环境和地位的事”，换句话说，Facebook有20亿用户，不再是黑客的游乐场，而是一家基础设施公司，可以比拟电力供应商或电信

---

① 译注：TransferWise是一家提供国际汇款转账服务的P2P平台。

② 译注：Onavo是Facebook的一个跟踪软件。

企业。Facebook“对世界上许多人来说，至关重要”，而且服务必须是一天 24 小时不间断的。

对扎克伯格来说，保持文化和增长的一致性是一个巨大的挑战。“成长并没有让事情变得更容易，但我不认为重点是保持文化的完全相同。我们有不同的价值观来说明，我们如何想象我们的行动能最好地服务于我们的社区。但我们处理事情的方式会随着时间的推移而改变。”扎克伯格坚信，公司的总体目标有助于 Facebook 保持在社交网络中的地位，而不管它将来会达到什么规模。这可以在企业的办公设施和工作氛围中感受到。地板仍然是光秃秃的水泥地板，房梁和天花板暴露在外，员工们被鼓励在墙上写下自己的想法。每个人，包括扎克伯格和桑德伯格，都在开放式的工作环境中努力工作，没有自己的独立办公室，这就是创业初期的文化。扎克伯格认为“这是一个随着时间的推移创造出一种文化的过程，在这种文化中，人们和我一样都会思考公司的使命。这使我们能够开发越来越多的产品和服务，来为世界寻找解决方案。”[122]

为了企业的进一步发展和保护公司的黑客文化，吸引具有相同理念的优秀员工非常重要。蒂尔在他的《从 0 到 1》一书中对此有非常重要的阐述。Instagram 首席执行官兼创始人凯文·西斯特罗姆表示，Facebook 的成功之处在于:“聪明人通常希望与其他聪明人一起，来应对重大挑战。”他认为，这是一个积极的反馈循环，优秀的人会吸引其他非常优秀的人。前 100 名、前 500 名和前 1000 名员工至关重要。良好的员工基础是员工持续高质量发展的基石。据 Facebook 的人力资源总监洛里·戈勒称，还得益于强大的员工推荐模式。[123]

人才储备发展主管比尔·麦克拉洪 56 岁，在 Facebook 平均 30 岁左右的员工中，他属于资深员工。他认为，随着拥有越来越多的会员和美国以外的客户，Facebook 已经在全球留下了足迹，他预计 20 亿和 30 亿用户将来自发展中国家。Facebook 现在已经在具有重要战略意义的地方建立了一个由数据中心、开发中心和销售办公室组成的全球战略网络。麦克拉洪认为“信息、战略和领导的平行流动”很重要。Facebook 的价值观，如速度、自主性、冒险精神、对等级制度的怀疑，往往与发展中国家的文化价值观不一致。因此，Facebook 在发展中国家发展面临的最大挑战是找到符合 Facebook 文化和当地环境的员工。[124]

公司管理

Facebook 是基于一个矩阵式的组织结构，因此，它在迅速响应市场趋势和变化方面具有结构性优势。同时，总部对全球活动行使强有力的控制职能。Facebook 的三个组织单位划分如下：

（1）**面向功能的企业团队**

Facebook 为各个职能部门构建团队，以覆盖整个组织结构的运营活动。这符合具有不同需求的在线社交媒体业务的研发特点。矩阵组织的结果是功能性业务团队跨越团队边界，与地理和产品导向的业务部门合作。

目前，这些部门包括财务、运营任务、产品、研究、开发、数据保护、安全、技术、工程、全球营销、全球创意战略。

（2）**以地理为导向的业务领域**

Facebook 帮助这些业务领域来更好更快地评估在线广告市场，例如，拉丁美洲的广告商和那些在欧洲的广告商有何不同。人事部门也按地区组织团队。总部向一些面向地理位置的业务领域共享基于功能导向的矩阵式组织资源。地区划分为北美、拉丁美洲、欧洲和中东亚太地区，以及亚洲和南太平洋地区。

（3）**基于产品的领域**

这包括整个组织运作产品的团队。全球和公司范围的产品开发方法是平台业务的结果，平台业务向全球所有用户提供所有服务。它还考虑到可能的扩张和多样化。新产品和新业务将增加更多基于产品的领域。目前，这些服务包括“Facebook Messenger”或移动产品等领域。[125]

到目前为止，扎克伯格和桑德伯格都非常关注 Facebook 作为全球领先的通信平台的核心业务以及未来的扩张。Facebook 的收购政策特点鲜明：扎克伯格接管了

Instagram、WhatsApp 和 Oculus，也准备好了为此付出高代价。

另一方面，竞争对手 Alphabet 试图用自动驾驶汽车或智能化家居等看似很高大上的项目来实现企业的发展目标，即以 Google 广告平台和移动操作系统将 Android“植入”越来越多的设备。而扎克伯格在他的“疯狂”项目中，比如虚拟现实平台“眼裂”（Oculus Rift）或 Internet.org 在世界上基础设施薄弱的偏远地区开发互联网的倡议，将精力集中在大力开展那些具有风险，但直接涉及 Facebook 核心业务的项目上：也就是说让全球越来越多的用户使用 Facebook，并把他们更好地联系起来。

实时公司和指标

Facebook 不仅为其广告客户提供成功的性能控制，内部也使用各项指标来实时了解公司运营情况。

Facebook 区分了直接关键指标与间接关键指标，前者在投资者陈述中得以发布，后者衡量了平台和公司内部的生产力：

直接的关键指标（投资者）

——每日活动用户总数（DAU：每日活动用户）

——移动设备每日活动用户（移动设备的每日活动用户）

——每个客户的平均营业额（ARPU：每个用户的平均收入）

——按用户地区划分的收入

——按用户地域划分的广告收入

间接指标（生产效率）

——运行中的服务器数量（数据中心工作效率）

——每天解决的开放点（开发团队工作效率）

——每天处理的邮件数（客户服务工作效率）

Facebook 还利用它的实时指标开发新功能，这些新功能将首先开放给一小部分用户（大约 1%）。如果这些用户接受这项功能，那么“锁”就打开了，而且该功能也提供给其他用户。如果新功能不能在聚焦群体中启动，则功能由于未被接受而被修改或删除。

在这里，Facebook 作为一个数字平台有着“快速原型化”的不可估量的优势。相对于 Facebook，Apple 或者特斯拉等科技公司，其生产可见的物理产品周期更长，在产品开发上也要保守得多。[126]

明确责任

Facebook 在职责划分上与蒂尔时期的 PayPal 有许多相似之处。蒂尔和扎克伯格非常相似：两位都是具有高度创业精神的创始人，他们有清晰的愿景，并能实现这些目标。就像蒂尔在 PayPal 时一样，扎克伯格也完全专注于战略方向（扎克伯格也有可能听从了蒂尔的建议）。就像里德 · 霍夫曼在 PayPal 公司的首席执行官职责一样，扎克伯格让谢丽尔 · 桑德伯格担任 Facebook 的日常业务的首席运营官。对于收购的企业，扎克伯格同样放权，他认为并不是简单地收购了 Instagram 和 WhatsApp 公司，他让这两家公司各自的创始人担任首席执行官，甚至给了他们很大的自由裁量权，就好像这些公司还在独立运营一样。

由于矩阵式的组织结构，扎克伯格、桑德伯格和总工程师迈克 · 施罗普费尔的管理团队，为新加入的首席执行官凯文 · 斯特罗姆（Instagram）和冉 · 库姆（WhatsApp）提供了独特的机会，使子公司能够使用几乎无限的 Facebook 资源。矩阵式的组织结构带来平行的等级制度和对头衔的厌恶，这就要求每个员工对自己分内的工作负责。Facebook 是一家把这种文化贯穿始终的数字平台公司，因此，每个员工的责任行为都变得透明。

聚焦

扎克伯格的战略和运营重点是保持 Facebook 的运营，并实现公司的使命。公司的每个人都致力于为用户提供越来越好的网络和交流机会。Facebook 的运作方式与 Apple 或 PayPal 类似，重点是企业的核心和驱动力：社交网络的功能。蒂尔在 PayPal 时不会为无关紧要的小事耗费精力，而且与马斯克在公司宣扬的创立金融超市的想法保持距离。

也许正是因为 Facebook 在社交网络的垄断地位（拥有超过 20 亿用户），该公司和扎克伯格也面临着巨大的压力。因此，扎克伯格的最大挑战是保持快速增长的平台 Facebook、Messenger、Instagram 和 WhatsApp 的性能稳定。

在可持续使用的移动设备时代，用户变得不那么稳定，很容易流失，如果他们不能在平台上迅速获取想要的资讯或上传最新的帖子，比如信息和图片等，他们就会离开。因此 Facebook 在建立自己的网络空间和技术上进行了大量的投资，第三方也可以使用它作为软件开发的源头以促进进一步创新。

Facebook 的最新表述是要建立“稳定的基础设施”，这不是没有理由的。桑德伯格专注于逐步扩大广告业务的运行。她对 Instagram 的货币化一开始充满了顾虑，而到了 WhatsApp 时就特意留下些运作时间。

扎克伯格有能力专注于把用户增长加以最大化，他的战略重点，与 Internet.org 倡议和购买虚拟现实公司 Oculus Rift 一起，放在争取发展中国家一二十亿的新客户上，也放在用虚拟现实主题来取悦高端客户上。

以产品为中心

Facebook 的社交网络恰逢其时，触动了“数码原住民”的神经。扎克伯格创造了一个简单的在最短的时间内为用户提供清晰的用户界面，允许用户创建自己的个人资料、上载内容和结交朋友的平台。

与 PayPal 类似，资金可通过电子邮件转账，这非常时髦，这使得 Facebook 的网络效应更大受益于几乎无限的互联网可能性。扎克伯格也很自豪每天都有新的功能展示给顾客。与他朋友彼得·蒂尔创建 PayPal 的时代相比较，这是明显的效率和用户方面的提升。今天，毋庸置疑，Facebook 是一个社交平台、交流中心，Facebook 团队没有发明的东西，扎克伯格就用聪明而有时很昂贵的交易买下它，比如 WhatsApp 或 Oculus Rift。他通过非常保守的方法避免在电子商务或数字支付程序等领域耗费精力。广告和货币化的机会仍在强劲增长，人们必须竭尽全力来充分利用它们。

员工敬业度和参与度

1998 年，麦肯锡的战略建议以《人才争夺战》的标题吸引了企业界的广泛关注。建议的精髓是未来企业的成功正是依赖于获取最专业和最好的人才。[127] 恰好就在硅谷，人才争夺战，尤其是对大数据或机器学习领域的专家的争夺，正被推向极端。在几年内发展非常迅速的公司（Facebook 从几百名员工扩展到拥有超过 1 万名员工），每年都面临着招聘数千名新员工的挑战，这些新员工既要具备必要的资格，又必须适应公司的要求。因此，招聘过程非常重要。

Facebook 人事部主管洛里 · 戈勒向《商业内幕》解释了 Facebook 在招聘员工时要注意的五点：

1. 勇敢

员工需要做出大胆的决定，即使有时他们是错误的。只有这样，Facebook 才能保持创新的领先地位。扎克伯格还表示，从股市角度看，最大的风险就是不去冒险。

2. 获得影响力

新员工要想获得影响力，必须要有强烈的好奇心。员工必须认同 Facebook 的使命，使世界更加开放和互联。

3. 迅速

Facebook 崇尚这样的价值观——我们不太害怕错误，我们害怕的是因为缓慢的行动而忽略了机会。Facebook 具备一种创新者的文化。

4. 开放

“公开透明，建设社区，共同努力——这些是我们工作中的重要因素。”戈勒说。这是由开放空间带来的结果，但也由持续的反馈文化加以支持。

5. 创造社会价值

Facebook 是一个基于员工实力来发展事业的组织。戈勒是从管理顾问兼作家马库斯·白金汉①那里借来这一概念的。白金汉认为，企业文化必须基于员工个人的才能，而不是基于他们的弱点。这使员工能够强烈地认同他们的任务，同时允许他们尽自己最大的努力做他们最擅长和认为最重要的事情。[128]

在 Facebook，招聘环节是吸引并留住高质量人才的重中之重，而且对于已经就业的员工来说，工作满意度同样重要。在硅谷，这不是一件容易的事。新的机会不断涌现，新的初创企业不断增加，新的话题也在讨论之中。

虽然 Facebook 的财务数据非常漂亮，人事部门的数据也令人信服。但最重要的是，Facebook 以其提升员工实力的文化，击中了所谓的千禧一代的神经。对他们来说，工作的首要任务是给自己一个不断成长的人生，这意味着在本行业中获得成功和认可。到 2025 年，千禧一代将占美国劳动人口的 44%，从而成为最大的群体。

2015 年，在一项由工资分析企业 Payscale② 所做的问卷调查中，18 家参与调查的科技公司中，Facebook 获得了自己企业员工的最佳企业评级。据调查，Facebook 96% 的员工对雇主满意。根据 Glassdor 网站（员工可以匿名评估雇主）的数据，Facebook 在科技公司“2017 年最佳雇主”评选中，获得满分 5 分中的 4.5 分，排名第一。根据这项调查，92% 的员工会把 Facebook 作为雇主推荐给好友，92% 的员工认为 Facebook 的未来前景是积极的。扎克伯格的领导地位甚至达到了创纪录的 98% 的支持率。因此，Facebook 从其他顶尖科技公司获得的员工数量也高于其他顶尖科技公司。从 Apple 公司跳槽到 Facebook 的员工数量是后者（从 Facebook 跳槽到 Apple）的 11 倍。对于 Google 来说，这个比例是 15 : 1，Microsoft 是 30 : 1。

---

① 译注：马库斯·白金汉（Marcus Buckingham），TMBC 的创始人，著名商业思想家、畅销书作家。著有《发现你的优势》《打破一切常规》等书。

② 译注：PayScale 是一家位于美国西雅图的薪水调查公司，2002 年 1 月成立于美国西雅图，现在总部也是位于西雅图。PayScale 尤以发布美国大学毕业生的薪水排行闻名。

每个新的开发人员都必须在就职后的前六周经历 Facebook 的新兵训练营，这对塑造员工与公司的联系和责任具有重要的作用。新开发人员可以在六周结束时选择他们想合作的团队，而不是团队选择员工。因此，Facebook 将“基于实力”的文化制度化。在扎克伯格和桑德伯格的帮助下，这种文化在公司高层也同样可见。虽然扎克伯格几乎完全专注于战略问题，但桑德伯格确保 Facebook 的运营机器的各个“气缸”都能承载高压，顺利运行。[129]

创新文化

著名的管理咨询公司波士顿咨询集团每年都挑选出最具创新能力的公司。2013年，当 Facebook 在 43 个公司中排名第五时，很多人对排名过高持怀疑态度。

在著名经济杂志《经济学人》的一次会议上，畅销书《创新者的窘境》（中信出版社，2014 年出版）的作者克里斯坦森①拒绝将 Facebook 归为创新者。在他看来，Facebook 的成功在于业务的成功扩展，对他来说，这是“执行”，即运营业务，不具备真正意义上的创新特征。[130]

持不同观点的是，新闻门户网站《商业内幕》的创始人亨利·布洛杰特②。

早在 2010 年，布洛杰特就在 Facebook 上发表了一篇题为《Facebook 以积极进取的方式迅速成为全球最受欢迎网站》的文章，其中就对 Facebook 的创新文化进行了突出描述。根据布洛杰特的说法，Facebook 的创新方式是“聪明的”。当时由于 Facebook 自己没有征得用户同意就修改了隐私准则，引起了一场轩然大波。布洛杰特说，这可能并不总是受欢迎的，但当一家公司进入新领域时，就像 Facebook 一样，采用这种方式是行之有效的，这可以让公司保持领先地位，而在创新排名上不会落后，因为它只有首先拥有数亿或更多的会员之后，或者就像 Facebook 目前拥有超过 18 亿会员（2010 年数据），才能申请许可。布洛杰特将扎克伯格和

---

① 译注：克里斯坦森，创新领域最受欢迎的教授。他的颠覆性创新理论，是 20 年来最重要的管理思想之一。

② 译注：亨利·布洛杰特（Henry Blodget），科技博客 Silicon Alley Insider 联合创始人兼 CEO，曾是美林证券公司的主管和高级分析师。

Facebook 的伟大与比尔·盖茨和 Microsoft 相提并论。布洛杰特说，20 年前，比尔·盖茨以同样的方法建立了一个成功且非常有价值的全球集团。[131]

布洛杰特在加入《商业内幕》之前，坚持的是同样的观点，他是一位成功但也颇具争议的互联网股票明星分析师。

与此同时，桑德伯格成功地将 Facebook 变成了“印钞机”。仅在 2016 年，这家成立仅 12 年的公司就实现了 260 亿美元的营业额。对于桑德伯格来说，创新的关键在于“创意与技术”的结合，这一点与硅谷杂志《快公司》（*Fast Company*）的说法不同。在 2012 年的股市预告中，Facebook 并没有用它的移动应用程序进行任何销售，移动频道却能带来大约 80% 的收益。桑德伯格的团队通过巧妙地尝试数字广告，成功地从小型移动屏幕上获取了最大的广告收入。Facebook 还在移动设备上发明了新的广告：360 度视频和互动广告等移动广告格式，用户可以与之互动，这只是两个例子。

在“创意中心”的标题下，Facebook 推出了一个新平台，公司和代理商可以在该平台上测试新创建的广告格式。未来，营销公司应该是为社交网络格式来制作视频，而不是简单地改编现有的电视广告。扎克伯格倡导的每天向用户提供新功能的原则，对于这种创新驱动和新广告格式的快速推出至关重要。扎克伯格和桑德伯格意识到，每天的更新是必要的，以进一步连接用户。因此，他们依赖的工具几乎与 15 年前蒂尔领导下的 PayPal 一样：通过添加或改进新产品的功能以实现不断创新。[132]

第7章

投　资　者

创建一家真正有价值的科技公司有三个步骤。首先，你要发现、创造一个新的市场；其次，你垄断了这个市场；接着，想办法随着时间的推移扩大这种垄断。

彼得·蒂尔[1]

投资风格

Apple 创始人史蒂夫 · 乔布斯不仅是一位杰出的产品策略师，他还是一位极具魅力的演讲者和主持人。他最好的演讲也许是在 2007 年 1 月展示了 Apple 有史以来最重要的产品：iPhone。他在演讲开始时说，一个人在自己的职业生涯中，只要能从事一次对革命性的产品的开发，就会非常高兴。乔布斯认为，Apple 品牌就可以做到幸福地珍视自我，它能够把好几个新产品带到世界。这包括 1984 年的 Macintosh，2001 年的 iPod，最后他在演讲中宣布了这一范畴的三个新产品。[2]

适用于对成功产品的开发的理念，同样适用于成功的投资活动，在高风险的创业投资领域更是如此。它们有极高的失败风险，大约 90% 的初创企业都失败了。乔布斯和 Apple 公司在产品方面所获得的成功方法，让彼得 · 蒂尔在投资方面同样获得了成功。他可以在胜利的旗帜上写道，作为 PayPal 和 Palantir 的创始人以及 Facebook 的第一个外部投资者，他创造了 3 个 10 亿倍的成功故事，每一个都是成功的典范。把目前 PayPal 的 520 亿美元[3]，Palantir 的 200 亿美元[4] 和 Facebook 的 4100 亿美元[5] 的市值加起来，人们就能得出令人难以置信的 4820 亿美元的数字。1965 年投资界传奇人物巴菲特开始用伯克希尔 · 哈撒韦公司进行投资，目前该公司的股票市值已经达到了 4100 亿美元。[6] 蒂尔 1998 年才开始借助 PayPal，在不到 20 年时间里就达到了一个惊人的股票市值积累。这是新经济（蒂尔）战胜旧经济（巴菲特）的胜利吗？超级投资者彼得 · 蒂尔的投资风格是什么？

我们想弄清楚这件事的真相，并找出蒂尔与巴菲特相似的地方。他们身上的相似点比一些知情人知道的还要多。

（a）**专注投资**

像蒂尔这样的成功投资人，幸运在他的成功中扮演着什么角色？如果人们像蒂尔一样“做出正确的判断”，也会那么幸运吗？蒂尔并不是真的相信这一点，因为人们不能做出两次同样的“实验”，创业同样如此。

许多创业投资者遵循的原则是“撒网式投资，然后祈祷”，这无疑是在挥霍金钱。他们不去深入了解公司和创始人，只希望成为其中一些初创企业的投资人，并希望这些企业高歌猛进，推动整个投资组合的收益率上涨。

蒂尔不这么做。对他来说，这种行为无异于买彩票，他觉得创始人和公司都很反感这种方式，从投资方面来看不值得推荐。“如果你把一个小概率乘以一个非常大的数字，结果出现的还是一个非常小的数字。”[7] 蒂尔的投资重点非常集中。其公司创始人基金的风险投资仅包括 5 至 7 项投资，与其他风险投资基金相比，这是一个高度集中的投资组合。同时，这些公司中的每一家都必须能够获得“巨大成功”，从而成为一家“价值数十亿美元的企业”。[8] 这对他来说才具有投资的价值。在《从 0 到 1》一书中，他描述了自己的投资经历：“Facebook 是我们 2005 年的投资组合里表现最好的公司，回报比其他所投资的公司加起来的还要多。Palantir，是表现第二好的公司，带来的回报比刨除 Facebook 外所有公司加起来的还要多。”[9]

认知：蒂尔倾向于对少数初创企业进行集中投资，其创始人和商业模式必须要令他信服。

与巴菲特平行：巴菲特也不喜欢多元化经营。如果他对一家公司深信不疑，那这家公司可能占他投资组合的很大一部分。根据巴菲特的说法，一个好的证券投资组合不会超过 10 只股票。他喜欢把 20 多股的投资组合比作女眷众多的闺阁。人们不会了解每一只股票，就如同不能亲自了解闺阁中的每一位女性一样。

（b）**能力半径**

只投资于你真正理解的东西，也只投资于你有很好鉴赏力的领域。这句话是巴菲特说的，但蒂尔也遵循着一条类似的格言行事，而且更为专注。在 2011 年接受《斯坦福律师》杂志的采访时，他说在方圆 20 英里范围内有 50% 的搜索概率，你可以找到下一家伟大的科技公司。众所周知，他的能力半径的中心就设在硅谷，更确切地说是在斯坦福大学附近。对蒂尔来说，社交网络效应再次出现：在硅谷，所有重要的玩家都在最狭窄的空间内彼此互联，从而形成了一股强劲的势头。蒂尔在他的投资中一贯使用这种方法。许多其他硅谷基金也只在100公里半径范围内投资，以便更好地了解和关注公司和创始人，而不是浪费时间进行不必要的旅行。[10]

认知：蒂尔专注于可控的投资半径。对他来说，硅谷仍然是创新能力最强的地区。正如他对前国际象棋冠军加里·卡斯帕罗表示的那样，他对法律框架知之甚少。[11]

与巴菲特平行：对巴菲特而言，能力圈意味着只关注有所了解的公司和商业模式。这就是为什么他对科技公司不太感冒，因为他不能评判它们。对于他能力范围以外的投资，他的办公桌放有一个写着“太硬”的存放架。不过，巴菲特在当地的投资半径比蒂尔大。巴菲特主要对总部设在美国的公司感兴趣。他喜欢在家乡奥马哈收购和投资公司。

（c）长期风险思维

对蒂尔来说，投资那些能让世界从0到1的公司就是投资那些能从根本上创造新事物的公司。在他看来，这正是经典风险投资行业破产的原因。在过去的10年里，许多风险投资公司都无法获得正收益。蒂尔认为，一方面，有人抱怨创新太少；另一方面，许多投资者几乎都是避险型的，对真正的创新视而不见。他们宁愿把赌注押在相对安全的项目上，可能也会投资另一个照片应用程序或社交网络，而不会投资风险较大的项目。由于它们是“我也是”类的相似产品，投资者不能期望高回报。蒂尔依靠创始人基金资助那些需要数年经营的公司，这些公司如果经营成功，将会带来很高的价值回报。

认知：只有真正的创新才能带来经济上的高回报。而创新需要时间，这就是为什么像蒂尔这样的风险投资人需要耐心等待几年，直到公司发挥出自己的优势。

与巴菲特平行：众所周知，巴菲特的投资视野也非常长远。与此同时，他很乐意以100%的价格收购家族企业，因为他可以向老东家承诺，他将永远保留这些企业，即使产品和回报并不总是保持在最高水平。

（d）**相反的投资**

蒂尔不仅称自己的投资为“逆向投资”，而且他也一直遵循这一原则。其中意义重大的是他在 2004 年对 Facebook 的投资。在当时的互联网行业崩溃之后，投资于专注终端客户（B2C）的互联网公司其实并不合适。他还不得不用自己的钱创办 Palantir，因为风险资本家认为，那些仍旧为政府机构工作的企业对企业（B2B）互联网公司几乎没有潜力。因此，蒂尔在短时期内做了两次风险投资（Facebook、Palantir）。现在 Facebook 已经是全球最昂贵的十大公司之一，Palantir 市值 200 亿美元，是硅谷最昂贵的三大非上市公司之一。

认知：只有逆势投资，并认识到重大创新以及正确的时机，才有可能获得很高的收益。蒂尔喜欢说，人们应该穿过隐藏的门，发现那些没有人想通过的门，避开人群成堆的门。

与巴菲特平行：“别人恐慌时买入，别人贪婪时卖出”是巴菲特投资的简单公式。听起来非常简单，但投资者通常表现出截然不同的行为：以最高价格买入，然后在恐慌中以最低价格卖出。而巴菲特在市场崩溃时最为活跃，他上次的投资狂欢还是在 2008 年金融危机后。

（e）**离开趋势主题**

初创企业和风险投资界充斥着各种各样的流行语，如“颠覆性”“价值主张”（独特特点）或“范式转变”。蒂尔喜欢把流行语比作扑克牌游戏中的“马脚”（Tell）①，这意味着扑克牌玩家的一种行为变化，这种小变化允许透露出其读牌的结论。高超的扑克玩家喜欢用这个来唬人。对蒂尔来说，这表明有人在伪造东西，却在背后隐藏真正的交易。如果某人经常使用常用的流行语，这就是一个警告信号，提示蒂尔，已经有许多人在忙于应对相同或相似的话题。

认知：像“大数据”和“云计算”这样的术语，对蒂尔来说就是流行语。他不喜欢别人问他未来的趋势。他不认为自己是一个“预言家”，蒂尔经常认为趋势被

① 德州扑克牌中的术语“马脚”，指的是一个扑克玩家下意识败露玄机的习惯性小动作，即露出“马脚”。

高估了。如果有人满口说着“大数据”和“云计算”这样的词，人们应该从他身边尽快逃离。[12] 聪明的投资者远离主流，有自己的“指南针”。

与巴菲特平行：巴菲特也不喜欢时尚主题。他忠于自己投资低估公司的方式，他也了解这些公司的商业模式。在互联网泡沫鼎盛时期，分析师和媒体高呼巴菲特的“价值”方法已经过时，他也顶住了这种压力，著名的投资杂志《巴伦》（*Barrons*）甚至在千禧年之交也补充道：“有什么地方错了，沃伦？”[13]

（f）**经济独立**

随着 PayPal 出售给 eBay，蒂尔已成为千万富翁。一夜暴富对硅谷的许多人来说并不罕见。对蒂尔来说，金钱首先意味着更多的自由。然后，蒂尔把 PayPal 出售的钱投入了后面的两家公司——Facebook 和 Palantir，这些投资又使他从千万富翁变成为亿万富翁。

认知：蒂尔建立了自己的对冲基金，在回到硅谷后他发现了自己的投资逻辑。随着 PayPal 出售给 eBay，蒂尔获得了丰厚的经济回报，让他可以把注意力集中在他能做的最好的事情上，以及他能为自己实现最高附加值的地方：投资。

与巴菲特平行：巴菲特的经济独立之路有些复杂和艰难。他十四岁开始卖报纸，生活得非常节俭，他没有花掉的每一分钱都会用于投资股票。大学毕业后，在巴菲特的老师本杰明·格雷厄姆的鼓励下，巴菲特在 20 世纪 20 年代中期回到了家乡奥马哈。他已有足够的钱，足以退休了。对他来说，经济独立是他 60 多年成功故事的基础。

（g）**牢固的友谊**

对蒂尔来说，最大的财产就是维持牢固的友谊。蒂尔与他在斯坦福大学学习的朋友们在 PayPal、Palantir 及其投资公司合作，这一点意义重大。要强调的是他与 LinkedIn 创始人里德·霍夫曼以及与他共同创立 Palantir 的亚历山大·卡普之间长达 30 年的亲密友谊。

认知：牢固的友谊是蒂尔取得巨大成功的关键。在弱肉强食的商业世界，友谊往往被认为是不合时宜的，它往往被越来越多的公司消极地解释为“绳索一样的束缚”。蒂尔可以通过他的财务独立性和商业模式来对抗这种机会主义的做法。当他有一个志同道合的伙伴在他身边时，就有可能多一份成功。在PayPal，他一开始就和马克斯·列夫钦合作，在Palantir则是和亚历山大·卡普合作。

与巴菲特平行：牢固的友谊也是巴菲特商业成功的核心。巴菲特的办公室里没有悬挂他哥伦比亚大学的研究生学位证书，而是挂着戴尔·卡耐基①课程的证书。巴菲特把卡耐基书籍中的内容完美地付诸实践。最突出的是他与志同道合的搭档查理·芒格的友谊，没有芒格，巴菲特的那些投资不会那么顺利。比尔·盖茨是伯克希尔·哈撒韦公司的董事会成员，巴菲特与比尔·盖茨的友谊持续了25年，而且将其几乎所有的资产都捐给了盖茨基金会。[14]

技术进步的历史

蒂尔在斯坦福大学的创业讲座中对技术进步进行了剖析，并对其进行了历史归类。从17世纪晚期蒸汽机的发明开始，到18世纪60年代末，时代的进步总是伴随着技术的巨大进步。蒂尔认为，在20世纪60年代末，人们对未来科技创新带来的突破的乐观情绪达到了顶峰。在他看来，这一点最能从美国中产阶级的收入状况中看出。他们的平均收入自1973年以来一直停滞不前。蒂尔说，很多人都处在一个真正的“仓鼠轮”里，循环往复无法前进，这表明人们必须为同样的回报付出越来越多的努力。维持现状已经被解释为一种进步，对蒂尔来说，很低的工资增长和很少的技术进步之间存在着直接的联系。[15]并非所有人都同意蒂尔的观点。但美国劳工统计局的数据显示，高于平均水平的收入增长与教育和技术应用的进步之间存在直接关联。尤其是在拥有强大的金融和技术群体的美国东海岸和西海岸，和页岩油产业蓬勃发展的得克萨斯州。[16]

虽然模拟世界——即“原子”世界，几乎处于技术僵局，但计算机行业是唯一自20世纪60年代以来一直高速发展的产业。英特尔联合创始人戈登·摩尔②1965

① 译注：戴尔·卡耐基（Dale Carnegie，1888—1955），美国著名人际关系学大师，美国现代成人教育之父，西方现代人际关系教育的奠基人，被誉为是20世纪最伟大的心灵导师和成功学大师。

② 译注：戈登·摩尔（Gordon Moore），1929年出生于美国旧金山，美国科学家，企业家，英特尔公司创始人之一。戈登摩尔1965年提出“摩尔定律”，1968年创办了Intel公司。

年认为，微处理器（智能手机、平板电脑和电脑的核心）的计算能力每24个月翻一番。这一理论直到今天还适用，它不仅以“摩尔定律”闻名于世，还催生了计算机和软件产业的异军突起。因此，对于蒂尔来说，计算机产业是带动其他产业发展的参照物。他的朋友和前PayPal公司股东埃隆 · 马斯克利用计算机和软件行业的资源，展示了如何将汽车和航天等老工业带到创新的轨道和行业的变革中，当然也为美国本土创造了就业机会。[17]

对许多人而言，进步意味着“全球化”和“技术”。蒂尔在一个坐标系中对这两个概念进行了分类：全球化对他来说是一个水平的进程，只具有复制和粘贴功能。然而，蒂尔认为，这并没有给发达国家带来更多的技术进步。

“纵向进步可以用‘技术’这个概念来概括。由于信息技术的飞速发展，硅谷已成为世界科技之都。然而，没有理由把进步局限于计算机领域。”[18]

真正的技术进步是从0到1的飞跃。这是一个巨大的挑战，许多人似乎更容易改进技术，从1变为n。因此，任何一个创业者或发明家，如果敢从0跳到1，就必须不可避免地被问到他是“正常”还是“疯狂”的。PayPal和Facebook成功了，但下一个成功的公司可能不是支付提供商或社交网络。真正的技术进步发生在边缘地区，是一种前沿经验。因此，没有任何一种像商学院所假设的那种缔造成功公司的蓝图和方法。[19]

网络泡沫的教训

人们要了解历史，才敢眺望未来。历史会重演，但并不总是按照相同的模式。蒂尔经历了1998年至2002年间的“繁荣与萧条”，当时PayPal就处于风暴的中心。尽管蒂尔成功地让PayPal度过了2001年9月11日后发生的资本市场风暴，在那之前市场一片黯淡，而PayPal在2002年年初，成为“9 · 11”事件后第一家进入纳斯达克技术交易所的科技公司，媒体对此丝毫没有兴趣。与此相反，媒体上一个关于科技公司的德语词汇流传开来——幸灾乐祸（Schadenfreude）。《华尔街日报》作为主要的股市日报，对于PayPal的首次公开募股一事幸灾乐祸地评论：“对于一家已经成立三年、尚未实现任何年度利润且走上正轨的公司，你会怎么办？损失2.5亿美元？而且它们最新股票市场的文件警示，这个公司的服务会被用于洗钱和金钱欺诈。作为来自帕罗奥图的PayPal公司的总经理或风险投资家，他们将被带往证券交易所。而正是他们，试图用8000万美元的企业报价来检验投资者容忍度的极限，来检测金融市场的可信度。但市场没有好转，美国对PayPal的需求就像对炭疽病瘟疫一样避之而不及。”

而就在2000年春季互联网兴盛的时候，《华尔街日报》认可了对PayPal公司5亿美元的企业估值。[20]行业专家，那些在互联网领域经历过2001年至2004年这段时间的人，也喜欢把这段时间称为“核冬天”。一切似乎都回到了开始，甚至比开始还后退了一大步。

那些曾经对科技进步和创新持怀疑态度的人，现在又觉得自己很正确了。突然间，利润稳固可持续的公司再次成为人们关注的焦点。巴菲特等曾回避科技股的投资者再次成为一种时尚。全球化已演变成一种新的口号。稳固的可把握的企业又成为热点。因此，2008年房地产市场的泡沫，伴随着雷曼兄弟投资银行的破产也就一一出现了。蒂尔强调，2000年3月不仅仅是“疯狂的顶点”，而且“在许多方面，它也是清晰的顶点”。

在新的“幸灾乐祸的世界”里，硅谷也有值得吸取的教训。现在，不是伟大的愿景和快速的进步，而是低风险和资本密集型的商业模式变得热门起来。初创企业必须“精干”，人们必须进行反复试验，看看什么产品可以进入市场。广告费要得到明显的回报，要不然就是打水漂。人为的非病毒性营销更被认可。在用户和计算机之间提供交互的应用程序的公司受到青睐。最终，蒂尔认为，不谈论未来也成了一个很好的论调，因为外界总认为蒂尔这类人的想法是“奇怪的”和“疯狂的”。

蒂尔说，每当人们普遍认为没有泡沫的时候，就会形成泡沫。对蒂尔来说，这也是错误的做法。他在演讲中向学生们推荐了他颇具争议的想法：“你必须自己思考。什么是有价值的问题，是一个比争论‘到底是不是泡沫’要好得多的问题。价值问题更为恰当，因为它更具体：X公司有价值吗？为什么？我们怎么知道？这些是我们必须问的问题。”蒂尔在他的一次讲座中用这些话结束了他的演讲。这构成了我们下一章的内容，它将详细分析彼得·蒂尔的主要投资原则。

投资原则

伟大的科技公司

彼得·蒂尔更喜欢投资哪些特殊的公司？首先，在从 0 到 1 的道路上有三个基本问题需要回答：

第一，什么是有价值的？

第二，我能做什么？

第三，此外，什么事没人做？

蒂尔认为，在大多数情况下，有一个问题被忽视了，但它非常重要：独特性的重要性。蒂尔把它转化为一个智力问题，他也问了一些求职者，正如已经说过的："只有很少人会和你分享你的哪些信念？"[21] 这问题放在商业领域应该这么问："哪个有价值的公司没有被人抨击过？"[22]

三步法

伟大的公司有三个共同点：第一，它们能够创造价值。第二，它们是永久性的市场需求。第三，它们能够将自己创造的部分附加值结合到自己身上。

优质企业坚守市场，成为经济的永久组成部分。对于蒂尔来说，20 世纪 80 年代的硬盘行业就是一个明显的反面例子。它们通过不断改进的硬盘创造了很多附加值，但当时的主导企业没有一家能够为自己创造价值，没有一家能自负盈亏。因此，它们从股票市场的屏幕上消失了。蒂尔认为，"价值粉碎机"的另一个典型例子就是航空工业，航空公司拥有数十万员工，通过运输服务创造高附加值，但由于竞争激烈，该行业的企业无法获得和积累可持续的利润。

（1）评估

最常见的估价程序是市盈率，市盈率代表每股市值（上市公司每股价格）与每股净收益的比率。市盈率低意味着公司的估值相对较低，因此具有价格优势。相反，高的市盈率则认为股票价格较高。市盈率的缺点是它没有考虑增长率。通常情况下，低增长甚至营业额萎缩的公司的市盈率较低，而增长强劲的公司则拥有较高的市盈率。

因此，为了考察企业估值中的增长率，使用了市盈率相对盈利增长比率（PEG）。计算时，市盈率与利润增速之比被设定为与利润增长的关系。有了这个指标，就可以衡量增长值所占的份额。因此就使用了上述“市盈率相对盈利增长比率”的英语缩写 PEG。对蒂尔来说，PEG 是评估成长型公司的一个很好的指标。一个老练的投资者可以很快看出，用这个简单的公式，一个成长型公司是很便宜还是太昂贵。低于 1 的比率意味着公司被低估，而高于 1 的比率是估值过高。蒂尔建议密切关注比率小于 1 的公司。

这个数据也有一个弱点，就是它总是在某个时间进行分析。如果人们看一家公司的现金流，不应该只包括当前财政年度。把当前和未来的利润加起来，就得到了公司的回报总值。但今天的利润高于未来的利润，这就是为什么人们必须降低未来的利润。用专业语言来说，谈论的是利润折扣。

蒂尔认为，对于成长型公司来说，增长率高于折现率同样重要。只有这样，成长型公司才能创造出更多的价值，从而证明更高的估值是合理的。随着时间的推移，增长率将趋于平缓，否则公司的价值将无限上升。Amazon 就是这样一家公司，尽管持有上万亿美元的营业额，但其增长速度仍远高于平均水平。股票的市值也节节增高。蒂尔对 Amazon 很认同，因为他相信 Amazon 是优秀的科技公司之一，他们将现金流几乎完全投资于新的商业活动，从而开辟新的增长点。

许多科技公司会先亏损。同时，公司早期的增长率高于折扣率，因此重要的公司价值要等到很久以后才能显现出来。通常，公司三分之二的价值只出现在 10 年到 15 年之间。蒂尔运作着一种长期的投资方式，他指出，许多投资者，即使是在初创企业的环境中也太短视。对于蒂尔来说，这已不是理论金融学，他可以通过自己在 PayPal 的经历来证明。

在斯坦福大学的创业课程中，他说道，PayPal27 个月后的营收增长率就达到了 100%。很明显，增长率不会永远保持在这么高的水平。蒂尔在 2001 年计算出，PayPal 的大部分企业价值将在 2011 年左右被创造出来。但事实证明即使是优秀的数学家蒂尔也可能出错，他太悲观了。到写作本书时，PayPal 的增长率仍然在

15%~20% 之间，明显高于贴现率。蒂尔因此推迟了他的预期，PayPal 公司价值的最大值应在 2020 年左右出现。[23]

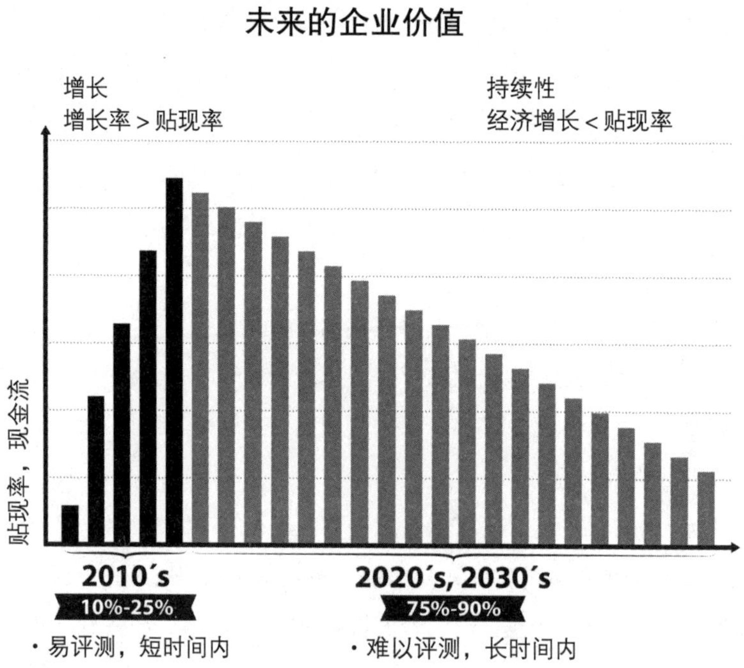

未来的企业价值，来源：蒂尔公司（THIEL）2014

（2）可持续性

换言之，如果企业的长期生存能力岌岌可危，其估值将大大降低。就像一级方程式赛车一样，如果人们有最快的赛车，但它跟不上全场比赛的速度，那它最终也得不到分数。投资科技公司表明：虽然高增长率是基本前提，但实际上公司的持久性也很重要。

在这里，蒂尔的想法是逆向的。作为一名优秀的国际象棋棋手，他也喜欢引用前古巴外交官、国际象棋冠军何塞 · 劳尔 · 卡帕布兰卡①的话："首先，必须研究

① 译注：何塞 · 劳尔 · 卡帕布兰卡（Jose Raul Capablanca，1888—1942），古巴的国际象棋选手，是 20 世纪 20 年代的国际象棋冠军。

残局，这极其重要。”卡帕布兰卡在谈到自己成功的秘诀时说了上面这句话。

大多数人认为应该成为市场上的先行者。蒂尔则认为，为了收获成熟的果实，做最后一个收割者更为重要。扎克伯格并不是第一个在市场上推出社交网络的人，里德·霍夫曼在扎克伯格之前的 1997 年，就创建了网络社交网 SocialNet.com。但扎克伯格在恰当的时候与 Facebook 一起登上了商业舞台并取得了成功。蒂尔还与经济分析师唇枪舌剑，也与硅谷精英对簿公堂。因为对方把太多的注意力只集中在增长率上，而不是可持续性。

蒂尔认为，像 Airbnb、Twitter 和 Facebook 这样的互联网平台，这些企业估值的百分之 75%~85% 的收益会在 2024 年及以后获得。

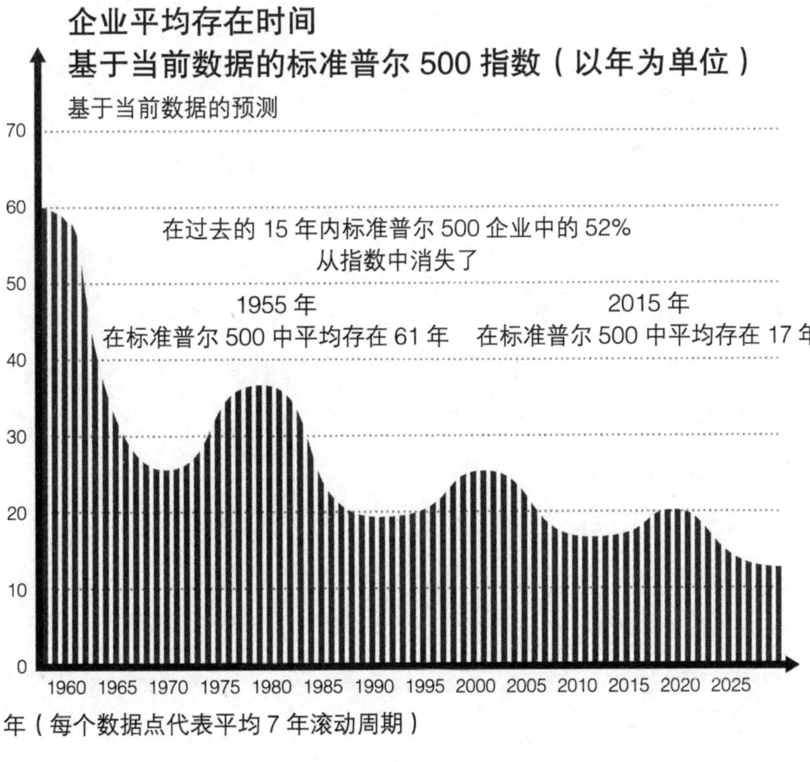

来源：CB Insights 2016

在商界，尤其是在上市公司中，盛行的是达尔文主义。数据服务提供商 CB Insights① 最近指出，过去 15 年，标普 500 指数成份股中有 52% 的公司已从该指数中消失。原因之一是公司缺乏创新。在 1955 年的标准普尔股票交易所指数中，各公司平均有 61 年的历史，到了 2015 年，这些公司的平均存在时间就只有 17 年了。

企业的出发点是供需基本经济理念。如果人们分析这些条件下的商业模式，就会发现两个区别：完全竞争或垄断。

在一个完全的竞争市场中，最后会发展到没有一家公司能够盈利。一旦盈利，就会有一家新公司进入市场，那么利润就会减少。所以竞争与垄断完全相反，垄断者拥有市场。蒂尔想知道，作为行业标准，经济学家为什么总是关注完全竞争，并给予完全竞争这一概念如此广阔的空间。

对经济学家来说，垄断往往只是竞争中的一个小例外，蒂尔完全反对这种观点。他以更为精准的方式提出以下问题：垄断企业是否是一种独立的商业逻辑，一种普遍的经济现象？蒂尔瞄准了一些技术公司，这些技术公司的数据再次验证了蒂尔的观点。世界上市值最高的六家公司中，有五家科技公司：Apple、Alphabet、Microsoft、Facebook 和 Amazon。这五家公司都是垄断公司，Apple 公司是世界领先的智能手机制造商，Alphabet 拥有领先的搜索引擎，Microsoft 拥有领先的操作系统，Facebook 拥有领先的社交网络，Amazon 是领先的电子商务平台。这五大重量级公司的市值合计约为 24 万亿欧元。[24] 仅仅这三家排名最靠前的公司，Apple（2500 亿美元）、Alphabet（850 亿美元）和 Microsoft（1150 亿美元）加在一起就累积了 4500 亿美元，而且他们的财富还在持续增长。[25]

唯一一家能打败科技精英俱乐部的公司，就是巴菲特的股票公司伯克希尔·哈撒韦公司。巴菲特不是早就告诉我们，你只有投资像可口可乐这样的垄断公司，才能作为一个长期的投资者获得成功吗？

蒂尔的资本积累公式只来自两个变量："一家公司产生 X 美元的价值，并将 X 的 Y% 合并。X 和 Y 构成自变量。"[26]

① CB Insights 是全球知名的市场数据研究机构。

垄断与竞争

蒂尔认识到了投资垄断企业的优势和劣势。一般来说，垄断公司的数量比竞争性行业的公司要少，要求的价格也会比竞争性行业的公司更高。但蒂尔赞同利用垄断获得定价权，正如巴菲特一再假设的那样。

人们还经常批评垄断公司缺乏创新能力。不过在蒂尔看来，情况恰恰相反。如果一家公司生产的产品明显好于竞争对手，那么该公司有权通过提高价格从中获益。他认为价格差异，即额外的利润率，是对创新的一种奖励。此外，收入稳定的公司可以更好地进行长期规划，并使用项目融资等金融工具。

美国和欧洲的卡特尔组织①在过去可并不是悲悲切切的弱者。人们记得前电话公司 AT&T②被分拆成众多“小贝尔公司”的情景，或是还记得与 Microsoft 公司进行的漫长法律诉讼战，目的是结束 Microsoft 在操作系统和标准软件领域的主导地位。Microsoft 在 21 世纪初失去了与 Apple 和 Google 的技术联系，从而在智能手机时代失去了领先位置，其中一个原因就是与美国政府的艰苦斗争。

与此同时，Apple 和 Alphabet 在股票市场的估值已经超过了 Microsoft。一个重要的原因是，Apple 和 Alphabet 都控制着垄断市场。虽然 iPhone 的市场份额只有 12%，但盈利达到了 103%。为什么超过百分之百？因为虽然其他的安卓设备制造商的市场份额为 88%，但很多都在亏损。[27]

与 Google 的形象相同：Google 主导互联网搜索和相关广告市场。Google 的桌面设备市场份额为 77%，移动设备市场份额为 96%。[28]

---

① 译注：卡特尔组织（Kartellbehoerde），是法语 cartel 的音译，原意为协定或同盟。卡特尔是一系列生产类似产品的独立企业所构成的组织，集体行动的生产者，目的是提高该类产品价格和控制其产量。

② 译注：AT&T，是 American Telephone & Telegraph 的缩写，也译为美国电话电报公司，创建于 1877 年，曾长期垄断美国长途和本地电话市场。

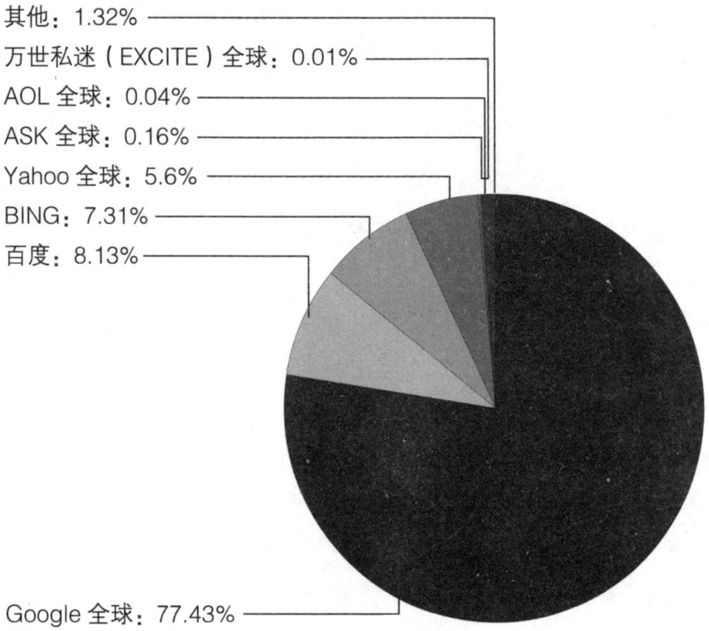

Google 搜索市场份额——桌面设备，来源：网络市场分享调研公司（NETMARKETSHARE）2017

美国司法部有几个公式来判断是否存在垄断案件。如果人们观察一个行业中四到八家最大的公司，把它们的市场份额加起来，如果超过了 70%，那么市场就会被认为是垄断的。以 Google 为例，垄断的事实显而易见。多年担任 Alphabet 董事局主席的埃里克·施密特喜欢传播这样一个观点，他不把自己的公司与百度、Bing（必应）或 Yahoo（雅虎）等直接竞争对手相比，而是与整个技术市场进行比较。“互联网竞争异常激烈，人们每天都在使用新的信息获取方式。”对他来说，Alphabet 只是一条被饥饿的鲨鱼群包围的大型技术池中的小鱼。

有人可能会另辟蹊径地认为，Google 之所以让自己被 Alphabet 控股，是为了利用其有赤字风险的“Moonshot”项目，如高速互联网接入或自动驾驶汽车，分散监管机构的注意力，淡化 Google 搜索的高市场集中度。

此外，还有基础设施和应用商店“数字供应链”的主导地位。Apple 和 Google 对各自商店的市场占有率都高于 Microsoft 在操作系统方面的市场占有率。这两家

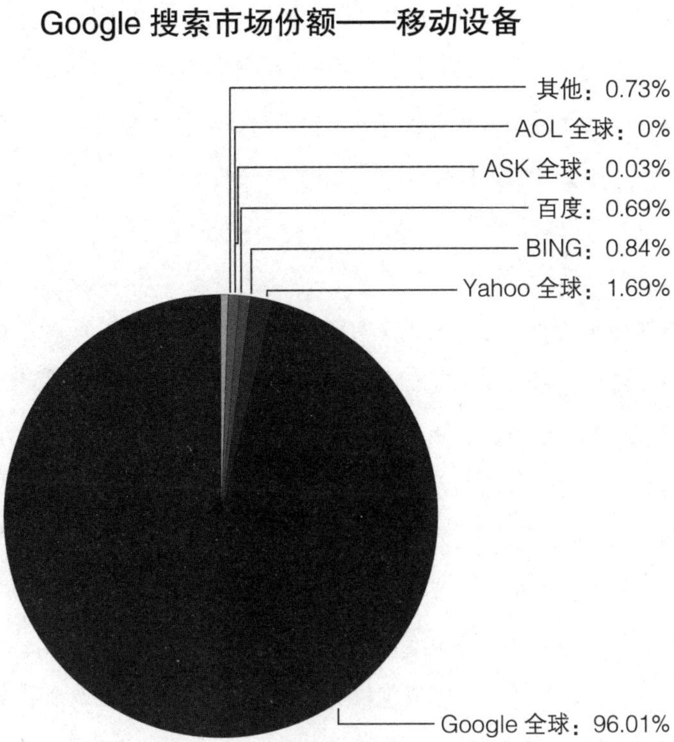

Google 搜索市场份额——移动设备，来源：网络市场分享调研公司（NETMARKETSHARE）2017

技术市场，来源：蒂尔公司（THIEL）2014

供应商都可以决定把哪些公司的哪些应用程序接入到他们的生态系统。通常情况下，人们会通过不允许使用对方各自应用程序的方式来遏制令其不愉快的竞争对手。沃伦·巴菲特用“收费桥”来形容垄断公司是有原因的。如果 Apple 和 Google 的应用商店不是“收费桥梁”，那会是什么呢？

抢占和创造市场

按照蒂尔的观点，一家成功的科技公司会经历三个阶段。首先，创造或者发现一个新的市场，第二步是垄断它，最后就涉及如何扩大垄断的问题。

首先，找到合适的原始市场规模是非常重要的。它不应该太小，但也不应该太大。市场太小意味着人们无法赢得顾客。当蒂尔和他的共同创始人尝试通过掌上电脑 Palm Pilots 汇款时，就发现这个市场太小，这就是 PayPal 公司最初所遇到的问题。

对蒂尔来说，每一个成功的企业历史都有单一的基本模式：首先，这涉及在市场中找到一个专营领域，确立自己市场引领者的地位，然后逐渐扩大其影响力范围。如果公司达到了一个临界规模，那么网络效应和规模效益就会出现，甚至会发展成为一个著名品牌。

蒂尔认为，Amazon 公司就是遵循这种模式的成功典范。杰夫·贝佐斯创立的这家电子商务公司最初是一家网上书店。卓越的营销人贝佐斯从一开始就把 Amazon 定位为全球最大的在线图书销售商。让蒂尔感到印象深刻的是，Amazon 是从图书业务开始起步的，最后在其平台上发展了越来越多的零售业。就连“Amazon”这个名字，也被蒂尔认为是企业命名的绝佳选择，因为它不仅表达了 Amazon 把世界上每一本书编入目录的最初设想，而且甚至符合对自身准备供给世界上所有可供给的产品的定位。

蒂尔在斯坦福大学的演讲中反问台下的学生，技术会发生在什么地方？对蒂尔来说，这个问题没有空间因素，而只有时间因素。对他而言，最激动人心的地方是边缘领域，但这个也是很不确定的。经常有可能在很长一段时间内，技术领域踯躅不前，然后，突然间，一切开始飞速发展。

人们记得，Microsoft 并不总是被称为创新领导者，早在 20 世纪 90 年代早期就已经开发出了基础计算机和相关的操作系统。同时，Apple公司的牛顿（Newton）便携设备也遭遇了重大破产[①]。当时乔布斯还没有接受移动便携设备。直到2010年，史蒂夫·乔布斯才推出了iPad这款具有触屏功能的掌上便携设备。

对时机和市场的理解，总是一个至关重要的问题。但也有令人惊讶的例外，对于蒂尔来说，创立SpaceX和特斯拉公司的马斯克就是一个例外。许多人认为，不可能有人把一个新的航天火箭制造企业和一个汽车制造企业建造在郊外，然后仍然获得成功。这两项任务中的任何一项都是非常艰巨的。然而，马斯克却胆大包天地几乎同时完成了这两个目标，而且迄今为止成功在望。

垄断市场的特点

一个具有垄断特点的市场，只有少数几个，这个市场里通常只有一个或两个大型的供应商。这样竞争压力会很低，垄断公司因此拥有定价权。

在以前，品牌产品的定价能力是在数字世界中实现货币化的能力。Google和Facebook的广告营销就是典范，因为他们成功地通过广告机制将庞大的用户群转变成了丰厚的盈利。在公司创立初期，Facebook侧重于用户数量的增长，想成为市场领先的社交网络。即便是在2012年股票上市之初，Facebook也在其证券交易所上市招股书中强调，该公司最大的商业风险之一是尚未在商业上开放移动通信领域的通道，也不知道这一分支机构能否实现货币化。证交所最初以很高的折扣贴现来对此做出回应，Facebook在首次公开招股（IPO）后的上半年内，股票价格很便宜。然而，在那之后，它的股价急剧上升，与此同时，Facebook的大部分广告收入来自手机移动通信部门。

巴菲特把垄断公司称为“护城河”，他列举可口可乐的例子，用以下问题说明了这一点：如果一把火把可口可乐工厂烧掉，在郊外重建可口可乐是不是很困难？答案是显而易见的，可口可乐的“护城河”在于它的配方，而不是工厂。尽管人们

① 译注：Apple的联合创始人史蒂夫·乔布斯1997年回到公司之后，为了企业的前途着想，曾经先后砍掉许多产品，最为著名的是放弃牛顿（Newton）便携设备的开发。

告诉巴菲特，可口可乐有像百事可乐这样的竞争对手。

在数字领域，竞争力度通常更低。只有一家占主导地位的智能手机制造商（Apple），一个占主导地位的搜索引擎（Google），一个社交网络（Facebook），一个社交商务网站（LinkedIn），一个主要的电子商务百货公司（Amazon）和一个主要的操作系统制造商（Microsoft）。因此，与实体世界的公司相比，互联网数字公司更不容易受到达尔文主义的影响。

当一家数字公司成为一个市场领先的平台时，它通常会将其细分市场中的所有客户聚集起来，因为网络效应正在发挥作用。客户使用那种能提供最好和最广泛产品的平台，这会吸引更多的用户，并形成了一个积极的连锁反应。正如蒂尔成功预测到的那样，病毒性的、自我维持的增长出现了。数字平台业务也遵循“赢家通吃”的座右铭。竞争对手的空间已经所剩无几了。

一个公司要想在市场上占据主导地位，它至少要部分地满足以下四个特征：专有技术、网络效应、通过规模经济获得的成本优势（规模经济），以及品牌。

专有技术

专有技术代表准行业标准（Quasistandards）。换言之，技术拥有非常强大的地位，拥有非常广泛的市场基础。例如 Microsoft 的桌面电脑操作系统，以及 Apple 和安卓的 GoogleiOS 移动操作系统。

网络效应

成功的数字平台提供商，如 Amazon、Facebook、LinkedIn 和 PayPal，由于其平台的吸引力，正在获得越来越多的用户，这些用户使该平台更具吸引力，从而可以提供越来越好的优惠与便利。每增加一个新用户，网络的附加值就会增加。网络效果通常是由一种自我维持的繁荣发展（病毒性扩张）而产生。

规模经济

规模优势总是在高固定成本和低边际成本下发挥作用。对蒂尔来说，Amazon

是数字世界中的典范公司，而沃尔玛是传统零售业中的翘楚。随着进一步的增长，这两家公司都实现了额外的效率提升。Amazon 和沃尔玛都在它们的进一步增长中扮演着重要角色。两家公司都是价格领导者，拥有强大的定价权。不同的是，Amazon 可以为其个人客户提供单独的价格。

品牌

根据蒂尔自己的说法，品牌是最难定性的。品牌是一种产品，对顾客来说是不可更换的，而且客户也愿意为此付出更高的价格。蒂尔为他的学生们列举了百事可乐和可口可乐的例子，顾客通常会对这两个品牌中的某一个有很强的亲和力。这些垄断企业的共性是，它们各自都能产生很大的现金流。蒂尔说，真正的品牌很难明确其特点，但人们一旦成功地建立了一个品牌，那就已经创造了垄断。[29]

成功事例

现在有哪家公司将这四个特点结合在一起了？蒂尔认为，Apple 目前是最大的技术垄断企业。有趣的是，巴菲特也得出了同样的结论。

Apple 拥有广泛的专利技术组合，包括硬件和软件，还拥有整个价值创造产业链。富士康在中国组装 Apple 设备的数十万员工，对此提供了独一无二的产业规模和很高的成本优势。Apple 具有很高的“锁定”效应，因此与忠实客户以及正在为 Apple 平台开发新应用程序和软件的开发者们之间有着密切的关联。此外，还有 Apple 这一品牌效应，允许公司对带有 Apple 标志的产品提高售价。

有趣的是，蒂尔和巴菲特之间有着独一无二的相似关联。蒂尔喜欢一遍又一遍地强调巴菲特只做安全的赌注，而不去考虑如何征服一个新星球这种问题，但蒂尔从投资大师巴菲特身上受益匪浅。巴菲特在近 90 岁高龄的时候头脑还是非常灵活，最近他投资了数十亿美元的 Apple 股票。巴菲特的副手查理 · 芒格在 2017 年 5 月初举行的伯克希尔公司大会上发表如下评论，伯克希尔收购了 Apple 的一部分股票，“这是一个好迹象。”要么人们已经疯狂，要么人们正在学习。与巴菲特相识超过半个世纪的芒格认为巴菲特还在不断学习。[30] 这对于一位 90 多岁的老人来说，难道还不值得惊叹吗!

投资

PayPal 案例研究

对于彼得 · 蒂尔而言，为什么一开始投资的是 PayPal ？它究竟有什么独一无二的地方?

首先，我们必须回答从 0 到 1 的三个基本问题：

首先，什么是有价值的?

对蒂尔而言，显而易见的是，如果仅仅是把电子邮件与汇款联系在一起，就好似定时炸弹一样存在危险性。正如已经详细描述过的那样，蒂尔想创造一种新的世界范围内的非政府货币，即创造一种支付系统的“Microsoft”，并用于金融的操作系统。

这一切如果找到强大的市场需求，而且能从中获得商业成功，那么这一切也会以高公司估值的形式得到回报。

第二，我能做什么?

蒂尔最初将自己视为一名金融专家，但他很快就担任了公司的首席执行官，基于他的金融知识，他抓住了这个千载难逢的机遇，带领 PayPal 取得了巨大成功。他竭尽所能地为公司服务。从他深具洞察力的创业远见开始，到他把斯坦福大学的广泛朋友网络变为 PayPal 公司的优秀员工，一直到他凭借出色的能力在一个非常具有挑战性的时期竭力筹集资金，都可以看到这一点。

第三，此外，什么事没人做?

蒂尔认识到“机会之窗”不仅与互联网支付系统的问题有关，也与资本市场的非理性泛滥有关。在最后一刻，他一手创立了 PayPal，并利用初创公司快速而灵活的工作作风，向 eBay 和花旗银行（Citibank）等老牌竞争对手展示了自己的实力。

1998年，蒂尔把大约28万美元投资到PayPal，并让PayPal在股票证券交易所成功上市。当eBay接手PayPal时，他赚了5500万美元。[31]

彼得·蒂尔的投资回报：在四年之内，他把投资资本增加了近200倍。

三步评估法

伟大的公司有三个共同点。首先，它们能够创造价值。第二，它们永远占据市场并有充分的市场需求。第三，它们能够将自己创造的部分附加值结合到自己身上，从而不断进步。让我们在PayPal这个公司案例中仔细分析这一点。

（1）评价：未来的企业价值

在斯坦福大学的演讲中，蒂尔向学生们解释说，2001年，在创立PayPal27个月后，他计算出了这家初创企业未来的商业价值。这家初创企业还很年轻，当时PayPal仍有100%的收入增长率。

显而易见，增长率会下降，但在较长的一段时间内，增长率仍将高于贴现率。根据蒂尔当时的计算，PayPal有望在2011年左右达到最高企业估值。但事实说明他的预测比较悲观，PayPal的增长率现在仍高于贴现率约15%。因此，随着时间的推移，企业最高估值不断提高。在2012年蒂尔演讲时，他预测这个时间将延后到2020年左右。[32]鉴于PayPal持续高于平均水平的数字，这个预测也可能是低估PayPal的潜能了。通过向其他服务和技术开放平台，PayPal可设定的市场要大得多。数据提供商E-marketer和摩根士丹利银行2015年的数据估计，点对点（P2P）支付、P2P贷款、小企业贷款和新形式的资金转移（如国外转账）等新的可能性，会让PayPal的定点市场从2.5万亿美元增长到25万亿美元。

PayPal在2017年春季的市值超过500亿美元，比2002年eBay全面收购PayPal时的市值高出30多倍。PayPal的资产负债表非常健康。该公司不仅没有债务，而且到2016年年底已经收获了65亿美元的现金池，用于股票回购和战略收购。2016年，PayPal突破了100亿美元的巨额壁垒，营业额达到了104.8亿美元。1.97亿用户提供了3450亿美元的支付额。最近，现金流以30%以上的增长率甚至超过了 19% 的营业额增长率。这表明 PayPal 已经达成“规模经济”。

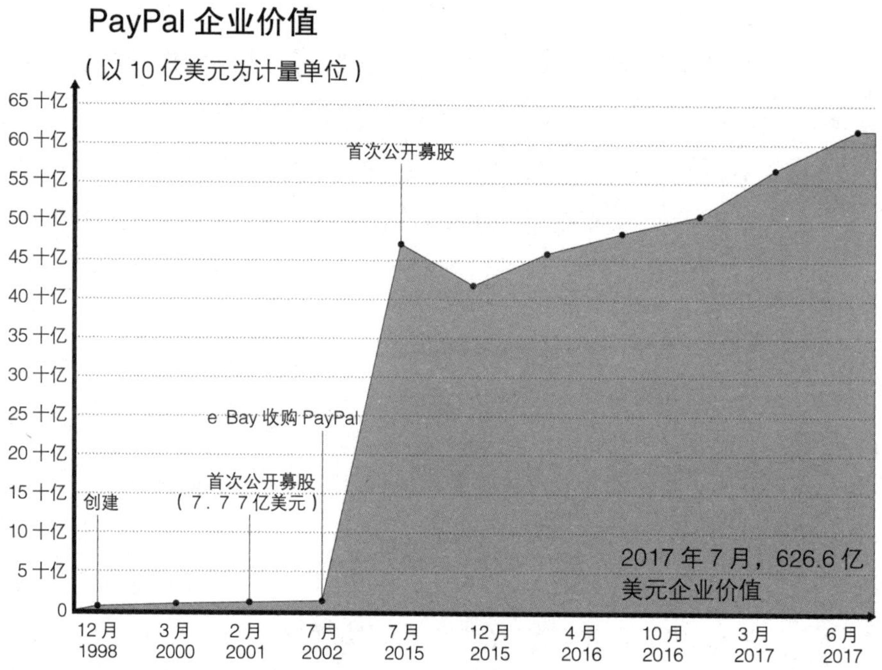

PayPal 的企业价值发展（以十亿美元为计量单位），
出自：美国有线电视新闻网（CNN），纳斯达克（NASDAQ），雅虎（YAHOO）金融

2015 年 7 月，PayPal 股票上市时，马斯克表示，如果 PayPal 扩大其在移动支付领域的领导创新地位，它可以成为一家价值 1000 亿美元的公司。通过与 eBay 脱离，PayPal 可以专注于扩大其在互联网和移动支付解决方案领域的市场领导地位，并果断地抓住相关机会。

许多分析师和投资人也忽视了 PayPal 的子公司：PayPal 近年来通过战略收购，已经从一家移动支付提供商发展成为领先的开放式移动支付平台。除了原来的 PayPal 服务之外，还包括“头脑树”（Braintree）这个完整的移动商务处理提供商，可以轻松地进行个人转账（移动支付应用程序“文莫”）以及国际支付（转账服务）。移动商务销售额以每年 40% 左右的速度增长，是传统电子商务的三倍。

（2）可持续发展

PayPal 已经从一个严重依赖 eBay 的互联网支付服务，发展成为一个全球开放的支付平台。自 1998 年以来，PayPal 已经持续大规模地扩大其客户数量、销售额和利润。仅在美国，PayPal 在在线支付交易中就占据了 75% 以上的市场份额。在德国和日本的市场份额分别为 79% 以及 91%，甚至更高，远远领先于其他竞争对手如金融科技“条纹公司”（Stripe）、“广场软件公司”（Square）[①] 甚至 Google 和 Amazon 的份额。PayPal 目前在全球 203 个市场上以 30 种货币存在，截至 2016 年年底，PayPal 拥有 1.97 亿活跃客户账户，2016 年处理了 3540 亿美元的支付额。

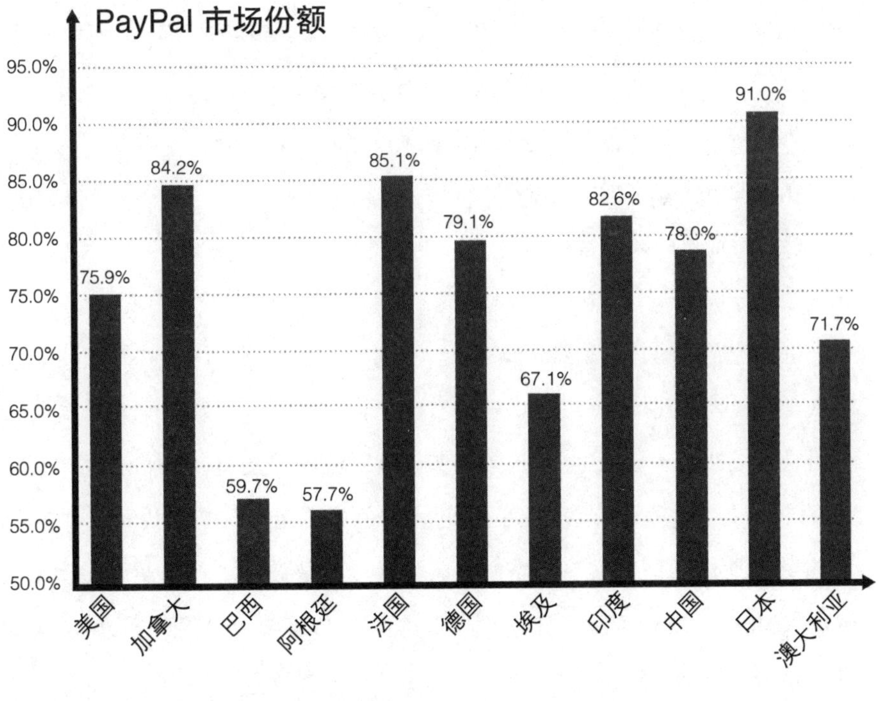

PayPal 作为在线支付系统的市场份额（按国家划分），
来源：www.datanyze.com 网站

① 译注：SQUARE 是美国的一家移动支付公司。Square 用户（消费者或商家）利用 Square 提供的移动读卡器，配合智能手机使用，可以在任何 3G 或 WiFi 网络状态下，通过应用程序匹配刷卡消费。

大约50%的销售额来自美国以外的客户，而且增长率仍然超过15%。客户数量的增长将增加对平台新服务的使用次数，也增加了每个客户的金融交易次数。PayPal把自身定位为开放式数字平台，并从中获益良多。很长一段时间以来，经济分析师都察觉到PayPal是像维萨和万事达这样的信用卡提供商的竞争对手。但通过与信用卡供应商的巧妙合作，PayPal成功地为双方创造了双赢的局面。PayPal的优势在于，自己的服务完全基于软件。年轻人不再想要实体卡了，这是“千禧年一代”和更年轻的人喜欢的支付手段。

然而，产业趋势，如移动设备的强劲普及、货币的数字化、支付方式、新技术和渠道的分散，以及网络犯罪和滥用行为的增加，都在对PayPal产生影响。PayPal被要求快速应对，以避免黑客攻击和数据滥用等风险。但总的来说，PayPal认为自己的起点很好，并具有独一无二的特点及优势。PayPal具有：

——为终端客户和交易员提供可高度扩展的双向开放网络平台

——领先的可信数字货币交易

——已被验证过的风险管理

——数据分析

——世界范围内的合规和监管知识

——全天候客户支持

除此之外，PayPal还受益于其移动支付应用程序“文莫”（Venmo），它在快速增长的P2P支付过程中有着强大的立足点。例如，在朋友圈里共同支付餐厅账单，或者共同使用所谓的共享经济服务，如优步或爱彼迎。根据艾特集团（Aite Group）① 的估计，2017年这一市场规模将达到1780亿美元，预计到2020年将再翻一番，达到3180亿美元。[33]

因为PayPal无债务，并且能从当前的业务中产生大量现金流，这对Stripe和Square等年轻的仍然处于亏损的金融科技公司是有利的。PayPal可以饶有兴致地

① 译注：艾特集团是提供菜单查询服务的美国咨询公司，也涉及金融业服务。

用其部分资金对一些新领域进行收购，并将他们的技术与自己的金融平台对接，把 PayPal 原有的客户引导到 PayPal 所购买的新服务上。2017 年 2 月，PayPal 以 2.33 亿美元收购了 TIO Networks。TIO Networks 是一家发票支付服务提供商，它提供的服务面向在线客户，但也包括没有银行账户的人。TIO 在美国拥有超过 65000 个实体网点，2016 财年为 1400 万客户处理了 70 亿美元的发票。TIO 也从财务指数上符合 PayPal 的“猎物计划”：该公司获得了可观的利润和现金流。

（3）积累价值

乍一看，PayPal 移动的支付结算业务似乎具有竞争激烈、利润率低的特点。但 PayPal 作为市场领导者，通过其高度可扩展的平台，继续受益于强大的网络和锁定效应。PayPal 每季度增加数百万客户。此外，每个客户的交易量以两位数的速度增长。终端客户端的移动支付应用程序“文莫”和“头脑树”等新服务为 Uber 或 Facebook 等供应商的电子商务支付处理提供了支撑，从而推动了交易量的增长。PayPal 最显著的成功是不断增加的现金流。蒂尔谈到积累价值，而巴菲特和芒格这两位价值之王总是警惕地看待这个数字。但这个数字的确是对一家商业公司成功的一种诚实而又很多时候令人不快的体现。

在 2016 财年，PayPal 的现金流为 25 亿美元，仅在 2016 年第四季度出现了 7.71 亿美元的流入。对一家公司而言，不仅流入量很重要，增长率也很重要。最近，PayPal 的现金流比上一季度增加了 37%。PayPal 的商业模式显露出资本密集型的特征，但具有很高的可扩展性。因此，公司在发展业务关系、新的合作伙伴关系和客户方面具有灵活性。PayPal 可以用这个集中资源开发核心平台和发展战略伙伴关系。

PayPal 的既定目标是利用不断增长的现金流进行战略收购和股票回购。到目前为止，管理层的行动非常巧妙。从长远来看，这一策略应该对所有股东有所回报。尤其是，当资本市场的情绪逆转，金融科技初创企业能够从投资者那里吸引到的风险投资更少的时候，那么，PayPal 将会在这些领域发现有趣的购买机会。

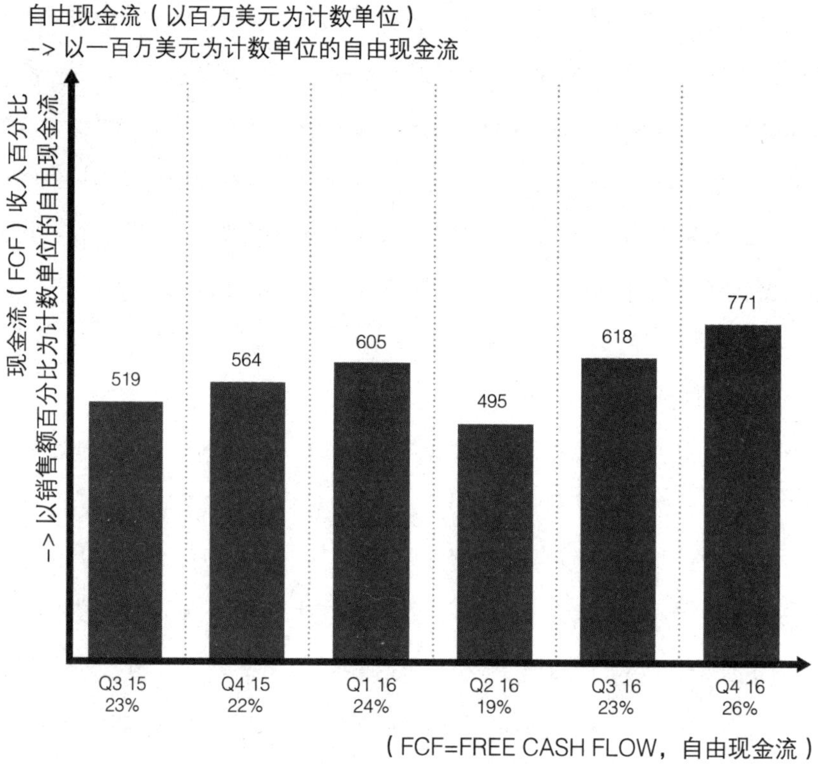

以一百万美元和销售额百分比为计数单位的自由现金流
来源：investor.PayPal-corp.com

垄断与竞争

尽管 PayPal 成立于 1998 年，该公司无疑是金融科技领域最成功的案例之一，当时还没有人能意识到现在这个时髦术语的商业意义。

如今，移动支付市场的竞争似乎很激烈，不仅有 Apple（Apple）和 Google（Google）等供应商，还有万事达（Mastercard）和 Visa 信用卡提供商，而且有年轻的金融科技初创企业，如由 Twitter 的联合创始人杰克·多西（Jack Dorsey）创立的已上市的 Square 公司，或者科利森（Collinson）兄弟创立的 Stripe 公司，其估值已经超过 90 亿美元。

此外，中国的电子商务巨头阿里巴巴（Alibaba）的支付宝（AliPay）和德国银行的收款工具“直接支付”（Paydirect）等地区性强的供应商也试图对 PayPal 的市场下手。目前，PayPal 的成功有赖于三大支柱：PayPal 账户的常规业务增长，尤其是通过智能手机的移动应用以及相关的交易处理。收购移动支付创业公式“头脑树”（Braintree）后，PayPal 得以大幅拓展与交易员优步（Uber）和爱彼迎（Airbnb）等大型电子商务平台的业务。“头脑树”正日益成为在线交易和支付的数字支柱。通过移动支付应用程序“文莫”，PayPal 在日益增长的点对点（P2P）支付领域拥有了一个新品牌。“文莫”特别受年轻人欢迎。近年来，PayPal 管理层成功地创建了一个开放的支付平台，从支付服务无缝地保证了支付交易的整个价值链，从消费者到经销商处的结算。

在美国，没有其他竞争对手可以将银行账户和信用卡都连接到支付系统，PayPal 做到了。PayPal 因此具有独特的锁定效应。越来越多的客户，包括消费者和交易员，认识到 PayPal 服务的附加值，这意味着用户数量和平台交易量将继续强劲增长。因此，PayPal 平台正日益成为 21 世纪数字商业链中不可或缺的一环。竞争对手维萨和万事达为了自己的利益也成了 PayPal 的合作伙伴。PayPal 现在就像一家全球性的基础设施公司，可以和电力供应商媲美。因为客户希望提供全年 365 天全天候服务，因此 PayPal 开发支出的重点是扩大该平台，该平台目前已经具有很高的可扩展性，并具有检测欺诈行为的综合分析机制。

Apple 支付、三星支付和安卓支付的业务增长可能带来移动支付市场非常紧张的氛围。据英国市场研究机构朱尼普研究公司（Juniper Research）预测，2017 年 Apple 支付的客户总数将达到 8600 万，与 2016 年相比，客户的数量几乎翻了一番。[34]

创造和抢占市场

自 1998 年成立以来，PayPal 一直在全球范围内扩大业务范围。

首先，在拍卖商 eBay 的支持下，PayPal 在电子商务业务中率先进行支付交易。PayPal 做得很好。多年来，PayPal 已经高度国际化，随着其服务的扩展，它开拓了新的市场和客户群。随着越来越多的金融服务被用于在线交易和移动支付，PayPal 从中受益匪浅。

银行低估了 PayPal 过去十年的突破。经济学人智库对 200 名银行家进行了一项调查：在 2020 年之前，对其业务影响最大的因素是什么？ 88% 的受访者将他们所在机构的资本禀赋排在首位。只有 2% 的人表示，新的竞争对手，如金融科技（FinTechs）将对金融业产生影响。

换言之，金融机构的决策者过于关注监管问题，以至于他们没有时间与新的金融科技竞争对手及其商业模式打交道。[35] 监管问题也有可能一再被当成借口，这样就不必对金融业创新和混乱等令人不快和紧迫的问题表达看法。

PayPal 在美国有支付交易牌照，在欧洲卢森堡有银行牌照，因此受金融部门监管，但监管力度有所减轻。目前，移动支付的市场份额正在被快速瓜分，PayPal 将尽最大努力确保支付市场的领先地位。

美国和欧洲的银行都试图抵制 PayPal。在美国，美国银行（Bank of America）、全美银行（U.S.Bankcorp）和富国银行（Wells Fargo）等主要银行已决定以“细胞”（Cell）为品牌，与“文莫”展开竞争。20 家主要银行的应用程序中将集成“手机支付”功能。2017 年，美国的各家银行希望客户数量达到 8500 万。[36] 德国银行也制定了雄心勃勃的目标，在 2016 年推出了支付服务“直接支付”（PayDirect），到 2017 年年底，他们希望能赢得 700 万的客户。然而，他们与 PayPal 的差距还是巨大的：PayPal 在德国拥有近 1900 万的活跃用户。德国的 PayPal 客户可以在 5 万多家在线商店进行支付，但 PayDirect 目前只有 730 家在线零售商。[37]

总的来说，人们不能低估数字支付解决方案市场在全球范围内呈爆炸式的增长。在许多新兴国家，如中国和印度，包括非洲，智能手机和 PayPal 银行账户等应用正在取代传统银行业务。因此众多竞争对手仍有增长空间。PayPal 强大的市场地位和雄厚的资本禀赋、客户对品牌的信心以及高度可扩展的开放式支付平台，使 PayPal 成为全球交易、支付数字化的主要受益者之一。

垄断的特征

专有技术

PayPal 拥有一个领先的、高度可扩展的支付平台，自 1998 年成立以来一直在持续发展，尤其是用来评估用户花钱习惯的分析工具，以及该公司多年来改进的数字安全机制，以便在早期阶段发现欺诈和洗钱行为，从一开始就将其消除。

多年来，PayPal 已经从一个服务提供商发展为一个平台，一个支付生态系统，特别是通过工具和开放编程接口（API）为感兴趣的客户和开发人员提供服务。有了数字模块化系统，新的支付解决方案可以快速地开发出来。敏捷的实现形式变得越来越重要，因为在社交媒体的推动下，新的客户需求快速发展，供应商必须在短期内通过相应的报价来满足这些需求。PayPal 为零售商提供广泛的产品和服务：除了纯支付处理，还提供开放的软件界面和电子商务工具。因为 PayPal 的这些服务，经销商具有更好的分析能力，方便其提高客户的购买意愿。PayPal 可以通过所有的物理和数字渠道处理客户请求，无论是在线、应用程序内还是通过传统销售渠道。

近来，PayPal 管理层还设法与维萨和万事达信用卡等金融服务提供商、沃达丰（Vodafone）等移动电话提供商，或者 Facebook 等社交网络建立了战略合作伙伴关系，从而不仅扩大了业务范围，同时也为客户在各自的销售点提供无缝支付体验。据 PayPal 报道，2016 年黑色星期五是历史上最大的移动购物日。仅在感恩节和网购星期一（Cyber Monday）期间，就有 20 亿美元的支付额通过 PayPal 支付。

网络效应

PayPal 向全球开放的数字支付平台，继续产生强大的网络效应。2016 年的商业数据令人印象深刻，PayPal 拥有超过 1.97 亿活跃账户。仅在 2016 年，全球就增加了约 1800 万个新账户，相当于德国 PayPal 客户总数。同时，每个客户处理的交易额也越来越大。2016 年，每个账户的交易数量比之前增加了 13%。持续强劲的客户增长使 PayPal 对零售商更有吸引力。目前全球有超过 1500 万的经销商连接到 PayPal 网络。越来越多的零售商使 PayPal 对客户更有吸引力，客户的增长就像病毒般螺旋式上升，网络效应继续以高增长率显现。

PayPal 一直专注于移动商务市场的增长，以确保网络效应继续发挥作用。市场研究公司“卵细胞公司”（Ovum）[①] 推测，移动支付的用户群为 7 亿（2017 年），

① 译注：Ovum 是一家在世界电信产业界富有权威性的中立咨询顾问公司，从事电信与信息技术商业策略研究。

2019年将增至48亿。因此，全球一半以上的人口将通过智能手机进行支付。根据“电子市场分析”公司（eMarketers）的数据，仅在美国，到2019年，31%的智能手机用户将使用移动支付。与2016年相比，这一比例大幅上升，当时该比例仅为19%。与此同时，移动支付业务量迅速增长。仅2017年这一年，在美国，移动支付业务量预计将比上年增加617.5亿美元。PayPal的网络效应不仅在PayPal服务本身，与“文莫”一起，它拥有领先的点对点支付应用程序，目前正以超过100%的速度增长。此外，新开发的交易处理在支付过程中只有一个名为“一次触摸”（OneTouch）的触屏，有助于独特的用户体验，这使PayPal成为移动支付解决方案的主要受益者之一。

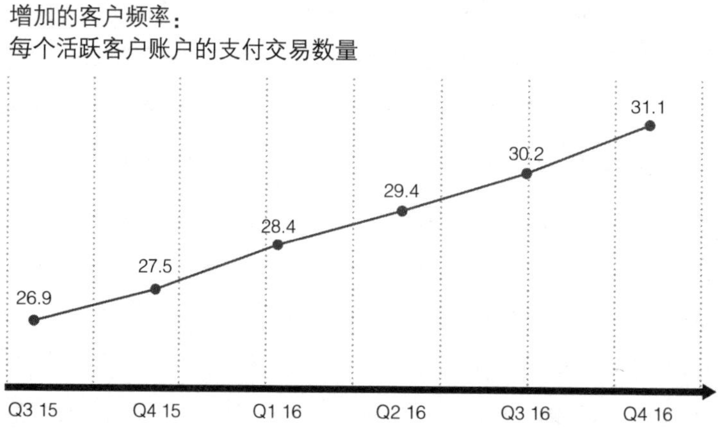

增加的客户频率：每个活跃客户账户的交易数量，
来源：investor.paypal-corp.com

规模经济

PayPal将其战略定位定义为：规模效应的杠杆将重新投资于增长。规模经济以三大支柱战略为基础，包括差别化服务、认识和信任。规模化的收益源源不断地流入，扩大了PayPal品牌的影响力、相关性、性能特征和声誉。就规模和范围而言，PayPal是全球领先的金融科技公司之一，如果人们看看这些数字，就会发现人们对网络支付的支付额正在以数十亿美元的增速迅猛发展。仅2016年就产生了60亿次支付行为。相关支付额为 3540 亿美元。只有 1000 亿与移动支付有关。在快速增长的 P2P 领域，支付总额为 640 亿美元。“文莫”应用程序被《时代》杂志和《财富》杂志评为最佳应用程序和品牌之一。仅“文莫”在 2016 年第四季度就增长了 126%，处理额度达 56 亿美元。仅 2016 年 12 月，就有 20 亿美元通过“文莫”转账。越来越多的在线品牌与 PayPal 合作。最近一次，PayPal 平台赢了 auto.de 这个欧洲第二大在线汽车销售商，以及克拉特 & 巴雷尔（Crate and Barrel）这个美国领先的家居及家具店。[38]

品牌

自 1998 年以来，PayPal 品牌不仅发展成为一个值得信赖的支付处理应用程序，而且在金融交易中也成为一个稳固的品牌。顾客对 PayPal 的信任度很高。即使是那些对电子货币交易非常挑剔的德国客户，也被他们的高可信度征服了。在客户满意度的调研中，PayPal 通常高于传统银行，这正是 PayPal 开始发展品牌的地方。

PayPal 公司非常重视客户数据的安全和保护。与此同时，还满足了人们对所提供的服务的简单性和便利性的要求。

PayPal 还巧妙地运用了多品牌战略。

PayPal 是安全支付的保护伞。Braintree 代表处理大量商户交易的支付平台，如 Airbnb 和 Uber 等大型市场。与“文莫”合作，使 PayPal 在零售领域拥有了强大的第二品牌。Y 一代①的年轻客户对“文莫”有很高的忠诚度，该品牌聚焦于年轻的、不习惯使用 PayPal 的新客户群。到目前为止，正如文末的三位数增长率所显示的那样，这一战略正在完美地发挥作用。

如果 PayPal 成功地将“文莫”品牌货币化，将给 PayPal 股东带来丰厚的回报。PayPal 有望在未来获得新客户，尤其是在亚洲、非洲和拉丁美洲等增长型市场。毕

---

① 译注：Y 一代，是指出生于 20 世纪、未成年，在跨入 21 世纪（即 2000 年）后达到成年年龄的一代人。这代人的成长时期几乎同时和互联网 / 计算机科学的形成与高速发展时期相吻合。该术语在中国的媒体和社会学上也常被普遍运用。

竟，这些国家的人更喜欢使用智能手机完成金融交易。为了使国际转账更容易、更便宜，尤其是对外籍人士和移民而言，PayPal 收购了 Zoom 品牌，这可能会发展成为 PayPal 的新的增长引擎。

Facebook 案例研究

为什么 Facebook 是彼得 · 蒂尔成功投资的卓越代表？

首先，我们必须回答从 0 到 1 的三个基本问题：

首先，什么是有价值的？

当扎克伯格 2004 年向蒂尔介绍他年轻的初创企业时，蒂尔就通过 PayPal 首席执行官的角色，了解了所有正在蓬勃发展并在实践中能自主发展的数字公司。通过他的朋友里德 · 霍夫曼，他对社交网络这个话题也很熟悉。

对蒂尔来说，投资 Facebook 是一件很容易做出判断的事，正如他在接受彭博社记者张慧卿采访时所解释的那样。[39] 首先，他意识到扎克伯格的社交网络发展得非常迅速，只需要钱来增加服务器的容量就行。其次，他还通过 PayPal 了解到，一旦雪球开始发挥作用，它会变得更大、更有价值。

第二，我能做什么？

蒂尔认为自己是一个金融家，所以他不会去说服扎克伯格做生意。蒂尔是 Facebook 任职时间最长的监事会成员，他从一开始就为扎克伯格提供咨询服务。作为一名外部顾问，他的作用不容小觑。他是平台和媒体业务方面的杰出专家，了解数字垄断的机制以及如何将其转化为金钱上的成功。

根据扎克伯格的说法，蒂尔也是一个反复引导他全面关注用户增长和扩张的人。[40] 蒂尔在 2007 年支持扎克伯格，这是金融危机爆发的前一年，这一轮融资，对 Facebook 来说非常重要。[41] 扎克伯格遵守了让蒂尔获利丰厚的诺言，并力争让他成为 Facebook 的监事会成员。

第三，此外，什么事没人做？

蒂尔在 2004 年认识到了社交网络的价值。一方面，互联网已经越来越成为大众交流的媒介。乔布斯花了大约两年的时间推出智能手机，但因此带来移动互联网上的增长日新月异，以至于 Facebook 靠它获得了快速增长的用户。

另一方面，2001 年至 2003 年股市崩盘和网络泡沫之后，风险资本市场面临下行压力。没有专业的风险投资基金对 Facebook 有兴趣。

扎克伯格之所以喜欢蒂尔，是因为蒂尔是一位非常成功的互联网企业家。此外，蒂尔给了扎克伯格 50 万美元，这对扎克伯格很有吸引力，后来蒂尔将这笔贷款转换成了 Facebook10.2% 的股份。[42]

在 2012 年 5 月，蒂尔以 38 美元的单价出售了 Facebook 1680 万股，赎回了 6.38 亿美元。2012 年 8 月，老股东保留期满后，他又以 3.958 亿美元的价格出售了大部分股票。他总共获利 10.3 亿美元，且仍持有 Facebook 500 万股股票。按当前的（2017 年 04 月 20 日）股票价格 143 美元计算，蒂尔持有的 Facebook 这 500 万股股票市值为 7.15 亿美元。因此，蒂尔从最初的 50 万美元投资中获得了 17 亿美元的回报。[43]

彼得 · 蒂尔的投资回报：在 8 年内，他的投资资本增加了 3400 倍。

三步走法

伟大的公司有三个共同点。首先，它们创造价值。第二，它们是永久性的市场需求。第三，它们能够将自己创造的部分附加值结合到自己身上。让我们对照 Facebook 仔细看看：

（1）未来企业价值评估

2012 年蒂尔在斯坦福大学演讲中对 Facebook 发表了如下评论：Facebook，Airbnb，Twitter 和 Facebook 的企业价值的 75% 至 85%，将在 2024 年及以后来自现金流。[44]2015 年春，Facebook 以 3730 亿欧元的股票估值成为世界上最贵的六家公司之一。[45]在技术博客“科技症结”（TechCrunch）的一次会议上，蒂尔把2010年的Facebook与20世纪20年代的福特汽车加以对比。当时Facebook还是一家私人公司，估值约300亿美元。蒂尔认为Facebook是“世界上最不被高估的互联网公司之一”。如果你需要在Google和Facebook之间做出选择，你应该成为“长期的脸书”（long Facebook）①粉丝。

即便如此，蒂尔也确信，像Google这样的大型互联网公司将在移动设备上发挥主导作用，并给较小的互联网公司留下很少的空间。[46]

Facebook 的企业价值发展（以十亿美元为计数单位）
来源：信息交易平台（DEALBOOK），纽约时报；YAHOO 金融

Facebook的用户继续有增无减，现在已经有超过20亿的用户。到目前为止，扎克伯格的战略是非常正确的。这一战略，有蒂尔的功劳。正是在蒂尔的推荐下，

① 译注：这里long作为双关语，long在英语中还有“渴望”的意思。

Facebook 把用户增长放在了首位。

从 2012 年在证券交易所上市开始，广告业务才开始运作。从那时起，Facebook 就成了一台真正的“印钞机”。2016 财年，Facebook 的营业额超过 270 亿美元，利润超过 100 亿美元，比上年增长 177%。Facebook 通过在智能手机上做广告，获利越来越多。

据统计，预计到 2020 年，全球数字广告市场规模将增至 3350 亿美元。预计未来 5 年内，仅美国市场的数额就将达到 1200 亿美元。Facebook 和 Google 是数字广告格式的主要受益者。eMarketer 认为，到 2019 年，Facebook 在广告领域的市场份额将增至 43.7%，移动广告形式的市场份额将增至 33.8%。[47]

“锁定”效应以及其他 Facebook 相关品牌应用，如 Messenger，WhatsApp 和 Instagram 为 Facebook 进一步收入增长带来巨大的潜力。Facebook 是销售增长的驱动力：

（a）用户基础增长：2016 年第四季度，Facebook 每月活跃用户数增长 16.8%，达到 18.6 亿。尤其是由扎克伯格发起的互联网 .org- 这一举措在印度等快速增长的新兴发展中国家取得了成果。Instagram 等其他服务继续快速增长。2016 年 12 月，Instagram 的每日活跃用户已经达到 4 亿，而 6 月份的时候只有 3 亿。

（b）更高的广告价格：新推出的针对客户的广告工具带来了更具针对性的广告形式和改进的广告效果控制。在第四季度，每个广告的平均价格可能比上一年增加 3%。广告效果可能比上一年提高 49%。

（c）Instagram 的货币化：Instagram 的货币化才刚刚开始。但越来越多的公司认识到 Instagram 作为广告平台的重要性。最近，Facebook 宣布拥有 6500 万个公司简介和 500 多万个广告客户。[48] 来自美林的分析师已经将 2015 年 Instagram 的内在价值评估为 370 亿美元。[49]

（d）视频：对于扎克伯格来说，视频是最优先考虑的。像“Facebook Stories”和“Facebook Live”这样的格式应该会把用户吸引并绑定到 Facebook 上，然后人们就会想通过广告市场来把这一切变成叮咚作响的金钱。

（e）桌面广告：正如 Facebook 上的销售数据所显示的，台式电脑并没有消亡。

2016 年第四季度增长 22.5%，连续六个季度增长。Facebook 从保护用户免受广告阻拦的措施中获益。

（f）Messenger/WhatsApp/ 虚拟现实平台“复眼”（Oculus）：三大平台实现了新成员的高速增长。Facebook 将逐渐开始营销 Messenger 和 WhatsApp。未来几年，Oculus 仍将是一个试验田，只会在中期内实现货币化。[50]

（2）持续性

蒂尔长期投资的公司具有长期生存能力的特点，首先是具有强大的市场地位，最好是基于特许经营权的垄断型公司。因此，蒂尔与巴菲特和芒格的投资特征非常相似。不过，蒂尔专注于技术方向。

Facebook 拥有超过 20 亿的用户，用户使用 Facebook 的频率也很高，这显示出 Facebook 具有不容忽视的基础设施供应商的特点和由此而带来的垄断迹象。对于扎克伯格的团队来说，扩展平台和确保完美运营至关重要。对许多人来说，Facebook 应用程序家族是互联网数字世界的第二大家族，他们在那里度过了大部分个人时间。平均而言，用户每天花在 Facebook 和 Instagram 上的时间约为 50 分钟。比如：每天花 4 分钟在阅读部分，17 分钟用于体育运动和社交等。Facebook 将成为一个数字界的“迪斯尼乐园”，用户越来越多地去那里，每次花费更多的时间。

顺便说一句，几十年前，巴菲特和芒格在一次游览迪斯尼乐园后，对迪斯尼的游客数量以及游客对迪斯尼的忠诚度印象深刻。他们后来购买了这个娱乐业巨头的大量股票。

与迪斯尼类似，Facebook 将制作的媒体内容分发到不同的频道，从而创造了一个独特的销售空间。扎克伯格在智能手机领域采用了多品牌战略，在 Facebook、Messenger 等应用程序中取得了成功，把 WhatsApp 和 Instagram 放在了最佳位置。对许多年轻人来说，特别是新兴发展中国家的用户来说，Facebook 应用程序世界是互联网的代名词。扎克伯格创建了自己的互联网，一家大型百货公司，用户可以在那里找到娱乐、交流和生活所需的一切。

扎克伯格的想法非常长远，他对行业的专注就像他伟大的榜样比尔·盖茨一样，永远保持对机会的敏锐洞察。对 WhatsApp 和 Oculus Rift 的数十亿收购清楚地表明了这一点。Facebook 庞大的资金保证了其对互联网有多次投票和洗牌的权力，这样他就可以在没有对细分领域大量调研的情况下对市场形势和机会做出迅速反应。比尔·盖茨也教会了他如何始终如一地模仿其他竞争对手的能力。比尔·盖茨把这描述为拥抱、延伸和终止。最好的例子是 Snapchat。扎克伯格想在 2013 年以 30 亿美元收购这家新兴的社交媒体公司，但其创始人埃文·斯皮格尔拒绝了。

收购提案被拒绝后，Facebook Camera 立马创建了一个类似 Snapchat 的功能，可以在新闻提要上发布照片和视频。[51]

在 2017 年春季开发者大会 F8 上，扎克伯格提出了 Facebook 的愿景，其座右铭是“第二幕”，即未来我们将如何在 Facebook 的平台上再次完全互动。关键词是虚拟现实和增强现实。

三年前，扎克伯格以 20 亿美元的价格收购了小型虚拟现实初创公司 Oculus Rift，引起了轰动。“我们行业的历史告诉我们，每 10 到 15 年就会有一个新的技术平台出现：个人电脑、互联网、手机。移动平台是当下的平台，虚拟现实可能是下一个平台，它正迎来一个新的飞跃，为我们提供了全新的体验。”扎克伯格如是说。这项技术对许多人来说是下一个重要的变革。人们看到并体验到模拟如何与数字世界融合。花旗集团的专家预计，2025 年全球虚拟现实市场规模将达到 5690 亿美元。[52]

扎克伯格已经意识到，人们在其平台上分享的图像和视频越来越多，而文本份额正在逐步下降。因此，他在开发人员会议上把第一个用于宽带部署的现实增强平台作为第二幕来介绍，是合乎逻辑的。程序员应该能够通过开放平台开发应用程序，而不必先构建一个摄像头并看到它正在被使用。这样一来，他对主要竞争对手 Snapchat 进行了猛烈阻击，后者在进入股市时自称是一家相机公司。

Facebook 在人工智能领域的巨大进步和拥有 20 亿会员的庞大用户群可能是扎克伯格“美丽新世界”的关键所在。奥尔德斯·赫胥黎在 1932 年就已经在他的世界畅销书小说《美丽新世界》（*Brave New World*）中描述了公元 2540 年的一个“美丽新世界”，在那里，完美的繁荣统治着世界，但也有大约一半人类基因变异，成了劳动奴隶。也许，由于数字技术的飞速发展，一切都比赫胥黎预测的要快得多。

其理论基础可能是 Facebook 创始人扎克伯格在 2017 年 2 月发表的宣言。他展示了对一个幸福与和平世界的憧憬，Facebook 是团结世界的重要纽带。[53]

批评者，如白俄罗斯作家埃夫格尼 · 莫罗素提出“聪明新世界”(《数字技术与人类自由》，慕尼黑，2013)，他“不希望生活在一个正义和价值观由少数私营公司决定的世界里”，在他看来“这些公司往往提出自己并不完全理解的模式。”许多主要的科技公司创立者并没有完全意识到他们发明新事物的范围，也就存在失去控制的风险。[54]

（3）积累价值

2012 年 Facebook 上市时，扎克伯格不得不在《股市评论》中承认，Facebook 没有手机广告的经验，更不用说销售了。如前所述，这一负面消息在证券交易所被放大，股票在一次失败的交易后大幅下跌，直至 2012 年秋季。今天，扎克伯

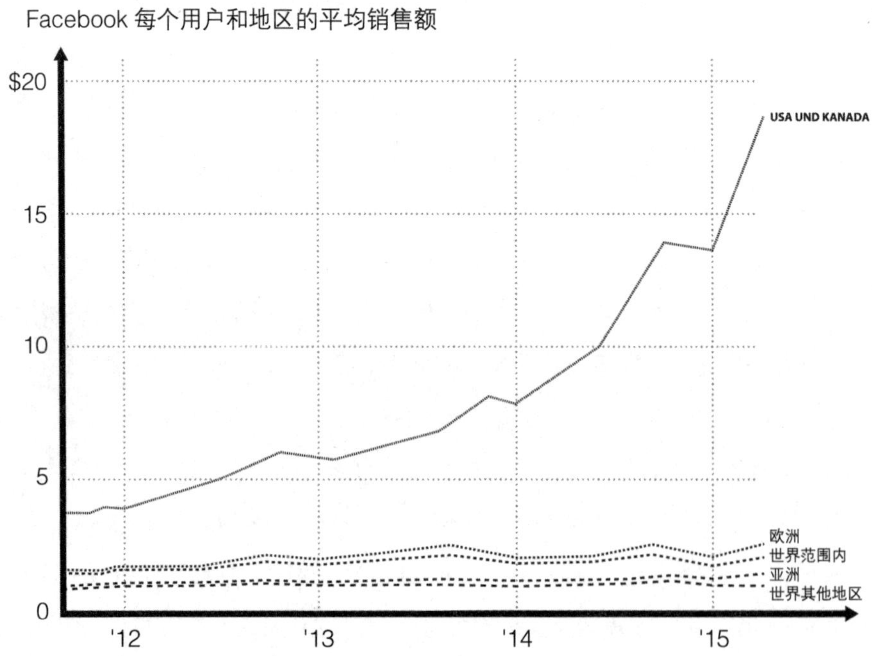

Facebook 每个用户和地区的平均销售额，来源：Facebook

格和他的团队已经设法迎头赶上，来自移动应用程序的广告收入占了 Facebook 营业额的 80%。自从在证券交易所上市以来，该公司就展示了如何逐步将用户的潜力转化为收入的增加。Facebook 公司凭借其 Facebook、Messenger、Instagram 和 WhatsApp 应用系列程序成为无可争议的占位符。与此同时，用户使用 Facebook 应用程序的时间也被公司通过巧妙的广告转化为广告率。仅在 2016 年第四季度，Facebook 的营业额就创下了 88.1 亿美元的新纪录。与此同时，Facebook 在北美单个用户上的年销售额超过 19 美元。与前一年（13.50 美元）相比，这是一个明显的飞跃。[55]

Facebook 也许是目前零边际成本效应的最好例子。利润增长远高于营业额增长。2016 年营业额较上年增长 57%，从 170.8 亿美元增至 268.9 亿美元。另一方面，净利润同比增长，2015 年为 36.9 亿美元，2016 年达到 102 亿美元，同比增长 177%！

Facebook 在数字广告业务中占据了新的位置，这一事实也体现在其定价能力上。这些广告可以以更高的价格推销。2015 年、2016 年全年的营业利润率均达到 45%，利润率在不断攀升，这表明，作为一个准垄断者，蒂尔深爱的 Facebook 也从数字广告的增长中获得了大部分的利润和利益。

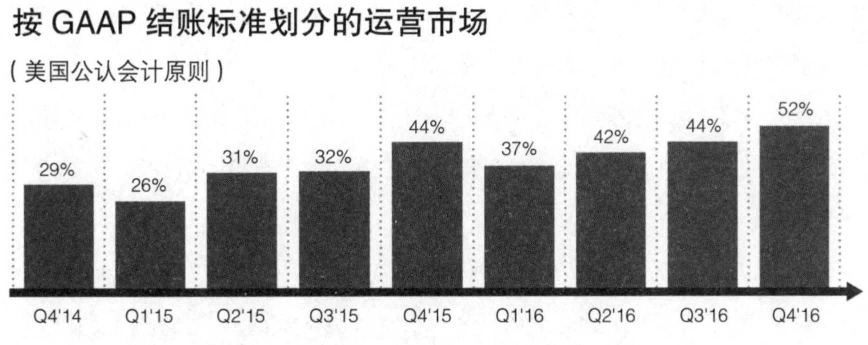

按 GAAP 结账标准划分的运营市场，来源：Facebook

垄断与竞争

在 Facebook 是否是一个垄断者的问题上，蒂尔在 2014 年的时候回答说，

Facebook 还没有像 Google 那样强大的垄断，因为社交网络领域每年都会出现新的竞争对手。参见 Twitter 和 Snapchat。[56]

扎克伯格警惕地寻找着新竞争对手，自 2012 年 Facebook 在证券交易所上市以来，他一直成功地以数十亿美元收购了 Instagram、WhatsApp 和 Oculus Rift 等危险的新兴竞争对手。只有在 Snapchat 上，扎克伯格没有达到目的。其创始人埃文·斯皮格尔更倾向于自己在证券交易所上市，后来 Snapchat 的成功上市说明斯皮格尔的这一做法是正确的。

扎克伯格在 2013 年对 Snapchat 的出价仅为 30 亿美元，与 Snapchat 2017 年春季 280 亿美元的 IPO 估值相比，这是一个很便宜的价格。[57]

但扎克伯格的"复仇"随后就到。在 2017 年 4 月的开发者大会 F8 上，他介绍了增强现实平台 Facebook Camera，除了 Snapchat 的知名功能外，还提供了其他功能。Instagram Stories 还将 Snapchat 功能集成到流行的照片应用程序中，用户数量已经超过 2 亿，超过 Snapchat 本身。Snapchat 与 20 世纪 80 年代和 90 年代 Microsoft 在处理其 Offive 软件包过程中对其竞争对手做所的一样，当时莲花（Lotus）1-2-3 或者 Word-Perfect 软件比 Microsoft 的 Office 软件要更受欢迎，也更为先进，但是比尔·盖茨的企业成功而又巧妙地将产品与 office 软件包捆绑在一起，并在功能的扩展上做得更好，最终把所有其他竞争对手都赶出了市场，使 Microsoft 办公软件成为行业的办公标准。

千禧年变革后，政府竞争主管部门目光敏锐地开始追查 Microsoft，令人惊讶的是，当社交网络日益占据互联网发展的主导地位时，政府的监管部门却一直不愿意盯上 Facebook。

然而，有消息称，2015 年，仅 Facebook 一家公司就在美国的反垄断游说中支出 980 万美元。[58] 正是 Facebook 的主导地位，可能会给公司带来很大的问题。扎克伯格一直否认 Facebook 是内容提供商，而仅仅说自己是一个用户交换内容的平台。但对于越来越多的人来说，Facebook 是满足他们信息需求的中心联系点。

2016 年美国总统大选后，Facebook 因假新闻问题受到很多批评。在扎克伯格将这种批评斥为"疯狂的想法"，认为虚构的新闻影响了人们的选择之后，公司也在广告商的压力下改变了立场。在著名新闻学教授杰夫·贾维斯的领导下，Facebook 正在发起一项旨在提高媒体素养的全球倡议——“新闻诚信倡议”，这项倡议的预算是 1400 万美元，有望在全球范围内解决虚假报道问题。对 20 亿用户来说，这当然不是一件容易的事。[59]

2017 年 4 月，罗伯特·戈德温遇害案震惊了公众，也给 Facebook 批评者提供了更多的依据。凶手在 Facebook 上发布了一段供词的现场视频，视频在平台上停留了两个小时，被查看了超过 160 万次。Facebook 随后宣布，人们以及包括人工智能算法在内都承受着极大的压力不停工作，努力防止未来出现同样的情况。然而，声明里没有提及确切的时间。[60]

因此很多人呼吁寻求更多的 Facebook 的替代品。世界著名的美国科技杂志《麻省理工技术评论》（*MIT Tech Review*）将 Facebook 在现在的地位比作 20 世纪 60 年代电视的新兴霸主地位。当时有人抱怨说，一个巨大的信息沙漠充斥着糟糕的电视节目。该杂志对扎克伯格关于“知情社区”的观点没有什么好感，“Facebook 的结构与此相反，因为社交网络不是一个思想网络，它是一个由人组成的网络。”[61]

随着 Facebook 统治地位的不断提升，政治家和竞争保护者将更多地关注 Facebook。像美国电话电报公司（AT&T）被拆分那样，将 Facebook 分解成许多“婴儿脸书”的设想是可以理解的，这可能意味着像 Instagram 或 WhatsApp 这样的个人服务会与 Facebook 分开。（译注：我补充了一点内容，以前，美国电话电报公司被拆分过，避免一家独大。我的理解是，“竞争保护者”就是指追求公平竞争，不希望一家独大垄断的人）

创建并抢占市场

自 2004 年创立以来，Facebook 一直在稳步增长。这家公司就像一个雪球，慢慢地爬上一座被雪覆盖的大山，起初很小，但随着距离的增加越滚越大，再也停不下来。沃伦·巴菲特同意艾丽丝·施罗德为自己写传记，她选择了《雪球》这个书名。巴菲特 60 年来一直致力于他的雪球计划，并将其投资公司伯克希尔·哈撒韦公司组建为一家规模约4000亿美元的公司。哈撒韦公司目前的企业价值几乎与Facebook不相上下。

巴菲特在60年代左右开启了他的投资生涯，扎克伯格以创纪录的13年疯狂增长获得成功，而这一速度仅用了巴菲特1/5的时间。也许这一数字最能说明扎克伯格在Facebook上的作为。正如你所知道的，在选择房产时，人们总是说，地理位置是决定因素，再说一次，地理位置。而在数字世界里，游戏规则变了。纽约第五大道、伦敦邦德街、苏黎世铁路或慕尼黑的马克西米利安大街这些一流的商业地址不再备受追捧，备受青睐的是智能手机这块宝贵土地上的前沿应用位置。

几乎没有人比扎克伯格更能从战略上理解这一点，然后始终如一地实施它。如果说扎克伯格还不得不接受Facebook在移动战略上落后的事实，那么Facebook及其应用家族Facebook、Messenger、Instagram和WhatsApp在智能手机软件上占据了主导地位，这足以让他感到欣慰。

在这方面，只有Google能相提并论。Facebook和Google的流行应用程序似乎都有垄断功能。扎克伯格成功地将一个应用程序分解为两个，就像Messenger一样，在最初被用户批评之后，参与者的数量继续不断增长。[62]当知道Facebook是如何对我们了如指掌之后，你也许要唏嘘一番。《华盛顿邮报》列出了Facebook为其用户列出的全部98个数据点。该报发现，Facebook将用户在社交网络上的行为与第三方数据提供商进行交叉比较，并收集收入、自有财产价值、信用框架、出于良好目的的捐赠以及是否购买免处方药的数据。该公司没有就数据收集方法是否因《华盛顿邮报》的文章而改变发表评论。[63]

已经实现的市场渗透率以及约20亿用户的数量，使Facebook有机会迅速地提供大量新服务，这就是为什么扎克伯格和他的团队正在进行下一个重要的销售宣传：视频。第一步是Facebook社区的用户能自己上传视频并与朋友分享。这是为了增加用户在Facebook上的停留时间，另一方面，视频片段提供了一个新的投放广告的机会。扎克伯格希望尽快与YouTube连接，实现他在视频领域的雄心壮志。为此，他几乎殚精竭虑。Facebook不仅采用了Snapchat功能以及视频直播提供商Periscope和Meerkat，而且还制订了明确的纲领计划。最近，很明显的就是雇用了

MTV 的米娜·莱弗尔 MTV。她要为 Facebook 制作新的高质量原创视频内容。扎克伯格要想让它的会员忠心耿耿，远离 Netflix、YouTube、Snapchat 和 Amazon 尊享客户，扎克伯格需要为他们提供的不仅仅是烹饪课程和猫视频。最近，Facebook 还获得了 22 场美国足球大联盟足球赛的转播权。

《华尔街日报》还报道说，Facebook 正在开发一款机顶盒应用程序，目的是让 Facebook 的用户有机会在电视上观看 Facebook 上的视频。Facebook 在 2016 年年底确认，正在与好莱坞大制片厂谈判，以获得有吸引力的电影素材的许可。[64] 如果 Facebook 在视频领域取得重大进展，那不仅可以打开新的销售潜力大门，也能给竞争对手 Google 的 YouTube 服务带来很大的威胁。扎克伯格坚定地致力于实现虚拟现实和增强现实的新趋势，这可能是其后续发展的一个关键领域。

垄断的特征

专利技术

扎克伯格学习的榜样不是史蒂夫·乔布斯，而是比尔·盖茨。他希望在 Facebook 上设置一些与 Microsoft 操作系统 MS-DOS 和后来的 Windows 一样与众不同的东西。操作系统是计算机的心脏，它能从电子硬件中创造出多媒体世界。为此扎克伯格被嘲笑了很长一段时间，因为他很早就把 Facebook 看成是一个平台，一种操作系统。

2016 年，扎克伯格在 Facebook 开发者大会 F8 上提出了一个 Facebook 走向何方的十年计划。在随后的十年时间流中，它显示了三个主要的波浪运动。其基础是 Facebook 的生态系统，其产品基于 it 视频、搜索、群组、Messenger、WhatsApp 和 Instagram。未来的三大主题是连通性、人工智能和虚拟 / 增强现实。扎克伯格和 Facebook 已经公开了他们的长期计划，并试图始终如一地去完成，而与此相反，Apple 公司的很多计划都是在非公开的情况下完成的。

同样，在 Alphabet，即使是专业的观察者也不总能看清楚这个企业，因为他们的许多举措和收购行为通常都具有一种跳跃不定的特点，这让 Google 这个当时世界上市值第二的公司还不如 Facebook 这一个新创业公司值得人们信任。在 2017

年 4 月召开的开发者大会 F8 上，Facebook 发布的增强现实开发平台摄像头，当时是开发者专有接口链中的最后一部分。扎克伯格的团队正试图将 Facebook 平台整合为 Facebook 生态系统编写新应用程序的大型软件开发社区。比尔·盖茨用 Windows 和 Office 标准办公软件包（Office）创建了他的行业引领地位，以至于其他制造商不得不遵守这些标准。Facebook 开发的一个强大工具是社交图形编程接口，很多互联网和移动服务被用作认证方法。这同样适用于围绕 Messenger 的聊天机器人开发动态。越来越多的开发者和公司，例如来自金融行业的科技公司，正在基于 Messenger 平台来构建他们的解决方案。扎克伯格最新的大胆行动是变幻莫测的特别团队“8 号楼”，它由前 Google 和国防部高级研究计划局（DARPA）领导人瑞吉娜·杜根领导，旨在为消费者市场开发新的硬件产品。根据新闻门户网站《商业内幕》（*Business Insider*）提供的信息，该团队目前正在进行至少四个项目，重点是虚拟现实和增强现实。该小组还将促进新型无人机的开发。[65]

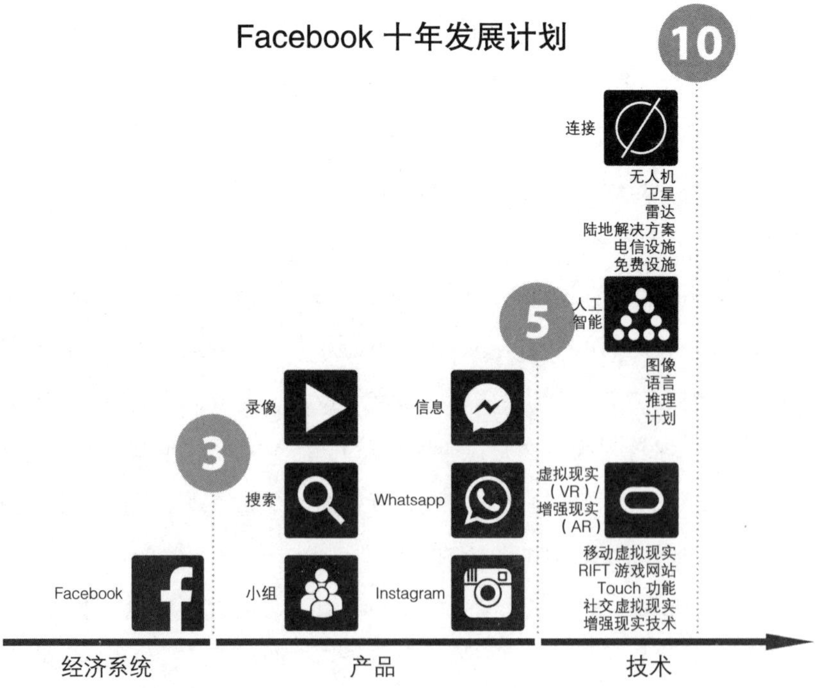

来源：Facebook

Facebook 也越来越多地涉足电信线路领域。他们与著名的贝尔实验室合作，在美国和爱尔兰之间的“美欧连接”电缆内，对自己的玻璃纤维连接进行新的、更快的传输方法的试验。Facebook 和 Google 正日益推进其自身基础设施的建设，以向客户提供新的宽带应用程序，如视频流或虚拟增强现实等。[66]Facebook 还为自己设定了开源计划的目标，吸引了越来越多的开发者，并在市场上更广泛地传播其软件技术。从 2013 年开始，Facebook 发布了 React Java 脚本程序库，该程序库以前是为 Facebook Newsfeed 开发的，后来也被 Instagram 用作开源项目。

网络效应

如果你正在寻找一个研究网络效应的范式，那么 Facebook 就是一个很好的例子。这家公司是增长最快的互联网公司，甚至超过了之前的霸主 Google。

由于 Facebook 被设计成一个社交网络，该平台通过网络和邀请好友大大加速了病毒式传播的效应。每一个 Facebook 成员都吸引了更多的朋友，所以雪球滚得越来越快。考虑到平均每个用户有几百个朋友，网络效应再次变得明显。

平台企业也遵循“赢家通吃”的原则，这不是没有道理的，德国“大学生名录”交友网站（StudiVZ）① 的运营商看到这一点很痛苦。StudiVZ 或多或少是 Facebook 的复制品，拥有数百万用户，在德国学生中非常受欢迎，扎克伯格甚至准备收购 StudiVZ。但 StudiVZ 的所有者，尤其是出版集团霍尔茨布林克拒绝了这一提议。结果，Facebook 的发展快车也席卷了欧洲讲德语的地区，StudiVZ 的用户也纷纷流向 Facebook。

Facebook 已经不可能有两位数甚至三位数的高增长率，因为 Facebook 的用户规模已经超过 20 亿。尽管如此，扎克伯格仍在坚持他的计划，在我们的星球上开辟新的、但还不完整的目标群体。他试图把 Facebook 带到世界上最偏远的地区——亚洲（40 亿人口）、非洲和拉丁美洲。

扎克伯格学会了中文，这多亏了他妻子的帮忙。扎克伯格可以用汉语和中国的

---

① 译注：StudiVZ 是欧洲一个大学生网络社区交友平台（尤其针对欧洲的大学与学院的学生）。

大学生交谈，甚至得到了当地政府的盛情款待。但到目前为止，Facebook 的扩张欲望在中国碰了钉子。

Facebook 的病毒式扩张效应，也在其登录按钮，就是人们在网站上的认证按钮，以及“点赞”按钮上得以体现。Facebook 在这两种工具上都取得了成功，这两种工具的病毒式传播甚至比 PayPal 在 eBay 页面上的 logo 链接更强大。

规模经济

2016 年，与上一年的数据相比，Facebook 的规模效应变得尤为明显。虽然 2016 财年的营业额比上一年增长了 54%，但净利润却不成比例地增长了 177%。Facebook 是规模效应最大的暴利者之一。一方面，Facebook 拥有约 20 亿用户，拥有全球最大的客户群。另一方面，该公司正通过其平台走一条纯粹的数字化路线，可以在几秒钟内链接到其成员，而不会产生任何生产成本和物流成本。经济学家兼作家杰里米·里夫金称之为零成本社会。

扎克伯格的榜样比尔·盖茨就是一个很好的例子，Microsoft 就是规模效应的典型代表。它的软件许可证是最纯粹的“印钞机”。每一个被出售的许可证只会带来很小的额外成本，几乎任何新的收入都相当于是利润的不成比例的增长。

然而，Microsoft 的软件，包括操作系统、数据库和办公程序，在不同的版本和功能的开发过程中，还需要等待数年。而 Facebook 作为一个平台提供商，它只需保持平台的最新状态，新的功能和服务就会在短时间内源源不断地被开发出来，开发的成本不断下降直至为零，这也反映在数字上。从 2014 年第四季度到 2016 年第四季度，Facebook 的运营利润率从 29% 提高到 52%。如果 Facebook 继续为其平台和相关服务引入新用户，然后将其货币化，那么它的利润增长就不会结束。

品牌

毫无疑问，Facebook 是世界上最著名的品牌之一，Facebook 已成为社交网络的代名词，就像可口可乐成为碳酸饮料的代名词一样。这种将公司名称作为一种产品的标签用法，是一个具有高辐射能力的品牌的标志。Facebook 是全球五大品牌之一，市值 526 亿美元，仅次于目前市值为 585 亿美元的可口可乐。Facebook 是全球 100 强中增长最快的品牌。[67]

未来，增长中的品牌如 Instagram、WhatsApp 和 Oculus Rift 在 Facebook 帝国中的地位也将很有趣。目前，Instagram 对年轻人和喜欢时尚的群体有非常大的吸引力，他们希望从 Facebook 平台中得到更多相关信息。到目前为止，Facebook 可以为其不同的目标群体提供各种有吸引力的服务。

如果 Snapchat 等新的潜在竞争对手发明了一项新服务，那么 Facebook 的反应会非常迅速且始终如一——试图阻止其用户使用竞争对手相同或更好的功能。

Palantir 案例研究

为什么蒂尔会创立 Palantir 这样一个非同寻常的公司?

首先，我们必须回答从 0 到 1 的三个基本问题：

首先，什么是有价值的?

通过对 PayPal 的多年运营，蒂尔认识到网络犯罪日益增长的危害性。有组织的犯罪越来越明显地将其业务转移到了数字世界。“9・11”事件最终带来了另一个更大层面的问题——国际恐怖主义。

作为一个有自由主义思想的企业家，成立一家数据分析公司是合乎逻辑的，这样的公司能够处理所有相关数据，以便在专家的帮助下迅速作出重要决定，例如在反恐斗争中。蒂尔在政界人士、风险投资投资者和企业家那里，认识到了这样一家公司所具有的重要性，而此时，还没有人提到过“大数据”这样的术语。

蒂尔对自己的愿景坚信不疑，因此他第一次来到公司时，是带着自己的钱，也带着风险投资公司创始人基金的钱。对他来说，有价值的东西就可以发展成为一个重要的市场，但一开始几乎没有人相信这一点，Palantir 就是一个例子。

第二，我能做什么？

与担任 PayPal 首席执行官时不同，蒂尔从一开始就在 Palantir 担任董事长，同时兼任监事会主席。他组建了一个第一流的团队，并提供了必要的资金，团队的核心成员是他在斯坦福大学读书时代的研究生朋友亚历山大·卡普。蒂尔对这家年轻的初创企业非常有耐心，该公司首先开发了第一个产品，然后还与政府当局、军队和大公司等高度挑剔的客户建立了合作关系。

蒂尔过去和现在都活跃在 Palantir，作为一名战略家在幕后帮助这家公司，不断成长，他的人际网络让这家公司成为最重要的科技公司之一。

第三，此外，没人做什么？

当蒂尔 2003 年创立 Palantir 时，很少有人知道“大数据”的重要性。此外，当时数字化技术还不够先进，以至于人们对未来可用于评价的数据质量的数量和深度没有明确概念。蒂尔也看到了他建设一家重要的新技术公司的“机会之窗”，这家公司应该打着解决世界上最重要机构最重要问题的旗号，Palantir 将成为政府、当局和大公司的战略工具，来面对 21 世纪的灾难和挑战。政府和当局正面临越来越多的恐怖主义组织的非对称性的攻击现象，而大公司们则面临着具有数字商业模式的激进的新初创企业带来的破坏力。

蒂尔与其风险投资公司创始人基金一起投资了约 4000 万美元。[68] 在 2016 年 11 月的一轮融资中，蒂尔的股份被评估为约 200 亿美元。[69]《福布斯》估计，2013 年蒂尔在 Palantir 的份额约为 12%[70]，也就是说，蒂尔的参股大约值 24 亿美元。根据新闻网站“有料网”（Buzzfeed）① 报道，蒂尔的创始人基金为 Palantir 提供了 40% 左右的预支款项。根据以上情况，Palantir 的账面价值为 127 亿美元。因此，与外部估值相比明显降低。[71]

① 美国的一家新闻聚合网站，2006 年由乔纳·佩雷蒂（Jonah Peretti）创建于美国纽约。

彼得·蒂尔的投资回报：

在 14 年内，他的资本投入增值了 36~60 倍。

三步走的方法：

伟大的公司有三个共同点。首先，他们创造价值。第二，它们在市场上是永久性的，是不可替代的。第三，它们能够将自己创造的部分附加值与自身结合起来。现在让我们详细地看看 Palantir 公司：

①评估——未来的企业价值

与 PayPal 和 Facebook 不同，Palantir 没有在证券交易所上市，未来的公司价值很难体现，这使得获取公司数据更加困难。此外，Palantir 对具体的商业数据访问也有严格的限制。该公司并不是成批地与客户签订合同，而是按照具体情况单独制定合同，通常使用具有明确的成功导向的电脑组件来自动拟定合同内容，然后在软件提示能促成合同预期的额外效益时，就形成最大利益化的合同。因此，企业估值问题对于局外人和局内人来说都不是很容易的。根据新闻门户 Buzzfeed 的 报道，即便是蒂尔自己的风险投资基金蒂尔创始人基金会，对 Palantir 的估值为 127 亿美元，而不是 2016 年 11 月那轮融资中所沟通的对 Palantir 的 200 亿美元左右的估值。[72]

无论如何，估值问题通常是对科技公司的信心问题。在 2016 年 10 月《华尔街日报》的一次采访上，亚历山大·卡普宣布，Palantir 2017 年将实现盈利，“除非我们采取措施，在短期内阻止它”。他们试图尽可能拖延盈利时间。根据卡普的说法，盈利能力将与在证券交易所上市的问题密切相关。

到目前为止，Palantir 对是否进入证券交易市场之类问题的开放程度仍然较低。Palantir 与私募股权公司合作，以便员工能够确定其股份的真实价值。然而，在《华尔街日报》的独家数字会议上，卡普首次提出，原则上不再限制员工将投资转化为金钱的机会。同时，卡普罕见地提供了一些该公司重要的财务基本数据——Palantir 公司的销售工作只针对那些能够实现 1 亿美元及以上销售额的客户。Palantir 目前有 20 多个合同，合同价值超过 1 亿美元。与美军精锐部队海军海豹突击队的合同价值在整个合同期间甚至达到了 4 亿美元。

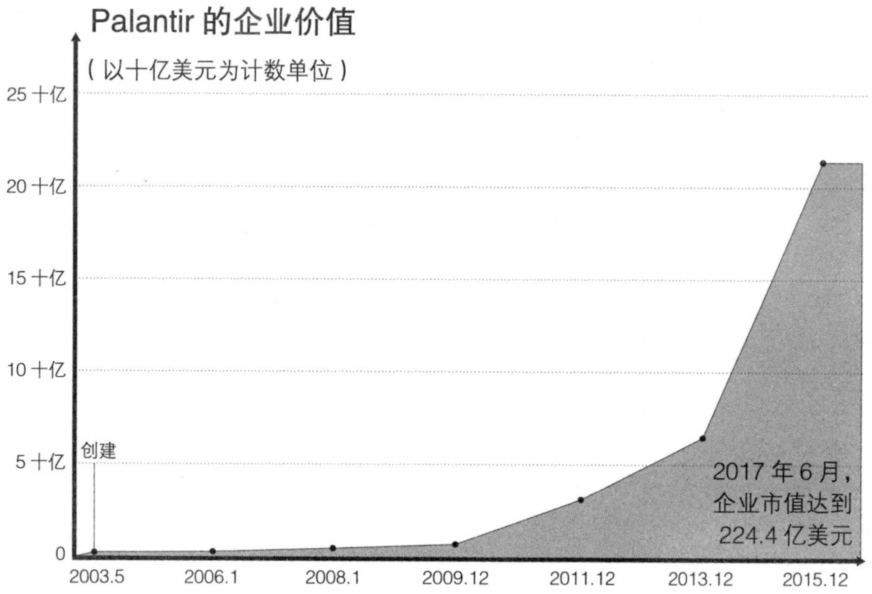

Palantir 企业价值发展（以十亿美元为计数单位），来源：Sharespost.com

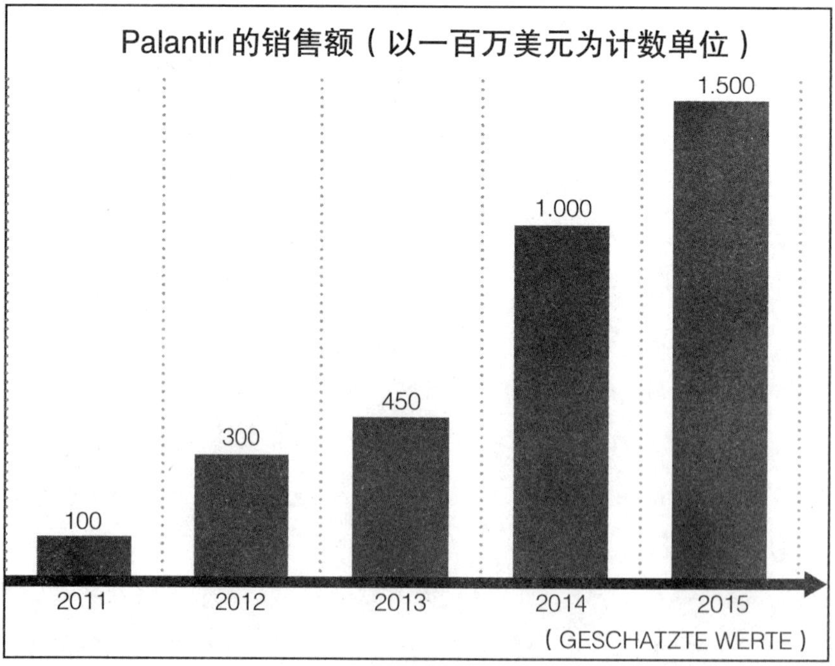

Palantir 的销售额（以一百万美元为计数单位），来源：CNBC，纽约时报，WedBush

2015年和2016年，Palantir国外销售额将分别翻一番。[73]Palantir本身并不公布任何财务数据。经济广播公司（CNBC）2016年1月报道说，Palantir在2015年的营业额已经超过了15亿美元。据估计，自2011年以来，Palantir的营业额增长了100%左右。[74]2017年年初，Palantir与德国化学和制药集团默克公司建立了长期合作关系，以Palantir分析软件为基础，寻找治疗癌症患者的共同解决方案。

根据默克首席执行官斯特凡·奥斯曼提供的信息，该合同是一项以成功为导向而建构的合同，并预见了积极的施行过程中的利润分配。亚历山大·卡普称，这和合作可能持续10年。这个例子展示了Palantir如何个性化地设计合同。

Palantir销售增长的驱动力包括：

（a）扩大与美国政府和当局的业务：除了美国，英国和丹麦现在也在客户名单之列。

（b）扩大与美国军方的业务：詹姆斯·马蒂斯担任过国防部长，H.R.麦克马斯特担任过国家安全顾问，两位在任时身居要职的前将军都是军队中Palantir公司的鼎力支持者。

（c）产业扩张：Palantir与默克和欧洲空客集团的最新合同突显了其在工业界的雄心壮志。

（d）网络安全业务的发展：市场研究公司认为，到2021年，网络安全市场规模将达到2020亿。Palantir作为预防犯罪、洗钱和商业数据异常检测领域的专家，可以从增长的市场中获益不少。

②耐用性

Palantir于2004年正式成立。这家公司创业的时间和Facebook一样长。Palantir是最有价值的独角兽之一，它在市场上活跃的时间最长。根据数据服务提供商“推销手册”（PitchBook）的数据，大约25亿美元的风险资本已经注入这一公司中。[75]对于一家新兴的软件公司来说，它当然不是无足轻重的。

Palantir在全球拥有2000多名员工，其中大部分是工程师或计算机科学家。根据LinkedIn的数据，该公司是附近斯坦福大学计算机系毕业生最常选择的雇主之一。2016年年初，经济广播公司CNBC以“中情局资助的初创企业帕洛阿尔托正在接管”为题的文章，指的就是Palantir。在提交报告时，Palantir在帕洛阿尔托共占用了23栋建筑，约占该市商业办公面积的15%。因此，Palantir最接近其最重要的资源：斯坦福大学源源不断的年轻、有创造力和有求知愿望的计算机系毕业生。[76]

Palantir通过在军事和大型工业等领域的投入，现在已经有了稳固的规模，并且已经在许多领域占据了重要的业务地位，这使公司具有持久性的特征。总的来说，其客户导向和相关的合同设计这两个特点，被证明具有可持续性和长期性。

近年来，Palantir的销售额一直保持稳定和可持续的增长。据卡普称，Palantir 2017年整体将实现盈利，与当局的业务已经盈利。其中的关键是卡普与大型信用评级公司谈判达成的长期合同。[77]

如果Palantir以目前约200亿美元的估值进入股市，那么将会再次增强公司的财务状况。Palantir可以继续其国际扩张和发展新的细分市场。过去，该公司曾多次收购初创企业，这些初创企业完成了自己的技术投资组合。有了新的资金，Palantir可以继续在收购方面寻找有益的补充。

③价值积累

亚历山大·卡普作为首席执行官和最高级别的销售人员，他的目标是：与全球各行业中最大和最重要的公司协商个人合作协议。这甚至可以为项目的实施创建一个合资企业，正如瑞士大银行瑞士信贷银行的情况一样。[78]

因此，它必须适合双方，以便从一个有市场要求的前提下发展出长期的战略伙伴关系，而且双方都能双赢。Palantir的软件专家与客户一起开发定制的解决方案。由于Palantir没有自己的销售部门，因此所谓的“现场工程师”（Field Engineers）与客户关系非常密切，因此可以确保快速实现客户的愿望，而不必在销售过程中出现那些令人讨厌的中间步骤。

2017年1月初，默克宣布与DAX集团默克Palantir（Merck Palantir）合作①，

① 译注：2017年，德国制药公司默克（Merck KGaA）与加州的Palantir技术公司签署了大数据合作伙伴关系，在成为数字健康巨头的目标之路上又迈进了一步。

其自己的程序员将与德国默克团队合作，开发抗癌解决方案。Palantir 还和默克就高度丰厚的薪酬达成一致，规定，该项目产生的利润将在两个合作伙伴之间分享。[79] 只有在完全相信自己的软件以及选定的合作伙伴的情况下，才能履行这种义务。卡普这么说不是没有理由的，对他来说，应该专注于潜在营业额至少 1 亿美元的客户。"我们是单身，在结婚前，得经常见面，把一切都商量好。"卡普这样描述他的销售方法。[80] 只有这种类型的大客户才值得 Palantir 付出巨大的努力，寻求合作的可能。因此，Palantir 的客户名单都赫赫有名，其中包括保险公司安盛保险、美国银行和德意志银行、葛兰素史克制药公司或零售巨头沃尔玛等主要国际公司。[81]

垄断与竞争

对于竞争者而言，Palantir 是捉摸不透的，这种情况可以与拳击或国际象棋等体育比赛中出现 1∶1 的僵持赛况相比较，不知道未来谁会胜谁会负。该公司的运营方式非常非传统，而且在政府和军事领域的新做法令人不快。对于华盛顿政府的建制派来说，不仅卡普的服装风格对建制派精英具有真正的文化冲击，而且他们的硅谷语言充满了"颠覆性"之类的词汇，这些词汇与那些死板僵化的西装革履的政府官员的设想格格不入，他们数十年来一直打交道的都是雷神公司、洛克希德·马丁公司和诺斯罗普·格鲁曼公司那样的老牌军火公司。

Palantir 作为硅谷的局外人和"新手"（Underdog）①，试图从政府和军队的巨额技术预算中获利，但尚未取得明显进展。Palantir 向政府当局和军方提供 Palantir 的标准软件，作为即将开始的项目的低成本投入基础的做法，不仅令人费解，而且经常遭到坚决拒绝。Palantir 不得不通过一家昂贵的律师事务所向一个军事项目提出法律诉讼，此前，Palantir 最后因为对方根本站不住脚的理由被正式拒绝，但 Palantir 公司已经为该军事项目付出了大量的财力和时间。军事采购负责人在甄选过程中增加了一个条款，根据该条款，Palantir 将为该军事项目的雇员演示一种时

① 译注：underdog 在英美语境中没有贬义的意思，一般指的是在竞争中处于弱势地位的一方，或者是某个行业里的新手，underdog 一般没有攻击力，是让人有同情心的一个群体。

间控制系统。但是 Palantir 让该军事项目的员工自由地记录他们什么时候上班，上班多长时间，而不需要记录他们具体的到岗时间。因此，这些标准一开始没有达到，在第一轮竞标中，Palantir 就被排除在可能的供应商之外。Palantir 和军队之间也有巨大的文化差异：真正的“文化冲突”。一位军官告诉《财富》杂志，Palantir 的员工曾对他们说：“我们有自己的商业模式，我们为之战斗到死。”但这不是军队的原则，在那里你有“必须遵守的规则”。《财富》杂志在一篇长达 13 页的特别报道中站在了 Palantir 一边，并试图揭露美国军队的独立采购系统，它意味着反复失败和代价高昂的军事项目。但尽管特朗普和他的许多军事将领对 Palantir 持积极态度，但该公司能否成功打入大型军火公司的阵营仍有待观察。[82] 对 Palantir 来说，IBM 等大数据公司是重要的竞争对手，但也有像雷神公司、洛克希德 · 马丁公司和诺斯罗普 · 格鲁曼公司这样的大型武器公司及其软件部门。Palantir 的目标是为整个行业创建准标准。与英国石油的交易就是一个例子。该炼油厂于 2014 年 11 月与 Palantir 签订了一份初步合同，这份合同能保证让 Palantir 在十几年内实现 12 亿美元的营业额，如果成功，Palantir 还将获得更多奖金。[83]

创建和占据市场

自 2004 年年初以来，Palantir 已经创建了自己的市场。当时，大数据的研究还处于起步阶段。然而，Palantir 认识到经济生活中网络犯罪增加的危险性，同时也认识到非对称恐怖主义对政府的日益严峻的挑战。

拥有超过 25 亿美元的优秀金融设备，以及蒂尔在幕后的战略领导，让亚历山大 · 卡普有时间在没有直接客户压力的情况下开发技术先进的产品。通过向各大公司董事会进行目标明确的项目描述，以及对单独合同逐一谈判这些方式，Palantir 专注于主要行业中真正的大公司，拥有一份精挑细选的独家客户名单。Palantir 无疑是在数据分析中能处理高度复杂的问题领域的罗尔斯 · 罗伊斯公司。在为政府、当局和军方提供的基本软件的基础上，如前所述，它旨在为整个行业制定准标准。与相关开发合作伙伴的长期客户合同形成了强烈的锁定效应，这与 SAP 软件作为标准业务软件在公司中的使用过程非常相似。蒂尔和卡普推测，无论谁使用 Palantir 软件进行一次业务分析后，都不会很快背叛的，会忠心耿耿地一直使用下去。

在（根据当局和军方的说法）金融业最初构成首个私营经济的客户群之后，现在 Palantir 瞄准的是空客等行业或英国石油（BP）等原材料行业。

蒂尔在他的演讲和采访中一再抱怨，自 20 世纪 60 年代末以来，“原子的世界”几乎没有给数字世界带来创新。因此，他为 Palantir 软件的优势提供了最好的证据，该软件可以通过数据分析，为保险、制药、航空航天和航空航天行业的客户提供能实现突破性经济领域的成功和创新技术的成就的新见解。许多权重股也迫切需要这些指标，因为在过去的 15 年里，标准普尔 500 指数中超过一半的公司已经从该指数中消失，取而代之的是其他公司。[84] 政府和当局的需求也可能进一步增加。所以，Palantir 在 2016 年“世界经济论坛”上展示了该公司的一个应用，不是无缘无故的，这个应用可以用数据分析的方式，用图形描绘出叙利亚的复杂战争状态和为数众多的参战方和反对派。[85]

2015 至 2016 年冬季的难民危机和全球移民运动的压力持续上升，使各国政府和当局喘不过气来，还有恐怖主义和俄罗斯、中东和朝鲜不稳定的政治局势。但 Palantir 纠葛于参与美国政治也可能带来诅咒。2017 年 1 月，Palantir 总部外的抗议者云集，抗议这个公司可能会受政府要求，开发一种软件来控制进入美国的穆斯林群体。亚历山大・卡普向《福布斯》杂志强调，在任何情况下都不会接受和执行这样的命令。[86]

人们会有一种莫名其妙的感觉，感觉置身在乔治・奥威尔①的《一九八四》或奥尔德斯・赫胥黎的《美丽新世界》中。

垄断的特征

专有技术

Palantir 软件的核心是用于聚合来自不同来源和介质的结构化和非结构化数据的独特功能。一开始听起来很简单的东西在技术上其实价格不菲。随着 web2.0 和社交媒体的爆炸式传播，非结构化数据的数量呈爆炸式增长，数据流的集合算法是在此基础上进行有意义分析的基本前提。

① 译注：乔治・奥威尔（George Orwell，1903—1950），英国著名小说家、记者和社会评论家。

第二个重要特性是直观的图形用户界面，它是为非程序员开发的，具有分析功能。不需要学习查询甚至编程语言。用户可以立即从他的专业问题开始，并创建分析和评估。

网络效应

不同于 Facebook 和 PayPal 这样的病毒式传播和增长平台，Palantir 主要为终端用户提供免费服务，Palantir 向美国政府当局和大公司提供服务。这些都需要大量的咨询和销售工作做支撑，通常需要大量的时间和耐心才能说服对方并得出初步的采购意向。Palantir 创造了游说对方企业的两种方式：第一，直接去找最高管理层，并尝试与他们谈判一份单独合同。第二，人们也能通过那些处于执行部门，每天使用像 Palantir 这样的软件的人来联系上对方公司。Palantir 的目标是争取让这些员工成为 Palantir 软件的代言人和宣传大使。卡普反复强调，热情的用户会向其他部门的同事推荐 Palantir 软件，然后这些人也将能够成为新客户。Palantir 还成功地在军队中实施了这一战略，该软件已提供给美国驻扎在阿富汗境内的小型特种部队。精锐的士兵们已经这么做了，他们要求上级订购更多的使用 Palantir 软件的许可。[87] 由于客户大多是跨国公司，Palantir 的员工经常在跨国公司的项目团队中工作，对 Palantir 这样的软件的需求不仅在各个部门或国家公司内部蔓延，而且也在全球范围内蔓延。因此，这会在使用 Palantir 软件的公司内部形成一种“Facebook 效应”。Palantir 软件因此可以在这个公司里获得越来越多的支持，永久“定居”下来。

规模经济

特别是在政府和军事领域，Palantir 可以清楚地体现其作为标准软件供应商的优势。在企业业务软件领域，SAP 已经抢先一步。因此，同样作为软件提供商，在标准软件领域，Palantir 的竞争力明显高于其竞争对手。① 按照 Palantir 的说法，美

① 译注：标准软件（Standardsoftware）和企业业务软件（betriebswirtschaftliche Software）是各有用途的软件范畴。标准软件又被称为软件标准，Palantir 在标准软件行业具有竞争力，SAP 在企业软件领域具有竞争力。

国国防部应该用 Palantir 软件装备这些部队。如果使用 Palantir 作为标准软件，那么，美国国防部只需花费 1 亿左右美元。然而，自 2001 年以来，美军军备采购负责人已经花费了超过 60 亿美元采购各单个软件，这些软件是由雷神公司①、洛克希德·马丁公司②和诺斯罗普·格鲁曼公司③等武器公司开发的。虽然私营部门和大公司正处于重新思考的过程中，并且知道他们需要迅速应对硅谷的颠覆性技术，但军队仍然是一个被困在旧思想中的最后一个封闭堡垒。《财富》杂志在其关于 Palantir 与军方斗争的文章中发现，五角大楼负责采购和合同分配的官僚机构拥有 20.7 万名员工，数目之大，难以想象，而美国海军的精锐部队只有 163375 人的战斗力。特朗普政府能否设法削减国防部的预算，节俭预算，这将令人兴奋。但是特朗普在 2017 年 2 月宣布将五角大楼的预算增加 540 亿美元，这并不乐观，这意味着美国又增加了 10% 军费预算。[88]

Palantir 还必须与行业内的领导团体合作，成功地开发出解决方案，作为私营部门的标准，然后将其出售给其他公司。Palantir 已经通过对客户的选择创造了基本的先决条件。苏黎世理工学院（ETH）④的科学家在一份名为《全球企业控制网络》的研究报告中指出，2011 年，147 家实体，其中大部分是大型金融公司，控制着跨国公司近 40% 的货币价值。排名前 25 位的是著名的金融公司，如安盛、瑞士信贷、德意志银行和摩根大通，这些都是 Palantir 的客户。[89]2017 年 2 月，在接受彭博社的采访中，卡普强调，尽管增长强劲，但整个公司的“现金消耗率”减少了 60%。他对员工数量的关注也更加强烈。迄今为止，Palantir 需要增加工作人员来进行数据分析，而数据分析中的某些运营职位已经被融入产品中，即这些职位功能可

① 译注：雷神公司（Raytheon Company），是美国的大型国防合约商，总部设在马萨诸塞州的沃尔瑟姆。雷神合约 90% 来自美国国防合约。

② 译注：洛克希德·马丁公司，全称洛克希德·马丁空间系统公司（Lockheed Martin Space Systems Company，简称 LMT），前身是洛克西德公司，创建于 1912 年，是一家美国航空航天制造商。

③ 译注：诺斯罗普·格鲁曼公司（Northrop Grumman）成立于 1994 年，是诺斯罗普公司收购格鲁曼公司后组成的。这家公司是世界第四大军工生产厂商（2007 年），世界上最大的雷达制造商和最大的海军船只制造商。

④ 译注：苏黎世联邦理工学院，又名瑞士联邦理工学院，是闻名全球的世界顶尖研究型大学。

以由软件实现，不需要人了，这意味着新招聘的人数会随之减少，同时，利润情况会有所改善。[90]

品牌

当Palantir在2009年宣布了一轮9000万美元的融资计划，并走在“十亿美元俱乐部”道路上时，就连消息灵通的经常报道初创企业的科技媒体博客“科技症结”（Techcrunch）也不得不承认，到目前为止，Palantir一直处于媒体的关注之外，作为一朵无人问津的“小壁花”而存在。

Techcrunch将Palantir的社交媒体活动与流行的大众服务网站Foursquare①相比较。Foursquare在2009年成立后的第一年内已经在Twitter上发布了208条帖子。Palantir成立于2004年，但只有一条帖子。与其他科技公司不同，Palantir非常不愿意在社交媒体上曝光。[91]Palantir生活在“神秘莫测”的美誉中，因为缄默不语会在公司和公众中引起回响。因此，记者们一再将Palantir与找到本·拉登联系在一起，尽管Palantir从来没有正式承认这一点。Palantir本身没有公共关系部门，但至关重要的是，它不断地吸引着最好的软件开发人员和数学家，他们被Palantir必须解决的众多重大挑战魔术般地吸引而来。彼得·蒂尔和亚历山大·卡普也非常擅长在政治和大企业的大舞台上宣传Palantir。该公司是一个极端的“以人为本的企业”，它不需要传统的广告手段或一个浪费资源的销售机构。

到目前为止，亚历山大·卡普一直对在股票市场上市持怀疑态度，正如已经提到的那样，因为这将带来高透明度要求，并将为公众和分析师提供迄今为止隐藏的商业行为。不过，IPO也可以让Palantir品牌更加知名，从而在中期内让公司加入千亿美元俱乐部，因为蒂尔和卡普认为，Palantir发展到中期后，也会成为千亿美元公司俱乐部的一员。

---

① 译注：Foursquare是美国一家基于用户地理位置信息（LBS）的手机服务网站，并鼓励手机用户同他人分享自己当前所在地理位置等信息。

蒂尔的几个投资主体

蒂尔资本（Thiel Capital）

蒂尔资本是蒂尔的私人资本，网站只包含一个词“蒂尔”（被设计成一种 logo）。LinkedIn 平台，对该公司的经营宗旨做了如下描述：蒂尔资本为蒂尔的众多投资计划和创业努力提供战略和运营支持。相关组织有克拉里姆资本公司、创始人基金会、米特里尔资本公司、瓦拉投资公司和蒂尔基金会。

根据蒂尔资本在 LinkedIn 的简介，目前公司的员工人数在 11 至 50 人之间。[92]

蒂尔资本在 2017 年 2 月发布了一则招聘彼得·蒂尔私人助理的广告，得以一窥其需求。“因此，我们需要一名能同时处理高节奏和创业环境的员工。能专业而机智地行动，而且具有高度的判断力。还有鲁莽、快乐和幽默。这就需要有一种强烈的工作精神，这是基于‘没有任务太大或太小’的座右铭。当然，需要全天候通过移动电话和电子邮件进行访问，并在最后时刻做好随时旅行的准备。”[93]

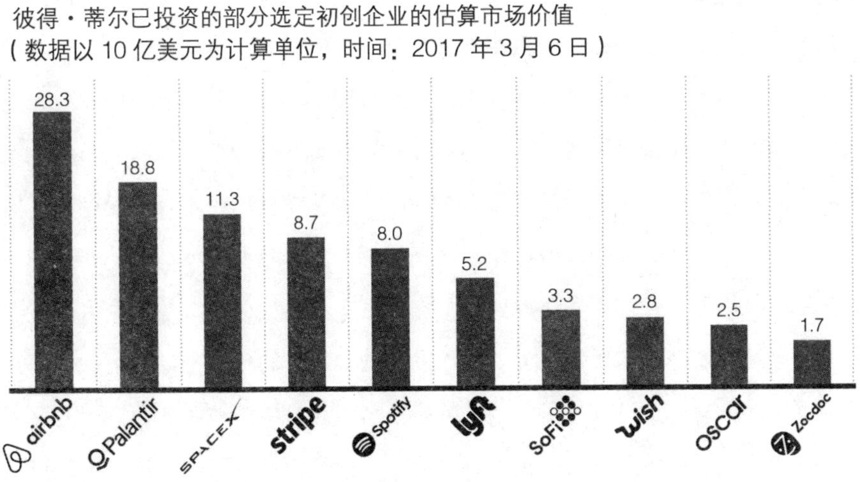

彼得·蒂尔已投资的部分选定初创企业的估算市场价值
（数据以 10 亿美元为计算单位，时间：2017 年 3 月 6 日），来源：CNN

克拉里姆资本

在 2002 年把 PayPal 卖给 eBay 之后，蒂尔又回到了让他热血沸腾的事业：金融市场和投资。同年，他创立了克拉里姆资本（Clarium Capital Management）。该实体准确来说，应为代表全球宏观经济战略的对冲基金。他从自己的资金中拿出大约 1000 万美元创立了这家基金。[94] 蒂尔能够敏锐地意识到全球经济的要害，他认为这是一个很好的机会，来让自己的经济知识变成财富。在克拉里姆资本的主页上，除了蒂尔的三句名言，找不到更多信息。这些名言描述了克拉里姆资本的经营宗旨。

对蒂尔来说，宏观投资者是一名侦探，他必须结合来自各个地方各种事件的不相关线索，才能得出一幅有意义的整体画面。他想通过有逆向思维策略，从经济泡沫的形成过程中获利。作为一名科技企业家，他在 2000 年左右经历了网络泡沫的洗礼。有了 PayPal，除了学到很多有用的技能，他很幸运自己能够带领公司以 10 亿美元的规模及时退出。

蒂尔不仅是一位经济学家，还是一位哲学家。因此，他利用希腊神话来完成克拉里姆资本的使命：他的目标是找到另一条道路，即在古老的斯库拉（Skylla）的智慧和卡律布狄斯（Charybdis）的虚无主义智慧之间找到一条窄途。

对于那些不太熟悉希腊神话的人来说，应该说“斯库拉”和“卡律布狄斯”是生活在墨西拿（Messina）① 大街上、占据海峡一侧的海怪。斯库拉有六个头，每个嘴上有三副牙齿，任何接近她的人都会被吞吃。卡律布狄斯一天吞三次海水，然后又狂吼着倾泻而出。如果船只被吞噬，那么所有人都会命丧大海。[95]

蒂尔想利用经济大杠杆来调控风险，作为一个具有逆向思维的投资者，他想押注在世界经济新的泡沫和反常现象上。他和他的员工开始孜孜不倦地埋头工作。他们根据蒂尔的反向思维进行投资。当其他投资者出售日本国债时，他们就购买了这些国债。当他们意识到石油供应越来越少时，克拉里姆资本就押注石油的油价会升

---

① 译注：墨西拿（Messina），意大利城市，是意大利西西里岛上第三大的城市，位于该岛东北端，隔墨西拿海峡与意大利本土相望。

高。他们还意识到当时美国房地产市场的价格泡沫。

到 2008 年夏天，克拉里姆资本和相关投资基金的规模增加到 70 多亿美元。在短短六年内，它的升幅达到了 700 倍左右。蒂尔在虚荣的对冲基金界赢得了“投资天才”的美誉。

但正是在这个时候，投资银行雷曼兄弟在 2008 年 9 月破产，又一个金融泡沫破裂了，全球股市也随之崩溃。克拉里姆资本赌股价一定会上涨，但这些股票一直在下跌。

2009 年，团队改变了策略，开始赌股价会下跌。但各国政府和中央银行对蒂尔耍了一个把戏：他们共同干预金融政策，很多国家宣布零利率政策，中央银行购买政府债券，使股票开始上涨。克拉里姆资本当时同时面临着来自两方面的压力：投资者当时普遍从流动资产中撤出大量现金，以填补其他漏洞，而克拉里姆资本的不良市场表现更是加速了这一点。

到 2010 年中期，克拉里姆资本的这些投资基金减少到了 3.5 亿美元左右。据说其中三分之二的资金是蒂尔的私人资本。在企业界有报道说，克拉里姆资本公司已经变成了蒂尔的“居家办公室”。

蒂尔从资本市场中学到了一个重要的教训：在股市中，过度使用智力也会带来负面影响。投资的时机恰当往往才具有极大的优势。巴菲特成功地践行了他的格言，他在伯克希尔·哈撒韦公司的最后一封股东信中是这样说的：“例如，每十年，经济天空中就会出现乌云下一阵黄金雨。因为有这样的短暂的天降财富，我们只能带着浴缸而不是茶匙出门去迎接。”[96]

此后，蒂尔提出了他关于技术停滞的悲观理论——如果没有新的技术革命，全球化的扭曲将导致全球冲突的升级。[97]但如果他不能从中为他其他的商业性投资目标吸取教训，那蒂尔就不是蒂尔了。所以，他把投资的重点放在那些没有在股市上市，但又明显能让世界越变越好的公司上，对于这些公司，他会进行长期的投资。

米特里尔资本

对克拉里姆资本的经验进行总结没多久，蒂尔和朋友阿贾伊·罗恩（Ajay

Royan）就一起创立了投资基金米特里尔资本（Mithril Capital）。

米特里尔是托尔金在小说中描述的一种金属——秘银[①]，书中战士的军队装备就是用这种金属制造的。这种金属来自最深的矿井，是最坚硬的物质。因此，米特里尔资本的口号为“持续建设”（Building to last），这句口号在斯巴达风格的网站页面上非常醒目。在它的背后，金门大桥和旧金山的轮廓在温暖的青铜光下清晰可见。

米特里尔资本为成长型公司提供资金，重点是投资那些利用技术创造有价值和可持续发展业务的优质公司，最好是那些早该改变的行业。

米特里尔资本意识到，由于自身所具备的技术和市场方面的专业知识，成为了那些想要释放自己的力量并加速成长型公司的理想合作伙伴。它的投资不专注于特定的部门或特定地区。

米特里尔资本规模较小，轻装上阵，让人想到数字化的伯克希尔 · 哈撒韦公司。罗恩担任米特里尔资本的执行合伙人，蒂尔担任投资委员会主席，该团队还包括 10 名员工。罗恩和蒂尔最终决定为哪些企业投资和支票的去向。

据罗恩介绍，最初的想法是以股东的形式长期持有这些资金，15 年后再去证券交易所进行交易。蒂尔和罗恩本来想冻结他们的投资，但这种做法对投资者来说过于激进，因此两人决定了一个期限为 12 年基金结构。米特里尔集中经营着投资组合业务，投资硅谷那些几乎不知名的公司。这些公司包括 C2FO（堪萨斯城一家致力于从商业关系中获得固定资本的现金流优化公司）、一家开发潜艇机器人的图卢兹公司和一家波士顿技术公司。

这种想法让人想起了巴菲特的收购。罗恩并不讨厌这种比较，一个重要的区别是：巴菲特过去没有在技术领域进行投资，是因为无法预见哪个科技公司会长期留在市场上。罗恩认为，今天的科技不是短期的“兴与衰”，而是一个长期的赌注。“如果你今天以巴菲特的开局方式进行投资，可以只押注于以非技术为基础的投资，因为人们在这些保留至今的科技公司的基础上能逐步扩大自己的投资。”米特里尔

---

① 译注：秘银（Mithril，Mistarille）是托尔金奇幻作品中的一种金属。它十分珍贵，外表呈银白色，比钢铁坚固得多，却很轻巧。

资本对所投资的公司的资金份额，占大约百分之一左右，所以，2000 万至 1 亿美元的投资数额，在投资成功的情况下，显得已经相当高了。[98]

米特里尔还参与了对硅谷经典软件公司的融资。这包括云专家 AppDirect，当然还有 Palantir。在 AppDirect，米特里尔也有一手好牌。这家云计算公司想在 2017 年年初上市，但就在思科首次公开募股（IPO）之前，这家云公司以 37 亿美元的巨额溢价被收购。[99]

米特里尔主要专注于从家族理财办公室获得资金。最近有消息称，投资的流动资金已达 8.5 亿美元。[100]

创始人基金

创始人基金（Founders Fund）是一家践行彼得·蒂尔投资哲学的基金。2005 年，他与 PayPal 的联合创始人肯·霍威利和卢克·诺斯克一起创立了这家投资基金。

彼得·蒂尔有一句非常著名的对硅谷投资的批评："我们曾经想要的是飞车，而不是 140 个字符。" 140 个字符指的是 Twitter 新闻服务。大部分风险资本家，他们更愿意投资于资本密集度较低的互联网和社交媒体公司，而不是投资于能够改善人类现实生活的高风险技术。

创始人基金在一份详细的宣言中表达了它对事物的看法："未来会怎样？" 这是这家基金的根本论题。创始人基金向为人类难以解决的问题提供答案的杰出企业人士提供投资。在大多数情况下，这些难题都是很复杂的科学和工程领域的问题。蒂尔和他的同事们希望与该基金建立一种有趣的共生关系：通过技术进步来促进经济的增长，同时为投资者带来非凡的回报。

创始人基金认为，风险投资领域陷入了一场漫长的噩梦。

即使在 20 世纪 60 年代，风险投资公司也与新兴的半导体产业形成了密切的联系。像风险投资传奇人物阿瑟·洛克这样的人，以巨大的风险和创业勇气为公司提供资金，比如仙童半导体（Fairchild Semiconductor）或当今的芯片巨头英特尔。这是洛克投资成功的代表，"硅谷" 的名字也因这两家公司而来。

从具有变革性质的技术投资，转向更具增量、风险更低的投资，尤其是在互联网和软件行业，正在毁掉蒂尔和创始人基金这样的风险资本家。

“我们确信无疑的时候，就把卡车装满。”创始人基金四位合伙人之一的布莱恩·辛格曼认为（创始人基金另三位合伙人是蒂尔、霍威利和诺塞克）。这意味着，创始人基金依赖于一个非常集中的投资组合。

相比之下，许多风险投资家都是按照“到处喷洒然后祈祷”（Spray and pray）的原则进行投资的，这意味着他们只需进行许多较小的投资，就可以避免巨额亏损的风险。[101]

创始人基金投资的理想公司是一个能创造全新市场的公司，就像蒂尔自己的基金会 PayPal 和 Palantir 一样。

它们的特点是：

——鲜为人知（因为名气很大的公司通常导致高估值，投资额也会较大）。

——很难评价。

——涉及技术风险。

——如果成功了，其基础技术就非常有价值。

然而，大多数硅谷风险投资家要么专注于互联网和软件公司，要么专注于替代能源或生物技术等特定利基问题，创始人基金有一个相对广泛的方法，正在以下领域寻找投资机会：

——生物技术

——消费者互联网和媒体

——人工智能

——航空航天和运输

——分析和软件

——能源

其中一个“大手笔”是对生物技术初创公司“干细胞中心”（Stemcentrx）① 的

① 译注：“干细胞中心”是一家美国生物医疗企业，致力于通过研究干细胞来治疗癌症。Stemcentrx 的 Rova-T，当时被看成小细胞肺癌的第一靶向治疗。

投资。创始人基金作为主要投资者在2012年投资了3000万美元，估值3亿美元。2016年，Stemcentrx以102亿美元的价格被出售给制药巨头艾伯维（AbbVie）。这家旧金山生物技术公司有五种药物正在临床试验中，它们可以攻击和消除导致肿瘤的癌症干细胞。交易成功后，辛格曼向《财富》杂志解释了背后的秘密："我们不是太空专家，如果不是埃隆操作的话，我们也不会做Space X。"。"我们也不是癌症专家，但创始人们非常有说服力。"说到这一点，创始人们毫不避讳，向各位专家咨询相关事宜。在Stemcentrx的案例中，他们咨询了三名科学肿瘤学家和三名临床肿瘤学家。当这些保守的科学家说Stemcentrx公司所做的会成功，这向辛格曼和他的同事发出了可以投资的信号。[102] 这项投资取得了高额的回报。据说，创始人基金在这笔交易中赚了大约17亿美元。[103]

随着2016年成功退出，创始人基金得以在同一年以13亿美元的规模关闭其第六次基金投资。最近，创始人基金会管理着超过30亿美元的财富。[104]

创始人基金的投资包括Palantir、SpaceX、Airbnb、声破天（Spotify）、干细胞中心、条纹公司（Stripe）、Facebook、预约医生网站（Zocdoc）、来福车（Lyft）、远程用户拨号认证系统（Radius）①、媒体评测和网络分析公司（Quantcast）②、飞协博（Flexport）③、奥斯卡（Oscar）和研究之门（Research Gate）。[105]

瓦拉投资公司（Valar Ventures）

总部位于美国纽约的瓦拉投资公司（Valar Ventures）由彼得·蒂尔和他的两位追随者安德鲁·麦考马克和詹姆斯·菲茨杰拉德创建。麦考马克2001年进入PayPal公司，并帮助蒂尔为首次公开招股做准备。菲茨杰拉德曾是蒂尔资本集团的负责人，也鼎力支持蒂尔的许多国际倡议。

---

① 译注：RADIUS：Remote Authentication Dial In User Service，远程用户拨号认证系统由RFC2865，RFC2866定义，是目前应用最广泛的AAA协议。

② 译注：Quantcast是一家专注于观众和实时广告的数字广告公司。

③ 译注：Flexport是一家总部位于美国旧金山的货运物流服务商，致力于提供货物运输的在线预订和跟踪服务。

与许多硅谷风险投资家在短短两小时内寻找初创企业不同，瓦拉资本在全球范围内有自己的投资主张，投资的目标地区是英国、欧洲、加拿大、澳大利亚和新西兰。它为高利润的软件、软件即服务（Software-as-a-Service：SaaS）模式①、金融科技（FinTechs）和具有市场地位的初创企业提供投资。通常情况下，瓦拉会在早期天使阶段进行投资，然后伴随初创企业进一步的融资来不断跟投。

瓦拉认为自己是硅谷圈子外企业家转型投资互联网初创企业的理想合作伙伴，其投资人来自庞大的网络，并且认为这些圈子以外的人可以从一个植根于硅谷的美国投资者的知识中获益。根据“症结基础”（Crunchbase）分支机构的数据，瓦拉投资公司迄今已从投资者那里募集了2亿美元，在43项投资中投资了25家公司。蒂尔是瓦拉投资公司的战略顾问和导师。[106]

瓦拉通过对颠覆性金融科技领域的几项投资吸引了人们的注意。除此之外，它还投资了英国金融初创公司“传智”公司（TransferWise）②，该公司以非常优惠的条件，为客户（主要是外籍人士或移民）向其母国的家庭成员汇款。在德国，瓦拉通过投资“第26号”公司（Number26）③和“眼幕”公司（EyeEm）④这两家柏林初创企业而获得关注。在Number26背后是一家新的基于应用程序的银行，EyeEm是一个领先的在线社区，也是摄影师的集散地。

瓦拉最近投资了美国金融科技公司——移动金融第一平台，这家快速成长的初创企业面向的是既没有时间也没有意愿处理投资问题的“新一代投资者”，银行和投资公司尚未触达的目标群体，也因为他们被认为是无利可图的。投资者可以根据“历史表现、费用、风险状况和资产配置”从由“储藏”杂志（Stash）选择的大约30只交易基金（etf）中进行投资选择。[107]

---

① 译注：SaaS是Software-as-a-Service（软件即服务）的简称，随着互联网技术的发展和应用软件的成熟，在21世纪开始兴起的一种完全创新的软件应用模式。

② 译注：Transferwise成立于2010年3月1日，是一家位于英国伦敦的P2P国际汇款平台，个人或者企业用户可以通过Transferwise的网页或者APP完成跨境、跨币种汇款。

③ 译注：Number26是德国金融服务新创企业。

④ 译注：EyeEm是一款由德国柏林的一家创立于2011年研发手机照相应用的公司。

Y 组合公司

凭借“欢迎彼得”（Welcome Peter），硅谷最具影响力和最著名的孵化器 Y 组合（Y Combinator）的负责人山姆·奥尔特曼在 2015 年成功地让彼得·蒂尔成为他的兼职合伙人。早期孵化器 Y 组合对 Airbnb、Dropbox 和 Stripe 等初创企业的投资让它声名鹊起。到写作本书为止，这三家公司的估值均为 10 亿美元，在可预见的未来，它们将被视为潜在的证券交易所的热门候选公司。蒂尔本人也通过创始人基金对 Airbnb 和 Stripe 进行了大笔投资。

Y 组合为彼得·蒂尔破例了。通常，Y 组合不允许其合伙人为其他投资公司工作。山姆·奥尔特曼为这个例外辩护说：“彼得太棒了，我们认为我们不得不破例。”为了避免利益冲突，蒂尔及其投资公司只有在 Y 组合投资的公司路演（Demo Days）后，过了三个月才有机会对参加演示的公司进行投资。对双方来说，这都是一个双赢的情况。Y 组合与蒂尔是奥尔特曼身边最著名的技术专家和投资者之一，Y 组合也对狭小的互联网框架之外的新技术持开放态度。

奥尔特曼作为保罗·格雷厄姆的后继者，在此期间，已经把孵化器的规模不断扩大，不仅在寻找互联网和软件初创企业，还在寻找生物技术或可再生能源领域的创新公司。上一次 Y 组合引起人们的注意，是因为它投资了一家开发新型核聚变反应堆的初创企业，而蒂尔是现代核聚变反应堆的支持者。[108]

在政治上，山姆·奥尔特曼是特朗普及其政府的反对者。不管怎样，奥尔特曼坚持认为有必要和蒂尔“彼此要多交流，不能减少交流”。[109] 在奥尔特曼的坚持下，非盈利的初创企业也被纳入 Y 组合的关注，他在 2017 年 1 月对 1920 年成立的非营利组织美国公民自由联盟（ACLU）① 的现状感到惊讶。对 Y 组合来说，ACLU 是一种创业形式，尽管该公司已有 97 年历史。最近，在半年内，该公司的会员人数从 40 万人增加到 160 万人，收到的捐款达 8300 万美元。美国公民自由联盟组织是特朗普政府目前面对的最强烈的反对团体。[110]

---

① 译注：美国公民自由联盟（baiAmerican Civil Liberties Union，简称 ACLU）是美国一个大型非营利组织，总部设于纽约市，其目的是为了“捍卫和保护美国宪法与法律中所肯定的个人权利和自由”。

第8章

政治评论家

自由主义者

作为一名科技企业家和投资者，蒂尔对新的颠覆性初创企业有着狂热般的喜好，这也正是他在美国大选时，站在特朗普一边的原因。对他来说，像特朗普这样的政客是一个颠覆性的变革代理人，特朗普的政府是一个取代旧商业模式的初创企业，结果却不尽然。[1]

作为一个有争议的投资者，蒂尔喜欢冒大风险，我们知道，他喜欢投资别人不相信的初创企业和商业模式。据他估计，他投特朗普的票也不是一个特别有风险的赌注，因为“毕竟有一半的美国人都支持特朗普”。[2] 而对于大多数硅谷企业家来说，限制性移民政策，还有特朗普对 Apple 公司的讲话，声称美国政府会让 Apple 公司在美国生产 iPhone，都是他们拒绝特朗普的理由。蒂尔本人也多次支持外部竞选候选人，比如惠普前首席执行官卡莉·菲奥莉娜或法律保守派人士罗恩·保罗。

与其他许多人不同，蒂尔看到了临界点的到来，那是一个关键时刻，一个改变和打破旧体系的关键时刻。因此把赌注压在特朗普身上，在这一点上，蒂尔显然有一点一厢情愿。[3]

在著名历史学家里克·珀尔斯坦为《纽约时报》撰写的一篇题为《我以为我很了解美国，特朗普证明我错了》的著名文章中，试图解释特朗普胜利的原因。这与蒂尔的说法相当一致，多年来，他在接受采访时，一直反复提到美国“已经破碎”，而且美国笼罩在其自身的阴影之下。

美国人民已经受够了“旧的建制派”。蒂尔反复指出：“旧制度本身是腐败的，不再起作用，不再发展。”在比尔·克林顿统治时期，互联网经济的泡沫破灭了，房地产市场的泡沫破灭了。但没有带来任何后果，无人承担责任。相反，因为小布什的兄弟杰布・布什和希拉里・克林顿一起参加竞选，这让 2016 年的总统大选一开始看上去就好像将再次在布什和克林顿家族这两个知名家族中举行。因此，从 1989 年老布什开始，到 2021 年的 32 年里，除了奥巴马的 8 年任期外，只有克林顿和布什的家族王朝会掌权。

美国中西部地区依赖于数字化和全球化的美国人，对他们迄今所奉行的政策不再有任何信心。在这些人眼中，旧的建制派是造成这种痛苦的原因，却没有被视为解决问题的人，因此也不会被选为总统。

2014 年，蒂尔在接受比尔・克里斯托的电视采访时，已经揭开了这一伤疤。在他看来，对当前趋势和观点的执着，导致政客们越来越厌恶风险。过度的官僚主义和对银行和保险、能源生产、交通、卫生和制药等重要行业日益加强的监管，扼杀了创新。蒂尔认为，只有在 20 世纪 60 年代，科技领域才取得了巨大进展，这也是没有人特别会关注 Microsoft 的比尔・盖茨、Google 的拉里・佩奇和谢尔盖・布林最初在车库里的创业的原因。

政治家们发现，与"旧经济"（Old Economy）的大公司打交道更可取，因为他们通常对信息产业了解甚少。对政治的风险厌恶和对不能连任的恐惧，教会了政治家们在新的层面和大项目中停滞不前。然而，正如 20 世纪 40 年代的曼哈顿计划①（原子弹的发明）或 20 世纪 60 年代末的登月计划所表明的那样，政府本可以实施更为雄心勃勃的项目。

蒂尔说，美国政治被困在由律师主导的庞大官僚机构中。大量的新法律促生了更多的规章制度，阻碍了创新。作为创始人和投资者，蒂尔习惯于将新想法付诸行动，创造新事物，而不是阻止或阻碍它们。因此，蒂尔主张应该使监管更加经济和有利于创新。它还有一个行之有效的办法：政府和当局应该少雇律师，而是多雇用具有技术创新能力的工程师。

如果政客们宣布他们将在几年内战胜癌症，可能会被认为是"疯子"。但蒂尔

① 译注：美国陆军部于 1942 年 6 月开始实施利用核裂变反应来研制原子弹的计划，亦称曼哈顿计划（Manhattan Project）。

认为，通过真正的创新来改善一般的生活条件，并使经济增长率恢复到3%甚至更高的水平，这种美好的愿景是必要的，这将创造高附加值和高工资的优质工作，与此相应，这也会让更多资金流向税收和社会保障基金，也可以被用来对教育和基础设施进行必要的投资。[4]

新上任的美国劳工部长阿科斯塔也有同样的想法。他在接受《商业日报》采访时强调，必须“提高生产率，使经济摆脱官僚约束”，解决美国教育系统的缺陷，并“以可持续的方式加强培训与公司需求之间的联系”，这将增加就业率。[5]

当蒂尔宣布他在财政和理念上支持特朗普政府时，在硅谷引起了巨大的抗议。有人建议他辞去在Facebook的监管职责，并辞去孵化器Y组合顾问的身份。Palantir目前仍然一如既往地接受大量政府和军方的订单，蒂尔作为Palantir的董事长和最大股东，人们担心蒂尔会影响美国政策的公正性。

对蒂尔的朋友、Y组合的负责人、特朗普的批评者山姆·奥尔特曼来说，对蒂尔政治立场的负面反应和敌意显然太过分了。[6]美国政府的评论员和政治观察员难道不是总是反复地要求，现有的政府组织迫切需要从外部经济专家那里获取新鲜血液吗？

对于蒂尔来说，硅谷一个“奇怪的方面”是“许多非常成功的企业家和创新者患有轻度阿斯伯格综合征。这是一种优雅温和的批评。因为许多互联网公司隐藏在他们良好感觉的表象背后，它们每季度积累数十亿美元，生活在自己的泡沫中，并认为美国以外的其他国家与他们无关。”

蒂尔认为自己是一个政治无神论者，但他也总是不停地在新的投资中调整新界限。他意识到，我们“总是在政治体制内行动，当然，政治体制有他们的权利”，他一再试图与初创企业调整边界。因此，蒂尔认为，值得“介入政治”。蒂尔说：“政治不是上帝，政治不是一切。”[7]

到目前为止，这个信息似乎已经传到硅谷的一些名人那里。Apple公司老板蒂姆·库克宣布成立一只规模为10亿美元的新基金，该基金将按照2017年第一季度的数据流入能提供创新解决方案的美国生产企业。考虑到Apple目前在海外账户上拥有2570亿美元的未征税利润，每年从美国各供应商那里购买约500亿美元的各种配件，至少Apple做出了一个很好的姿态。[8]蒂尔的朋友马克·扎克伯格最近也表明立场，奔波了美国的30个州，参观了底特律的一家福特汽车工厂，想对一直以来通过提高自动化程度带来的社会理性化问题，展示出一些敏感性和关注度。[9]

全球化和不平等

许多政治家和专家把创新和全球化混为一谈，蒂尔却不这么认为。全球化与“复制粘贴”（Copy und Paste）有很大关系，即简单的复制后，在异地重建。对蒂尔来说，全球化和中国的开放的起点是1971年基辛格对邓小平的秘密访问。在过去的40年里，没有哪个国家像中国那样完成了如此迅猛的追赶进程。

当然，借助全球化，人们自然而然地连接起一个机构和一个地方。世界经济论坛（WEF）①，又被称为达沃斯论坛，就是这样。40多年来，每年1月初，一批被精挑细选的政治家、经济领袖、科学家和文化创造者都会在这个远离喧嚣的度假胜地，在小范围内开会讨论当时的热点问题。“达沃斯人”这一名词应运而生。这个词是塞缪尔·亨廷顿②创造的，他是经典的《文明冲突论与世界秩序的重建》一书的作者。“达沃斯人”象征着全球化赢家中的成功者和世俗精英。有时，全球化的批评者会扰乱一年一度的达沃斯论坛活动，导致当地增加军事驻扎。但随着英国脱欧和唐纳德·特朗普的胜利，世界经济论坛及其主角们寻求了一种新的对自我的认识。德国《商报》③在评论世界经济论坛2017年开幕式时说道：“全球化先驱思考者已经逃脱了愤怒的民众。”这句话振聋发聩，一语中的，表达出了“如果不希望裂缝继续扩大，西方社会需要新胶水来弥合裂痕。”蒂尔本人曾多次出席达沃斯论坛，多年来他一直指出精英与社会其他领域的脱节，他们如同置身在各自的如同太

① 译注：世界经济论坛（World Economic Forum，缩写WEF），因在瑞士达沃斯首次举办，又被称为“达沃斯论坛”。是以研究和探讨世界经济领域存在的问题、促进国际经济合作与交流为宗旨的非官方国际性机构，总部设在瑞士日内瓦。

② 译注：塞缪尔·亨廷顿（Samuel Huntington），美国政治学家，以“文明冲突论”闻名于世，认为21世纪核心的政治角力是在不同文明之间而非国家之间。

③ 译注：《商报》（*Handelsblatt*）创办于1946年，是由德国商报出版社出版发行的经济类日报，是德国发行量最大的商业与经济类报纸。

空船一样的领域上，老死不相往来。

经济学家、诺贝尔奖获得者、比尔·克林顿的前经济顾问约瑟夫·斯蒂格利茨①也这样认为，尽管他应该是属于对立的政治阵营。在2017年世界经济论坛前夕，他在接受《新苏黎世报》（*NZZ*）采访时谈到美国人的经济状况时说："90%的美国人的收入已经停滞了25年，大约30%的人的收入甚至比那时更糟。美国的预期人均寿命正在下降，这对一个发达国家来说是可怕的。一年前，这一切涉及的仅仅是白人，而今天这已经涉及所有人。1%的美国人的日子还好，剩余的其他人正在苦苦挣扎。"[10]

分裂的美国被分为两个权力中心：东海岸的纽约和西海岸的硅谷。介于两者之间的美国各州通常被轻视地称为"飞越之地"。纽约和硅谷这两个中心都从各自的全球垄断中受益匪浅，产生了许多百万富翁和亿万富翁，而这个国家的其他大部分地区或多或少正日渐衰落。蒂尔反复指出，社会财富分配不均，再加上数字化和全球化的压力，导致了强烈的社会危机。这种不平等和社会危机从硅谷各公司的大门前的交通设施也看得出来。2013年到2014年冬季，Google科技公司的豪华巴士成为抗议者的靶子。[11]每天上午，旧金山科技巨头的大型员工巴士开往硅谷南部。越来越多的Apple公司、Alphabet、Facebook收入丰厚的员工希望在旧金山这个大都市度过他们的一生。其结果是，旧金山市的租金、房地产价格和整个生活成本都达到了极高的水平。因此，在旧金山市每月4000美元的房租并不少见。许多初创企业和科技公司正在将部分业务转移到旧金山，这也加剧了这种情况。毕竟，这是一个拥有近百万居民的大城市，也是许多新公司及其产品的理想试验场。

西海岸海湾地区原本压倒性的乐观情绪最近遭受了强烈的打击。经济形势已降至多年来的最低水平。其原因是高昂的生活成本，以及所谓千禧一代，即硅谷年轻工人的不满。超过70%的湾区居民认为，过去六个月以来，情况没有改善，大约

① 译注：约瑟夫·斯蒂格利茨（Joseph Stiglitz），美国经济学家，2001年获得诺贝尔经济学奖，1993年至1997年担任美国总统经济顾问委员会成员及主席，1997年至1999年任世界银行资深副行长兼首席经济学家。

一半的人担心未来三年可能会出现明显的下降趋势。[12]

由于美国人的流动性明显高于欧洲人，以下结果也是合乎逻辑的：湾区超过 40% 的技术人员希望再次搬离湾区[13]，这已经算是“人才外流”了。Y 组合的山姆·奥尔特曼在一次采访中也抱怨说，那里很少有能负担得起的住房。“即使当人们从第二次世界大战回来的时候，都可以成家买房子啊。”如果奥尔特曼没有提出这个问题的话，他就不会是奥尔特曼了，“有没有一种方法，可以利用技术和一些规则，使现在的住房再次变得可以负担得起呢？”[14]

在共和党全国代表大会上的讲话

2016 年 7 月，彼得·蒂尔在共和党日的演讲中揭开了美国的很多伤疤，他对当前和过去的共和党赤字都进行了不遗余力地抨击。

共和党党代会的地点对彼得·蒂尔来说再好不过了。克利夫兰是他“回家”的地方。毕竟，这是彼得·蒂尔的父母和当时年仅一岁的他从德国法兰克福搬到美国开始新生活的第一站。

在共和党党员大会的最后一天晚上，伴随着热烈的掌声，彼得·蒂尔走上了演讲台。他穿着一套深蓝色西装，一件蓝色衬衫和一条蓝银色条纹领带。他开门见山，直达主题，并将自己介绍为一个建设者、新公司的“缔造者”，以及推动社交网络和宇宙飞船等新发展的聪明人的支持者。他用自我批评的风格报道了硅谷这个他生活和工作的地方，一个繁荣的地方，在这里，计算机和软件产业已经取得了巨大的进步，他也赚了很多钱。但问题是，硅谷只覆盖了美国的一小部分地区。如果人们从硅谷这个盛满丰盛食物的盘子的边缘看过去，不会看到同样的繁荣。“全国的工资都很低。与此同时，从政府贷款到希拉里·克林顿的演讲费，华尔街银行家们都在各个领域制造新的泡沫。”他对经济状况的无情预测以这样一句话作为结语：“我们的经济已经崩溃了。”这本不是美国人对未来的想象。然后他再次谈到他父母的故事：“当我父母来到美国寻找梦想时，他们在克利夫兰找到了，遍地都是机遇和可能性。”蒂尔的父亲在凯斯西储大学学习工程学，那里离克利夫兰代表团大厅只有一步之遥。人们会记住这一年——1968 年，正如我们今天在旧金山和硅谷看到的那样，那时的美国不仅仅只有一个技术之都，根据蒂尔的说法，那时全美国“都关注高科技”。“很难相信，但当时我们的政府也充满高科技因素，当我来到克利夫兰时，国防部的研究为互联网奠定了基础，阿波罗计划即将把尼尔·阿姆斯特朗从俄亥俄州的航空发射中心送上月球。那时的美国前途无限，但今天的美国政府已经衰败了。”

作为一名处理最新成就的技术专家，蒂尔给共和党代表们提出了一个惊人的比喻，用以说明超级大国美国的部分可悲状态：“我们的核基地仍然使用软盘，我们最新的战斗机不能在雨中飞行。如果说政府各部门的软件‘运行不好’，已经算是有礼貌的措辞了，因为它大部分时间都不工作。”

这也是对奥巴马医改出台时出现的泡沫的一个回应，当时官方网站无法应对利益相关方的挑战，导致网站用户的通信被延迟。因为在人们的通信信息被转发之前，要排队等候，就像呼叫中心一样。对蒂尔来说，对这个几十年前曾经投票支持“曼哈顿计划”的国家来说，这真可怕。蒂尔用这样一句话反驳道：“在硅谷，我们不接受这样的无能”，表明了他自己具备行动者和实践者的能力。

蒂尔还评论了外交政策，并说：“我们没有去火星，而是入侵了中东。”蒂尔说，在对希拉里·克林顿电子邮件[①]的可悲讨论中，人们本来根本不必去关注这些，因为“她的无能显而易见”。她是叙利亚战争的推动者，今天那里是伊斯兰极端恐怖组织的训练场地。今天的政治是如何囿于固定模块思维，在蒂尔下面的一句话里说得很清楚：“我小时候，关于如何打败苏联有一场大辩论。我们赢了。今天我们被告知，大辩论是关于哪些性别可以使用哪些浴室。这是对我们真正问题的干扰。谁在乎呢？”因此，性别问题对蒂尔来说是最小的议题，政治家们可以在这个议题上达成一致。

对蒂尔来说，唐纳德·特朗普“让美国再次伟大起来”的宣言不是对过去的提

① 译注：希拉里邮件门指美国前国务卿、2016 年民主党总统候选人希拉里·克林顿被曝担任国务卿期间使用私人电子邮箱，而非官方电子邮箱与他人通信，涉嫌违反美国《联邦档案法》。

醒，而是给未来的发展指明方向。

值得注意的是，蒂尔演讲中提到的技术进步的失败以及政府支持的匮乏，都是事实，布什共和政府 2001 年就停止了对人类胚胎干细胞的研究，理由是胚胎是宝贵的人类生命，即使胚胎来自实验室而不是子宫，也不应被破坏。同样是共和党国会议员限制了美国宇航局和国家科学局对全球变暖的研究。同样在外交政策上，共和党人对中东地区的局势升级负有主要责任，包括入侵伊拉克和随后的战争。[15]

蒂尔在共和党的党代会上用一种隐晦的方式对他们自身的错误政策进行了批评，并且把超级大国美国的自我吹捧淋漓尽致地展现在世界媒体面前。而这一点，根据蒂尔的说法，在这里，“共和党传统上盲目乐观，倾向于积极地看待事情”。[16]

在国家新闻俱乐部前的演讲

蒂尔毫无疑问是勇敢的，他不会逃避困难的事情。他在前摔跤手胡克·霍根对八卦杂志《目瞪口呆》(*Gawker*）杂志提出法律诉讼的过程中，给胡克·霍根提供财政支持，这件事起初保密，也没有遭到媒体代表的反对。霍根赢得了诉讼，在最初霍根提出高达 1.15 亿美元的赔偿诉讼后，《Gawker》不得不支付 3100 万美元的赔偿金。《Gawker》后来不得不宣布破产。[17]

因此，在选举日前一周，即 2016 年 10 月 31 日，大家对蒂尔在全国新闻俱乐部的演讲和随后的采访非常期待。在《纽约时报》的报道中，蒂尔被描述为：他在技术投资者和企业家之中具有“有毒”般的吸引力。

蒂尔在华盛顿媒体的记者面前开始了他的演讲，他对一场不值一提的竞选活动感到不满。这也是因为有影响力的公民隐瞒了困难的现实，因为许多人“太骄傲”而不愿承认身处困境，而且这会“质疑自己的成功”。然而，对他来说，这个选择“不比我们国家的情况更疯狂”，蒂尔从最重要的目标群体——婴儿潮一代开始着手调查，他们中的很多人在面临退休的时候几乎两手空空。“在 55 岁以上的老年人中，64% 的人的储蓄上限低于一年的收入。”这是一个问题，特别是如果美国是唯一一个必须支付比通常需要支付的简单药物贵 10 倍价格的国家。美国价格过高的医疗体系可能有助于美国补贴世界其他地区。然后蒂尔又提到了年轻一代，他们面临着完全不同的经济挑战：高昂的学费。蒂尔说，学费的增长速度远远快于通货膨胀。“每年，学生债务增加 1.3 万亿美元。”美国是唯一一个学生不能免除债务的国家。蒂尔说：“甚至连破产宣告都没有。”千禧一代是第一代过着比自己父母更糟糕生活的美国人。蒂尔指出了家庭支出和收入之间的差距，支出不间断增长，收入停滞。“以实际美元计算，平均而言，每个美国家庭的预算收入要少于 17 年前，大约一半的美国人在紧急情况下无法筹集到 400 美元。”

因此，尽管私人家庭在家庭财政上举步维艰，“政府却在为遥远的战争而浪费数十亿美元的税收。我们目前在其中五个战场上作战：伊拉克、叙利亚、利比亚、也门和索马里。”

蒂尔接着谈到了美国的金融不平等问题，蒂尔说：“并不是每个人都在受苦。”那些生活在华盛顿富裕郊区或硅谷的人都过得很好。“但大多数美国人与繁荣无关，因此，人们投伯尼·桑德斯或唐纳德·特朗普的票应该不会让任何人感到惊讶。”

对蒂尔来说，两位候选人都“不完美”。“我不完全同意唐纳德·特朗普所说所做的一切，没有人认为他对女性的评论是可以接受的，我认为这些言论显然是不恰当的。”人们不能认为选民在选举特朗普时“缺乏判断力”。“我们之所以选择特朗普，是因为我们得出的结论是，我们国家之前的领导人做错了。”对于许多“成功的杰出人士”以及硅谷的许多人来说，这当然是“难以接受的”。

蒂尔呼吁自由贸易，但这对整个美国都没有起到很好的作用。蒂尔谈到受过高等教育的经济学家，他们谈到“根据经济学理论，经济实惠的进口会让所有人受益。但实际上，由于对外贸易，美国丧失了数以万计的工厂和数以百万计的工作岗位。从对外贸易逆差的毁灭性数字来看，这显然出了问题。世界上最发达的国家应该向欠发达国家出口资本。相反，美国每年的进口总额超过 5000 亿美元”，其结果是越来越多的资金流入金融资产，美国经济对银行业和金融业的扭曲越来越严重。尤其是华尔街的人最赚钱。

“我们已经打了 15 年的仗了，花了 4.6 万多亿美元，以至于全世界 200 多万人丧生，超过 5000 名美国士兵被杀。但我们没有赢。布什政府承诺，500 亿美元可以给伊拉克带来民主，但我们却花了 40 多倍的钱来散播混乱。”

蒂尔说，选民们厌倦了一次又一次听到贸易和全球化造福于每个人或我们会赢得战争的这种话；选民们厌倦了从保守派政客那里听到政府和各部门不起作用的话。他们知道，美国政府并不总是这么糟糕。曼哈顿计划，州际公路系统，阿波罗计划，选民们想到这些政府行为，就不会怀疑他们会拥有一个具有执行力的政府。

蒂尔的纲领

对蒂尔来说，目前的初始情况再好不过了。尽管媒体一再传闻蒂尔不会担任高级政治职务，但他的策略不同。他知道，作为硅谷的政治思想家，他可以利用自己的人际网络、在技术和金融领域的机会做更多的事情。

特朗普当选获胜后，蒂尔遇到的是一个难得的机会——“一生只有一次的机会”，他的纲领，他迄今为止通过自己的纲领实现了对互联网、软件、生物技术、运输和航天领域的公司进行风险资本投资这一目标，更有力地利用了他的政治影响力。

蒂尔说：“在我们这个时代，自由主义者最重要的任务是解决如何处理‘政治和技术之间的死亡竞赛’的问题”。[18]

蒂尔的纲领源头是他长达 200 多页的《从 0 到 1》一书，该书出版后立即风靡世界上许多国家。

在这本书中，蒂尔的核心观点是，随着登月和协和式①等超音速飞机被制造成功，20 世纪 60 年代末，科学技术进步就达到了顶峰。在他看来，技术停滞的主要原因是应得的权利观念，还有就是国家对技术监管的不断加强。蒂尔认为，只有计算机和软件行业能够避免这种情况，并在摩尔定律以及个人电脑和互联网行业的发展推动下，在自己的数字世界取得巨大进展。然而，这还不足以“在我们的社会中取得决定性的进步”。当人们从智能手机里看到现实世界时，他们会发现我们的现

① 译注：协和式（Concorde）是世界上投入过商用的超音速客机，它是由英法两国在 20 世纪 50—70 年代共同研制的中程超音速客机。协和式客机在 1976 年 1 月投入使用，在 2003 年退出世界航空舞台。

实环境陈旧得可怕。纽约的地铁网络已有 100 多年的历史，许多基础设施都没有现代化。[19]

然而，对技术进步而言，美国政府并非毫无建树，政府可以主导诸如核计划或空间计划等复杂项目的成功实施。在过去四十年中，美国政府只是把政治行动的焦点放在了社会保障、健康卫生领域和其他支付方案上。

蒂尔想把政府的政策重点拉到技术上。对他来说，全球化是一种复制粘贴技术。蒂尔也知道，贸易壁垒和闭关自守不再有效，现代资本主义和全球资本的相互联系无法停止。但更为重要和紧迫的是，推出一个具有远大愿景的“新的大事”，即充满勇气地站在技术量子跃升的最前沿。纸上谈兵要比实际操作容易。就连《麻省理工学院技术评论》杂志也在 2012 年的高级技术报告中发表了一篇题为《为什么我们不能解决大问题》（*Why We Can't Solve Big Problems*）的文章。[20]

蒂尔也相信，国家资源是启动新事物所必需的。对他来说，特斯拉和 SpaceX 是新技术的典范。两家公司还受益于国家补贴（特斯拉）和公共合同（SpaceX）。只有在政治远见和私营部门敢于承担巨大风险的共识下，才能广泛地撬动这种大项目。

这可能得益于特朗普宣布的数十亿美元的基础设施计划，技术团体可能从这些计划中获得资金来源。这项法案很简单，也很聪明：美国大公司的海外账户拥有超过两万亿美元的免税利润。Apple、Alphabet 每月都在积累越来越高的现金储备。作为计划中重大税收改革的一部分，特朗普希望通过税率优惠让企业尝到利润回报的滋味。双方都会从中受益：美国政府可能会获取数万亿美元的税收，科技公司可以合法地让资金流入美国，并用这些资金投资研发活动或企业收购。

这可能极大地推动对美国技术和基础设施领域的更新的投资。蒂尔是未来经济持续增长理念的捍卫者。可持续的年经济增长率超过 3% 就会让经济显著好转，所有人群都可以从中受益。随着经济的高速增长，中国已经出现数亿的中产阶级。美国当时的劳动力市场统计数据也表明，美国人就业率很高，经济增长势头强劲，足以让更多人获得工资和面包。

然而，许多长期失业者已经不在统计数据里头，因为他们在劳动力市场得不到就业的机会，丧失了就业竞争力。此外，纽约和硅谷以外地区的工资增长非常温和。因此只有创新和技术进步才能满足社会可持续发展的需要。

从蒂尔的角度来看，先进创新政策的主要支柱和组成部分会是什么呢？

培训部门

美国在教育和培训方面有很大的追赶的必要。如果说斯坦福或伯克利的精英大学在全球理想的学习地点排行榜上名列前茅，那么，问题在于，一方面，美国的优秀大学的广度不足，另一方面，美国也缺乏职业培训的模式。正如我们在德国所知道的，双轨制职业培训在美国被严重忽视，这更多地反映在社会保障缴款的统计数字上。在 1979 年，如果说大学毕业生和只有高中文凭的人之间的收入差距是 1.74 万美元，那么到了 2012 年，这一差距已经扩大到了 3.5 万美元。[21] 在媒体高度重视的唐纳德·特朗普和德国总理安吉拉·默克尔的首次会晤上，德国经济界的代表对德国的教育系统的介绍，让这次会面变得文质彬彬，很有品质。特朗普对此也印象深刻，他的女儿伊万卡在德国出席 20 国集团（G20）妇女大会期间也饶有兴趣地关注了教育领域。蒂尔对教育有很多独特的设想，但他对迄今为止的教育培训体系并不认可。通过他的蒂尔奖学金项目，他用 10 万美元资助中断大学学业的年轻学生的创业理念。他不相信高校能培养出把我们的社会带入下一个层次的具备鼓舞人心和创意想法的人。毕竟，美国风险投资界已经认识到教育部门的需要，并正在为新的初创企业提供大量融资。其中之一是优达在线学城①（Online Universitaet Udacity），在这里可以学习一些实用的东西，比如编程应用程序和网站，或者学习人工智能和机器人的工作方式。[22]

健康

卫生保健部门是最重要的部门之一，正在日益成为政治利益的游乐场。无论是奥巴马医疗还是特朗普医疗，美国政府都必须拿出强有力的措施，使美国医疗体系

① 译注：优达学城 Udacity 是 2011 年创立的在线教育平台，是来自硅谷的前沿技术平台。

更有效率。对蒂尔来说，美国公民必须支付比其他国家贵 10 倍的药品价格，这是不可接受的。蒂尔身边有著名的批评者支持他。巴菲特在伯克希尔 · 哈撒韦公司的股东大会上说，医疗成本是衡量美国经济竞争力的标准。他是医学进步的坚定倡导者，是一个想活到 120 岁的老人。战胜老年痴呆症和癌症等疾病是他的首要任务。他还设想了一种使用新的移动设备给人们优化饮食结构时可以进行直接反馈的技术，但他也想到了让药物使身体部位恢复活力的方法。对于一个老龄化的社会来说，这些都是重要的问题，在他看来，这些问题常常被忽视。这些创新可以通过节省医药方面的开支来实现，也可以通过改善整个医疗领域的数字流程来实现，比如云计算和大数据的使用。在法律方面，关于药物创新、精简药物临床研究和使用生物技术的立法应当更加进步。蒂尔通过其风险投资公司大量投资于这一领域，他的数据分析公司 Palantir 已经在与德国默克制药公司合作研究癌症治疗的解决方案。

公共管理

即使是在公共行政领域，蒂尔也认为有很大的改进空间。蒂尔说："与南欧那些功能失调的国家相比，美国基本机构的运作同样糟糕，甚至更糟。"对他来说，如果美国达到德国的水平，那将是一个巨大的进步。[23] 而且众所周知，德国在数字政府方面也远远落后于在这方面先进的波罗的海国家。① 美国可以通过对公共数字基础设施的有针对性的投资计划，在行政管理方面取得显著的效率提升。但蒂尔知道自己要克服多大的困难。美国政府和军方仍然高度依赖硅谷的创新，正如蒂尔在 Palantir 所经历的。他们试图重新开发需要高资源投入和成本投入的产品，这些产品已经能够作为商业标准提供给市场。美国政府部门也需要重新思考，奥巴马政府已经迈出了实现这一目标的第一步，但各方力量的复杂性和巨大的坚韧性，使美国军事机构的变革困难重重。

---

① 译注：波罗的海国家指现今的立陶宛、拉脱维亚和爱沙尼亚三国，位于波罗的海最东端沿岸地区，有时包括芬兰和波兰。

能源部门

蒂尔是核能的主要支持者，并主张这一部门应获得大量的研究费用。在他看来，核能部门的研究费用增加十倍是可能的。他也对核聚变持开放态度。通过特斯拉和“太阳城”（Solar City）[①] 的合并，他的朋友埃隆 · 马斯克目前正在建立一个新的 21 世纪的集成化、同质的的电力供应设施。与此同时，马斯克甚至还提供了板岩板和屋顶瓦，这些板和屋顶瓦上集成的太阳能电池可以均匀地安装起来。他在可再生能源领域雄心勃勃，依靠大型太阳能和风力发电场来帮助他节省税收，同时这也带来源源不断的新的现金流。

正如水力压裂技术的使用所表明的那样，美国可以通过利用自己的能源资源，同时通过更有效的能源生产和运输方法，在制造业领域重新获得大量的附加值生产和就业机会。

为了改革或“破坏”相关行业，正如硅谷用新时尚词汇所表达的那样，它需要在立法和政治意愿方面多加斟酌，也需要雄厚的财政资源，还需要美国科技集团的团结一致。毕竟，有了 Apple、Alphabet、Amazon、Facebook 和 Microsoft，五家美国科技公司跻身全球最贵公司之列。凭借它们的创新，这些公司不仅说服了全球数十亿的客户，还说服了大批投资者。因此，这些集团的总裁与美国政府握手，提出一项以技术为导向的“新政”是有好处的。蒂尔在 2016 年 12 月与特朗普展开的第一次对话是迈向这一目标的第一步。然而，其他人必须迅速跟进，使愿景成为现实。在下次选举中，光是漂亮的言辞并不能说服投资者或选民。

如果蒂尔谈到创新、经济增长和创造就业之间的联系，经济学家们就会不断地告诉他，技术进步将消耗就业机会，而不是创造新的就业机会。因此，越来越多的人主张无条件的基本收入，即使是在富裕的硅谷地区，人们也这么认为。人工智能力量的幽灵岌岌可危。人类可能会被思维机器所取代。

然而，对蒂尔来说，这是错误的做法，至少在目前和不久的将来是这样。“人

① 译注：太阳城公司于 2008 年 10 月成立，是美国一家专门发展家用光伏发电项目的公司，位于加州福斯特城。

们为工作和资源而竞争，计算机们彼此竞争，为了‘0’。”蒂尔在他的《从 0 到 1》一书中说。[24] 技术是对人类能力的补充，这使工人在全球化和价格压力面前更有生产力，并为他们提供了创造更高价值的机会。人们“可以在复杂的情况下计划和决策。计算机恰恰相反：它们是优秀的数据处理器，但在做最简单的决策的时候，就已经困难重重。”蒂尔在他的书中说。[25] 蒂尔可以根据自己的经验得出结论，毕竟他与 PayPal 和 Palantir 两家公司从诞生起一起成长，核心就是对大型公司的数据量进行分析。在这两家公司中，人和机器构成一对工作上的合作伙伴，利用各自的优势，有助于成功地找到解决方案，这一点已被证明是正确的。德国就是一个很好的例子。自动化和机器人技术高度密集，或许正因为如此，德国的公司实现了高附加值，从而保持了德国就业的竞争力。更妙的是，德国工程师协会（VDI）在 2017 年汉诺威博览会上宣布，作为与卡尔斯鲁厄大学和弗劳恩霍夫研究所开展的一项研究的一部分，最重要的是让具有高度数字化能力的公司将部分生产迁回德国。原因显而易见：数字化使生产高度灵活，在互联网普及的时代，客户期望在最短的时间内完成生产和交付。由于产业自动化，人员的工资成本起次要作用。[26]

针对彭博社记者张慧卿提出的问题：“在 21 世纪的某个时候，计算机是否会超越人类？”蒂尔回答说，这些“关键不是经济问题，而是涉及政治和文化问题”。蒂尔用一个比喻来解释这一点，对他来说，情况就像外星人登陆地球一样，我们不会问这对我的工作意味着什么，我们会问：“他们是否友好？”蒂尔就这样一语中的，为政治和社会扩展了视野，并再次给予其重要的动力，即在现有思维模式之外进行思考。

此外，沃伦·巴菲特的商业伙伴查理·芒格，尽管他已经 90 多岁了，但他依旧紧跟技术前沿的发展。2017 年，他在伯克希尔公司大会上对人工智能的担忧发表了以下评论：“您根本不必担忧，前提是如果生产率能每年提高 25%。”然而，他更关心的是目前每年不到 2% 的生产率。[27]

第 9 章

慈善事业

不是反对学习，我反对教育。

彼得·蒂尔[1]

蒂尔基金会

“我们支持科学、技术和对未来的长期思考”。[2] 这就是蒂尔基金会对其慈善使命的描述。蒂尔把慈善活动的重点放在可以带来新技术突破的主题上。他关注的是革命性的、技术驱动的挑战，完全符合他在其书《从 0 到 1》中所倡导的哲学，这本书的副标题是“创新如何拯救我们的社会”。他把自己对社会的贡献看作是为那些致力于“其他无法解决的紧迫问题”的人们提供财政支持。[3] 蒂尔也坚持他的观点。他组织慈善活动的方式符合他的“心意”，从而提供了真正的社会附加值，而不仅仅是将慈善行为作为亿万富翁的利他“遮羞布”。

这背后的哲学是，独立于政府、当局和机构，支持政治、个人和经济自由，并促进全新领域的创新研究和技术。作为一个自由主义者，对于蒂尔而言，保护那些成为独裁制度或侵犯人权行为受害者的组织和个人是非常重要的。

蒂尔奖学金分为三个领域：

——蒂尔奖学金（Thiel Fellowship）为辍学的年轻人提供了一个为期两年的项目，帮助他们实现自己的新想法。

——突破实验室（Breakout labs）是一种新形式的资助和支持科学公司的尖端方法。

——模仿（Imitatio）促进了蒂尔对著名哲学家勒内·吉拉尔“模仿理论”的研究和应用。

在研究和技术领域，蒂尔对人工智能和抗衰老方面特别感兴趣。从他很小的时候起，他就一直致力于寻找延长预期寿命的方法和途径。阿尔茨海默病和痴呆症的更频繁发生与更高的预期寿命有关，这是需要解决的主要挑战，而且很快会解决。

蒂尔还认为，我们已经学会了“以极端乐观和极端悲观的态度处理死亡和死亡问题”，这是一个令人关切的问题。[4] 蒂尔认为，需要在面对困难的挑战时有一个务实的看法：“我相信，更健康的立场是一种中间态度，我们不压制死亡，也不仅仅接受死亡，而是要与之抗争。”蒂尔这样告诉德国经济杂志《结算》（*Bilanz*）。[5]

蒂尔还定期举行会议，给众人和各种倡议提供公共舞台和交流机会。2010 年，他组织了一次突破性的慈善大会，8 家非营利公司可以在会上展示他们来自全新技术领域的项目。2011 年，一个类似的会议在“快速前进”的口号下举行，这个口号很适合蒂尔。[6]2015 年年底，蒂尔和他的朋友埃隆·马斯克（特斯拉）、里德·霍夫曼（LinkedIn）、山姆·奥尔特曼（Sam Altman）和杰西卡·利文斯顿（Jessica Livingston）与 OpenAI 一起成立了一家非商业性的人工智能研究公司。OpenAI 的使命是“促进数字智能，使人类整体受益，而不需要考虑产生财务回报”。[7] 总的来说，包括 Amazon Web Services（AWS）和印度 IT 集团印孚瑟斯技术有限公司① 在内的创始成员代表可动用的拨款高达 10 亿美元。因此，马斯克和蒂尔与 Alphabet、Apple、Facebook 和 Microsoft 等主要科技集团形成了一个重要的对比，这些公司近年来凭借其几乎无限的财力，从人工智能领域收购了许多重要的科学家和初创企业，风险是，人工智能可能会被一些强大的 IT 公司垄断。马斯克在 2014 年接受 CNBC 采访时也强调：“无论是在国家层面还是在国际层面，监管和监督都是必要的，只是为了确保我们这些科技公司不会做出疯狂的事情。”OpenAI 将发展成为一个领先的研究机构，致力于为公众提供有用的解决方案。在很短的时间内，我们就可以招聘到著名的科学家和技术人员。同时，OpenAI 通过人工智能领域的研究报告和可自由访问的软件，确立了自己在 IT 领域的重要舆论领袖地位。[8]

作为热爱自由的人，蒂尔一直强烈关注人文领域的主题。他认为，无论是源自日益严重的财富不平等，还是源自他一再谴责的美国在中东的军事行动，战争和动

① 译注：印孚瑟斯技术有限公司（Infosys Technologies Ltd）是印度历史上第一家在美国上市的公司。成立于 1981 年，总部位于印度信息技术中心班加罗尔市，在全球拥有雇员超过 10 万名，分布于 20 多个国家。

乱都是世界上最大的危险之一。他是人权的支持者之一。保护记者委员会在建立奥斯陆和平论坛方面发挥了决定性作用。

总之，蒂尔基金会的活动是为了在很早的阶段采纳和资助创新的想法。作为一名风险投资家，蒂尔对这种方法感到非常满意，因为它创造了更快推进重要创新的机会。在以前，蒂尔给机器智能研究所①、森斯（SENS）基金会②抗衰老研究所和“海上家园”研究所都提供了很多帮助。

蒂尔是技术奇点的伟大捍卫者，这个主题最著名的代表人物是未来学者雷·库兹韦尔（Ray Kurzweil）。③在摩尔定律推动下，计算服务呈指数级增长，他认为巨大的技术加速将把我们带入一个人工智能的世界，这个人工智能的世界将超越人类的能力。库兹韦尔相信他的设想在不久的将来会成为现实。蒂尔是加州机器智能研究所监事会成员，过去曾多次为他们的人工智能方面的竞赛捐款。

早在2006年，蒂尔就为英国科学家和生物信息学家奥布里·德·格雷（Aubrey de Grey）④的玛图塞拉老鼠奖基金会捐款了350万美元。蒂尔深信：“本世纪生物科学的巨大进步将为改善所有人的健康和预期寿命提供宝贵的发现。”德·格雷的革命性方法将“加速年龄研究的进程”，给人们一个更长寿、更健康的生活。德·格雷是SENS基金会的首席科学家，该基金会正致力于消除生物年龄，并得到了蒂尔基金会的支持。[9]这位剑桥大学的科学家经常在会议和媒体上发表挑衅性的言论，称我们可以“预防衰老”[10]，“衰老绝对是不健康的”[11]，因此赢得了很多关注。

蒂尔对位于美国加州桑尼维尔的“海上家园”研究所的资助，直到今天仍然被各媒体纷纷报道，它的任务是“在海上建立永久自治社区，以便研究不同社会、政

① 译注：位于美国加州伯克莱的机器智能研究学院（Machine Intelligence Research Institute）致力于研究人工智能。

② 译注：SENS研究基金会是一个专门进行人类寿命延长研究的慈善基金。

③ 译注：雷·库兹韦尔，毕业于麻省理工大学计算机专业，是奇点大学创始人兼校长、Google技术总监。曾获9项名誉博士学位和2次总统荣誉奖。著有《奇点临近》等著作。

④ 译注：奥布里·德·格雷（Aubrey de Grey），SENS研究基金会首席科学家。

治和法律制度的尝试和创新”。[12] 蒂尔在该项目计划上投资了1亿2500万美元。[13] 这个灵感来自安·兰德（Ayn Rand）的哲学小说《阿特拉斯耸耸肩》①。[14] 蒂尔在他的宣言《自由主义者的教育》中为实现该项目发表了言论。[15] 他在接受张慧卿采访时，最后直言，对这个项目要稍微谨慎一点，说它是“一个非常小的附带项目，具有不同的角色和管理形式”，并强调“对这一项目的实施将是非常遥远的未来的事”。[16]

蒂尔奖学金

美国梦依旧存在！史蒂夫·乔布斯、比尔·盖茨和马克·扎克伯格是三位杰出的辍学者，他们分别是亿万富翁和科技界领袖，三人分别创立了Apple、Microsoft和Facebook。创业精神和发明精神，不能严格按照大学的课程来教授。蒂尔是对辍学的大学生进行创业投资的最著名人物之一。他令人印象深刻地证明了这一点：他在辍学的马克·扎克伯格身上投资了50万美元，然后通过这一投资成了亿万富翁。

自2011年以来，蒂尔一直为各创业公司创始人提供蒂尔奖学金，这个奖学金最初叫作“20个20岁以下的辍学生”，蒂尔分别为他们创建公司提供18到20万美元，唯一的条件就是：你必须停止中学或大学学习。蒂尔也因此遭到了两极分化的评价，并在高科技博客TechCrunch中遭到前哈佛大学院长和比尔·克林顿顾问拉里·萨默斯的猛烈攻击，他认为蒂尔的项目是“十年来最受误导的非营利项目”。[17] 许多有才华、缺钱的程序员和网络怪才都在这个项目中看到了自己的未来。因为在大公司的官僚结构感受到挫败感，缺乏成长机会和思路阻塞，创业恰恰是他们实施自己想法的正确途径。毕竟，每年都有大约500多名十几岁的年轻人在蒂尔这里竞争一个创业机会。蒂尔对美国传统的大学教育制度持批评态度。他认为它太贵了，而且让大学生背负一身难以承受的债务，让他们几乎没有机会在初创企业尝试风

① 译注：安·兰德（Ayn Rand）所著《阿特拉斯耸耸肩》，是一部乌托邦小说，描绘了一个由自私而精明的商人、科学家、艺术家等社会精英组成的世外桃源，有着田园诗般的诗意和现实社会中的欲望的满足。

险，大显身手。蒂尔认为蒂尔奖学金的候选人是“非常有才华的”，并说，“将在未来几年到几十年里，这个团队会给技术领域带来巨大的变化”。和往常一样，蒂尔质疑传统的思维方式和制度。尤其是在教育培训这一重要问题上。他认为，我们需要更多的多样性，让年轻人能够各行其是。

2013 年 12 月，记者劳拉·科洛德尼在《华尔街日报》中，把蒂尔奖学金取得的显著成就汇集在一起，作为这个奖学金项目初步的成就清单的一部分。根据其报道，64 名蒂尔奖学金获得者成立了 67 个商业公司，从风险投资商和天使投资那里获得了 5.54 亿美元的投资，写了两本书，开发了 30 个手机应用程序，提供了 135 个全职工作岗位。此外，6000 名肯尼亚人获得了清洁用水和太阳能电力。虽然这还不是蒂尔承诺的可持续“影响”，但却是一个坚实的开端。[18]

目前，蒂尔奖学金获得者所创办的最成功的公司和这些公司创始人包括：

阿里·韦恩斯坦和康拉德·克莱默，他们的应用程序“工作流程”（Workflow）被 Apple 公司授予 2015 年的年度最具创新性的应用的奖项。Apple 公司于 2017 年春季收购了与该公司合作的创始团队。[19]

付芳颖离开普林斯顿，创办了非盈利的“太阳能解决方案”（SunSaluter）公司。SunSaluter 公司涉及一种低成本机制，能让太阳能电池板同太阳同步转动，从而提高 30% 的能源效率。SunSaluter 遍布全球 18 个国家，为 1 万多人提供能源。付芳颖是这家非营利性公司的董事长，她同时也在 Palantir 工作。

詹姆斯·普劳德的初创企业 Hello 以 2.5 亿美元的企业估值获得超过 4000 万美元的风险投资。该公司开发了一种睡眠录音机，售价 149 美元，预计 2017 年的销量为 25 万件。

瑞特斯·阿加瓦尔创建了印度最大的廉价酒店网络。该公司在 200 多个城市的 6500 多家酒店设有客房。到目前为止，阿加瓦尔已经筹集了 1.87 亿美元的风险资本，估值为 4 亿美元。他把蒂尔奖学金项目形容为“我遇到的最棒的事”。

劳拉·德明从 14 岁起就开始在阻止人类老龄化领域工作。在麻省理工学院，她还是一名学生的时候就尝试使用人工组织和器官。同时，她还与制药专家和基金经理合作，以及与风险投资家“长寿基金”合作。投资者为那些致力于延长人类寿命的公司提供资金。[20]

蒂尔希望更多有才华的年轻人有机会实现他们的想法和梦想。其他倡议行为，比如孵化器公司Y组合的早期阶段，他认为这些都不是自己的竞争对手，而是重要的竞争同伴。现在蒂尔本人也是Y组合的外部顾问，“我们希望成为一个更大的科技创新运动的一部分，思考我们作为一个社会，应该如何加速创新和进步。”

通过他富有争议和挑衅性的新培训方法，蒂尔还成功地让哈佛、斯坦福和麻省理工的精英们改变了他们的学习计划，让他们更适合成为一名初创企业的创始人。蒂尔还为老牌大学搭建了一座桥梁，并在他的母校斯坦福大学举办了一系列关于创业的讲座。这些讲座是他与前学生布莱克·马斯特斯合著的《从0到1》一书的基础。马斯特斯后来成为蒂尔基金会的主席。

著名作家汤姆·沃尔夫①的女儿亚历山德拉·沃尔夫观察了获得蒂尔奖学金的这些年轻创始人两年多，写出了一本有趣的名为《神谷》（*Valley of the Gods*）的书。她把硅谷的同时代人和蒂尔的奖学金候选人描述成阿斯伯格症式的孜孜以求的追逐理想者，他们都是几乎无法彼此沟通的人，或者是在一个鸡尾酒会上丝毫不引人注目的人，他们独来独往，在政治上具有易被操纵的特点。[21]但这可能是一个很好的选择标准，用来尽早发现未来的公司高层。毕竟，比尔·盖茨和马克·扎克伯格，在青少年时，就很好地融入了计算机网络领域。两人都成立了亿万美元公司，对20世纪和21世纪的世界产生了巨大的影响力。

突破实验室

彼得·蒂尔因为其奖学金项目备受争议，在学术圈里朋友寥寥。年轻人为了创业而放弃学业是多么让人惋惜啊！

但是，具有逆向思维的蒂尔，也用突破实验室（Breakout Labs）的形式做出了

---

① 译注：汤姆·沃尔夫（Tom Wolfe），美国记者、作家。他的报道风格大胆，以使用俚语、造词和异端的标点为特征。

适当的回应。它们是蒂尔基金会的一部分，是资助一些科学研究的一个工具，这些研究通常还处于早期阶段，太理论化，或者研究的时间太长，商业部门，经典的风险资本投资者或商业天使对此不感兴趣。

突破实验室遵循蒂尔所持有的改变固定模式和界限的哲学理念。在其使命宣言中，也有一个独特的标题“突破可能的界限”。突破实验室正在寻找能够创造“高社会价值”的优秀想法的科学家。他们常常得不到必要的支持，无法将“实验室的发现”带来经济效益，突破实验室帮助他们突破主流科学业务。“越狱”（jailbreak）一词在突破实验室网站上被明确使用。这不由自主地让人想起蒂尔的话，他将自己从纽约一家律师事务所的辞职比作“恶魔岛暴动”。

根据蒂尔的偏好，突破实验室促进了科学公司从根本上追求新思想，从而将社会带入“下一个”层次。

突破实验室还提供了一个全面的创新计划，包括每年邀请所有受资助的公司参加两到三次活动，但也会邀请其他参与监管、业务发展领域的企业家、企业代表、投资者、战略商业伙伴和关键服务提供商，以及营销专家和人事经理。

突破实验室的核心活动是“拆箱活动”（Unboxing），每年10月举行一次，目的是为受赞助的公司提供机会，向各种潜在的投资者和战略合作伙伴介绍其公司和其公司的技术进展。

此外，突破实验室还拥有投资者、战略合作伙伴和工业合作伙伴的数据库，其目的是将突破实验室的公司与战略合作伙伴和感兴趣的公司联系起来。公司律师也提供相应的法律支持。

一个由风险投资金融家和战略公司组成的人际网络可用于为研究驱动型企业提供后续资金。突破实验室在其网站上称之为“企业和金融的催化剂”，投资者包括蒂尔的公司创始人基金和米特里尔资本，还有二十多个其他著名公司，如阿特拉斯风险投资，Index 风险投资或科斯拉风险投资。罗氏公司，因其在生物技术和癌症研究方面的投资而闻名，也是支持者之一。[22]

观点：冲向新海岸

关于死亡的问题。“基本上，”蒂尔认真地说，“我反对。”[1]

虽然唐纳德·特朗普将对美利坚合众国的绝对忠诚作为其宣誓后演讲的核心政治议程的基本组成部分，但刚刚人们才知道，彼得·蒂尔拥有新西兰公民身份。正如媒体猜测的那样，蒂尔是否再次打起了逆向思维的牌？对他来说，新西兰是一种“储备国”，是全球流行病或全球经济危机威胁时的退却之地？[2]

新西兰这个“长白云之地”，新西兰的原始居民毛利人用两个岛屿称呼自己的家乡，蒂尔对这个地方已经向往很久了。蒂尔在寻找完美的社会形态，似乎在新西兰他找到了自己的梦幻岛和理想国家的形象，也就是他所说的“乌托邦”。新西兰被我们称为世界尽头的一个目的地，是冒险家、背包客的目的地，也是学生们的目的地，这些学生希望在毕业和学习间隙迅速获得一些对风景如画的世界的探索经验。对蒂尔来说，这是他在海上家园和另一个星球上生存之间的一种尝试，是一个中间步骤，是一种以未来为导向的富有逻辑的人生愿景。新西兰与“指环王”的联系也说明了这一点。众所周知，蒂尔是一个狂热的托尔金迷，并用托尔金的小说《指环王》中的词汇来命名他的 Palantir 公司和米特里尔公司。他还赞赏新西兰的自由和先进的法律，其中包括有吸引力的累进制税收立法。

因此，蒂尔成为“硅谷现象”的典型代表：尽管思想先驱们在设想新的未来的时候，喜欢在公众中传播很多乐观主义的愿景，当他们以弥赛亚的方式向全世界忠实的粉丝展示他们能带来社会突破的创新时，越来越多的硅谷富豪担心自己的未来。蒂尔选择了在风景如画的新西兰避难，而也有人购买豪华的地堡，囤积燃料和食物。如果发生战争、经济危机或流行病，只有最基本的尘世价值才有帮助。在虚拟世界里，各主人公已经内化了这一点，并相应地对自己进行了定位。许多人对世界有一种彻头彻尾的反乌托邦观点。拥有很多的人，可能也会失去很多。

但在未来的岁月里，地球将如何发展？关键在于，一方面要全球化，另一方面要创新和实现技术突破。直到特朗普，全球化才不再被视为一个光荣的经济增长引擎，这也可以用残酷的数据来证明。全球社会生产总值的增速已从 20 世纪 60 年代的峰值 6% 降至 2015 年的 3%。数字化通过提高每位员工的生产效率来降低劳动力成本，从而提高竞争力。越来越多的工作岗位，即使是在生产中，再次出现在接近终端消费者的地方，这些消费者希望在未来通过手机应用程序就能几乎实时地获取商品。但这需要灵活而训练有素的新工人，以及高水平的数字能力和技术理解能力。正如蒂尔正确分析的那样，教育也许是最重要的建筑工地，教育投资是全世界实现更多创新、增值和繁荣的关键。蒂尔的“用更少的钱做更多的事情”的信条可能来自一家大公司或一个生态导向型政党的可持续发展报告。我们生活在一个人口持续上升的世界，对原材料和能源的依赖性丝毫不减。正如天然气丑闻告诉我们的那样，仅仅以革新的方式来推进技术已经远远不够。我们可能不仅在通过立法规定上，而且在突破技术挑战上，都遇到了障碍和瓶颈。

蒂尔认为我们正处于创新危机之中，原因也可以获得科学验证。蒂尔的母校斯坦福大学的宏观经济学家尼克 · 布鲁姆最近发表了一项研究，研究表明经济增长是因为创意和创新。尽管自 20 世纪 30 年代以来，研发人员的数量增加了超过 20 倍，但他们的集体生产力却下降了 41 个因子（Faktor）。计算机技术就是一个很好的例子。英特尔联合创始人戈登 · 摩尔 1965 年提出了举世闻名的“摩尔定律”理论，即作为计算机、平板电脑和智能手机核心的微处理器的计算能力每两年翻一番。50 多年后，他的理论仍然有效，正如蒂尔喜欢强调的那样，这一理论能让信息技术在过去 50 年中不断发展，成为创新的“绿洲”。但代价是昂贵的：斯坦福大学的研究人员发现，如今摩尔定律背后的研究费用比 1971 年高出了 78 个因子。[3]

和许多研究人员一样，蒂尔同意，只有每年超过 3% 的经济增长才能保证更高的就业率，从而让中产阶级通过实际工资的增长，来参与到经济复苏中。研究表明，只有收入最高的10%的人因为获取了更高的工资而从全球化中受益匪浅。此外，财富的增长，以及资本的增长大于收益的增长。各央行的零利率政策使小储户的存款贬值，反而为公司和资产所有者提供了有利的融资和投资条件。因此，股票和房地产市场正在蓬勃发展，这导致了资产更加集中。

然而，为了实现更强劲的经济增长和人民更广泛地参与其工作成果，有必要在国家和企业之间缔结一项新的创新协定。

美国是否仍将是世界领先的科技国家？蒂尔依旧确信，硅谷是创新的中心。但对他来说，这也不是一种自由式的发展。斯坦福大学是一个由风险投资家和高科技公司组成的网络，其网络效应导致了一种独特的共生关系，并产生了流水线一般的创新和企业。但蒂尔认为网络效应也可能是危险的，可能会“失控”。[4]

21世纪的人们将如何生活，进一步发展？智能手机和计算机的巨大进步，使我们离人工智能更近了许多。数据已经是大型互联网集团的核心资源，我们的生活将不再像今天一般自由。每个人都毫无隐私，从个人偏好到健康状况，从财务状况，到运动情况和消费者概况。一天二十四小时，全天候。纸币不再存在，无所不在的银行分行将从街上消失。我们是否会把仿人机器人看成是家庭管家，让它们在工作场所和私人场合帮助我们应对日益老龄化的社会，从而使我们的生活更加愉快？

Apple、Alphabet、Amazon、Facebook和Microsoft这五大科技垄断企业正迸发出强大的力量，看上去，挣钱无数。Facebook在五年内将其现金流从3.77亿美元增加到116亿美元，增长了30倍；Amazon在15年内将其现金流从1.35亿美元增加到97亿美元，增长了71倍；Google甚至在同一时期从1800万美元增长到258亿美元，增长了1400倍。[5]这些数字显示了，在21世纪，哪些行业创造了价值，是如何创造的。正是蒂尔所推动的公司在数字经济中占据了垄断地位，并通过网络效应实现了极高的增长。随着盈利高增长，企业可以通过有针对性的企业购买来扩大市场地位，Google与YouTube、Facebook、Instagram和WhatsApp合作，Amazon收购了“全食”（Whole Foods）连锁超市。

这会引导我们走向哪个世界？我们的生命是在乔治·奥威尔的《一九八四》，

还是在奥尔德斯·赫胥黎的《美丽的新世界》中绽放？未来的生活是一种奥威尔式的处于完全监视下的生活，还是一种更类似于赫胥黎眼中的稳定、和平与自由的未来生活？人工智能将扮演什么角色？它会成为一个大杀器吗？蒂尔在 PayPal 和 Palantir 公司也有过其他的经验。计算机和算法有其独特的优势，人类也是如此。两者之间的协作，即人与机的协作形式，产生了很好的效果。蒂尔是开放人工智能的倡议人之一，他与埃隆·马斯克一起强调，人工智能的工作必须公开透明，向社会和公众开放，这样，任何一个团体都不能垄断这项技术。这是对一项关键技术的必要限制，因为美国的五大科技集团已经合并了许多人工智能领域的大公司和初创企业。

算法必须服从于德国技术监督协会（TüV）①，并受其管理吗？关于 Facebook、假新闻和滥用社交网络的讨论才刚刚开始，目前还需要一个新的法律框架来保护人们，但同时又不妨碍创业自由和创新。

太空长期以来一直是美国国家航空航天局（NASA）和欧空局（ESA）等国家机构的专利，如今已成为亿万富翁们的游乐场，他们雄心勃勃地计划在地球之外创造新的生存可能。蒂尔是埃隆·马斯克的太空公司 SpaceX 的主要投资人之一，Amazon 的杰夫·贝佐斯也借助其航空航天公司“蓝色起源”（Blue Origin）参与到太空运输业务中，他最近宣布，他将每年从私人财产中拿出 10 亿美元用于投资他的太空探索事业。Amazon 的高股票市值和公司财富使这成为可能。

但蒂尔、马斯克和贝佐斯致力于到火星上生活的愿景，在多大程度上是现实的？就在最近，埃隆·马斯克将火星任务的发射时间提前了两年，提前到 2020 年。太空探测器的设计目的是收集未来人类在火星着陆的技术知识。最早在 2024 年，第一批拥有 SpaceX 太空船的人就可能要前往我们的红色邻国星球了。就连家具制造商宜家（IKEA）也在关注火星的殖民问题，这家企业在犹他州的沙漠里建造了模拟火星生命的研究站。这些发展的核心是从火星上的极端生活条件中获得经验，这些经验是为了能够在地球上以节约资源的方式来研发家具。[6] 因此，这完全是地

① 译注：TüV 是德语 Technischer überwachungs Verein 的缩写，意为德国技术监督协会。

球上的人类动机。一个例子能说明征服太空的创新竞赛能带来地球上人类生活条件的改善。卫星技术是20世纪60年代第一次太空竞赛中，人类成功登月后的一次重要成果。没有卫星，就不可能在全世界进行电信和电视广播，也不可能监测航空、航运和农业的天气。

蒂尔对飞车的愿景越来越接近现实。他的出生地德国，最近创立了一家百合花初创企业（Lilium），就是为了让电动空中出租车的愿景变成现实，这种“飞车”就像一个无人驾驶的垂直起动器。这个初创企业2015年创立，其无人驾驶的飞车首次飞行在2017年春季成功实现。比如，空中出租车可以将从曼哈顿到纽约肯尼迪机场的航班从通常的55分钟车程缩短到5分钟，价格要便宜得多。这家初创公司把空中出租车的这段飞行票价最初定为36美元，长期来看，应该会降到6美元。同样的距离，如果是传统的出租车，价格会在56到73美元之间。迪拜政府从2017年夏天开始测试一家中国公司的无人机出租车。从2030年开始，四分之一的载人客运交通应该是使用无人驾驶交通工具。

蒂尔仍有延长寿命和长生不老的愿望。对于如何看待死亡这个话题，蒂尔说：“我从根本上拒绝人生终点。如上所述，他通过参与社团和慈善活动，对相关领域进行了大量投资。Alphabet甚至有专门的经营部门从事这个主题，马克·扎克伯格和他的妻子普莉希拉·陈在2016年宣布了一项30亿美元的重大举措，旨在战胜人类疾病。[7]在不久的将来，我们将展示出，哪些创新会可持续地改变我们的生活，最重要的是，哪些创新会改善人类生活。蒂尔2016年在与联邦德国前财政副部长、德国议会国务秘书延斯·斯潘的会谈中表示：“技术进步不会解决人类的所有问题，但没有技术进步，我们根本解决不了任何问题。”[8]所以，让我们期待彼得·蒂尔的下一步战略行动吧！

致　谢

对于这本书的创作，我要感谢所有相关人士，特别是以下人士：

金融图书出版社的项目经理乔治·霍多利奇提出了这本书的选题，并大胆地做出了出版这本书的决定。

金融图书出版社将这本书纳入了出版计划，金融图书出版社有限责任公司的董事总经理 / 编辑弗朗克·维纳博士，我认识他十多年了，在此对他表示感谢，他让我与金融图书出版社（原版书出版社）建立了联系。平面设计师马文·阿德霍夫，负责书籍图形和插图的设计和绘制（原版书）。

我要特别感谢我的妻子安德烈亚·斯泰格，没有她无条件的支持，这本书就不会出版。她不仅支持我，让我有充足的时间来寻找写这本书的资料，而且她也支持我的意见和行动，并在编辑内容上给我提供了帮助。

关于作者

托马斯·拉波尔德（Thomas Rappold），1971 年出生。互联网企业家和投资者。14 岁时，他就使用当时的经典计算机 C64 自学了第一种编程语言。作为欧洲媒体信息学研究的首批毕业生之一，他成为安联证券交易所互联网战略小组的员工，为当时开创性的面向私人和企业客户的新金融门户的成功做出了重大贡献。

十多年来，他一直是一家互联网咨询和投资公司的成功企业家，也是众多互联网初创公司的创始人。托马斯·拉波尔德对硅谷有很深的了解，并作为投资者参与了各种初创企业。托马斯·拉波尔德是硅谷金融和技术专家，因德国新闻台（n-tv）、24 小时新闻台（N24）、《焦点—金融》（Focus Money）和在线证券交易所（Boerse Online）的报道而闻名遐迩。

有关拉波尔德和硅谷的更多信息，请访问：www.silicon-valley.de。

参考资料

第一章

1. Thiel, Peter: The Education of a Libertarian, Cato Unbound, 13.04.2009, https://www.cato-unbound.org/2009/04/13/peter-thiel/education-libertarian.

2. Ebenda.

3. Ebenda.

4. Chang, Emily: Venture Capitalist Peter Thiel: Studio 1.0 (12/18), Bloomberg TV, 18.12.2014, https://www.bloomberg.com/news/videos/2014-12-19/venture-capitalist-peter thiel-studio-10-1218.

5. Balzer, Arno: Captain Future, Der deutschstämmige Investor Peter Thiel ist eine Aus nahmeerscheinung der internationalen Finanzwelt und eine Schlüsselfigur des Silicon Valley, Bilanz April 2017, S. 16-25.

6. Thiel, Peter: The Education of a Libertarian, a.a.O.

7. Andreessen, Marc: Why Software is Eating the World, Wall Street Journal, 20.08.2011, https://www.wsj.com/articles/SB10001424053111903480904576512250915629460.

8. Balzer, Arno: Captain Future, a.a.O., S. 16-25.

9. Gibney, Burce: What happened to the future, 2011, http://foundersfund.com/the-future/#.

10. Lance, Daniel: Peter Thiel, A Conversation with Daniel Lance, Juni 2009, https://www.youtube.com/watch?v=esk7W9Jowtc.

11. Feloni, Richard: Peter Thiel explains an esoteric philosophy book shaped his

worldview, 10. 11.2014, http://www.businessinsider.de/peter-thiel-on-rene-girards-influence-2014-11.

12. Ebenda.

13. Thiel, Peter: The Saturday Essay, Competition Is for Losers, 12.09.2014, https://www.wsj.com/articles/peter-thiel-competition-is-for-losers-1410535536.

14. Girard, René: Things Hidden Since The Foundation Of The World, Stanford University Press, Stanford, 1987.

15. Thiel, Peter: Peter Thiel, technology entrepreneur and investor, 11.09.2014, https://www.reddit.com/r/IamA/comments/2g4g95/peter_thiel_technology_entrepreneur_and_investor/.

16. Bacon, Francis: The New Atlantis, San Bernadino, 22.12.2016.

17. ENCYCLOPEDIA BRITANNICA: Jean-Jacques Servan-Schreiber, French Journalist, https://www.britannica.com/biography/Jean-Jacques-Servan-Schreiber, abgerufen am 02.06.2017.

18. Servan-Schreiber, Jean-Jacques: The American Challenge, Versilio, Kindle Edition, 2014.

19. Servan-Schreiber, Jean-Jacques: The American Challenge, Versilio, Kindle Edition, 2014.

20. Angell, Norman: The Great Illusion – A Study of the Relation of Military Power To National Advantage, William Heinemann, London, 1912.

21. Musk, Elon: All Our Patent Are Belong To You, 12.06.2014, https://www.tesla.com/blog/all-our-patent-are-belong-you.

22. Stephenson, Neal: The Diamond Age Or, A Young Lady's Illustrated Primer, Bantam Dell, New York, 1995.

第二章

1. Kosoff, Maya; Bezos, Jeff: Peter Thiel Is »a Contrarian,« and Contrarians »Are UsuallyWrong«,20.10.2016,http://www.vanityfair.com/news/2016/10/jeff-bezos-peter-

thieltrump-contrarian

2. Rappold, Thomas: Silicon Valley Investing, Investieren in die Superstars von heute, morgen und übermorgen, Finanzbuch Verlag, München 2016, S. 16

3. Kosoff, Maya; Bezos, Jeff: Peter Thiel Is »a Contrarian« and Contrarians »Are Usually Wrong«,20.10.2016,http://www.vanityfair.com/news/2016/10/jeff-bezos-peter-thieltrump-contrarian.

4. Dowd, Maureen: Confirm or Deny: Peter Thiel, New York Times, 11.01.2017, https://www.nytimes.com/2017/01/11/fashion/peter-thiel-confirm-or-deny.html.

5. WIRED UK, Peter Thiel: Successful Businesses are Based on Secrets, Wired, https://www.youtube.com/watch?v=yODORwGmHqo.

6. Masters, Blake: Peter Thiel's CS183: Startup – Class 1. Notes Essay, 03.04.2012. http://blakemasters.com/post/20400301508/cs183class1.

7. Oliver, Baron: Das Geheimis des Erfolgs (II): Investieren wie Warren Buffett, 18.05.2013, https://www.godmode-trader.de/artikel/das-geheimis-des-erfolgs-ii-investieren-wiewarren-buffett,3092291.

8. Thiel, Peter: Peter Thiel, technology entrepreneur and investor, 11.09.2014, https://www.reddit.com/r/IamA/comments/2g4g95/peter_thiel_technology_entrepreneur_and_investor/.

9. Gibney, Burce: What happened to the future, 2011, http://foundersfund.com/the-future/#. 10. Patterson, Scott; Blackmon, Douglas A.: Buffett Bets Big on Railroad, The Wall Street Journal, 04.11.2009, https://www.wsj.com/articles/SB10001424052748703740004574513191915147218

11. Constine, Josh: Facebook's Risk Factors: Mobile, Gov, Slowed Growth, Google+, TechCrunch, 01.02.2012, https://techcrunch.com/2012/02/01/facebooks-risk-factorsmobile-gov-slowed-growth-google/.

12. Thiel, Peter mit Masters, Blake: Zero to One, Wie Innovation unsere Gesellschaft rettet, Campus Verlag Frankfurt am Main 2014, S. 14.

13. Ebenda, S. 8.

14. WIRED UK, Peter Thiel: Successful Businesses are Based on Secrets, Wired, https://www.youtube.com/watch?v=yODORwGmHqo.

15. Carmichael, Evan, Peter Thiel Interview – Peter Thiel's Top 10. Rules For Success, 24.09.2015, https://www.youtube.com/watch?v=NjpEZBTCML8.

16. Mac, Ryan: Reid Hoffman And Peter Thiel In Conversation: The College Days, Forbes, 28.04.2012,https://www.forbes.com/sites/ryanmac/2012/04/28/reid-hoffman-andpeter-thiel-in-conversation-the-college-days/.

17. Carmichael, Evan, Peter Thiel Interview – Peter Thiel's Top 10. Rules For Success, a.a.O.

18. Thiel, Peter mit Masters Blake: Zero to One, Wie Innovation unsere Gesellschaft rettet, Campus Verlag Frankfurt am Main 2014, S. 16.

第三章

1. Chang, Emily: Venture Capitalist Peter Thiel: Studio 1.0 (12/18), Bloomberg TV, 18.12.2014, https://www.bloomberg.com/news/videos/2014-12-19/venture-capitalist-peterthiel-studio-10-1218.

2. Goist, Robin: Billionaire businessman Peter Thiel of PayPal gives historic pro-gay speech at RNC (video), cleveland.com, 21.07.2016, http://www.cleveland.com/rnc-2016/index.ssf/2016/07/peter_thiel_speaks_last_night.html.

3. United States Census Bureau, Annual Estimates of the Resident Population for Incorporated Places: April 1, 2010. to July 1, 2015, https://factfinder.census.gov/faces/tableservices/jsf/pages/productview.xhtml?src=bkmk.

4. Packer, George: The Unwinding: An Inner History of the New America, FARAR, STRAUS AND GIROUX, New York 2013, S. 120f.

5. Chang, Emily: Venture Capitalist Peter Thiel: Studio 1.0 (12/18), Bloomberg TV, 18.12.2014, https://www.bloomberg.com/news/videos/2014-12-19/venture-capitalist-peterthiel-studio-10-1218.

6. Ebenda.

7. Packer, George: The Unwinding: An Inner History of the New America, a.a.O.

8. Wong, Julia Carrie, Seasteading: tech leaders' plans for floating city trouble French Polynesians, The Guardian, 02.01.2017, https://www.theguardian.com/technology/2017/jan/02/seasteading-peter-thiel-french-polynesia.

9. Berlin, Leslie: The man behind the microchip. Robert Noyce and the invention of Silicon Valley, Oxford University Press, New York, 2005.

10. Computer History Museum, http://www.computerhistory.org/revolution/personalcomputers/17/300, Seite abgerufen am 31.01.2017.

11. Packer, George: The Unwinding: An Inner History of the New America, FARAR, STRAUS AND GIROUX, New York 2013, S. 121.

12. Ebenda.

13. Ferriss, Tim: Tools der Titanen. Die Taktiken, Routinen und Gewohnheiten der Weltklasse-Performer, Ikonen und Milliardäre, Finanzbuch Verlag, München 2017, S. 267.

14. Brown, Mick: Peter Thiel: the billionaire tech entrepreneur on a mission to cheat death, 19.09.2014, http://www.telegraph.co.uk/technology/11098971/Peter-Thiel-the-billionairetech-entrepreneur-on-a-mission-to-cheat-death.html.

15. Ebenda.

16. Packer, George: The Unwinding: An Inner History of the New America, a.a.O., S. 122f.

17. Dowd, Maureen: Confirm or Deny: Peter Thiel, New York Times, 11.01.2017, https://www.nytimes.com/2017/01/11/fashion/peter-thiel-confirm-or-deny.html

18. Dionne, E. J.: Political Memo; G.O.P. Makes Reagan Lure Of Young a Long-Term Asset, The New York Times, 31.10.1988, http://www.nytimes.com/1988/10/31/us/political-memo-gop-makes-reagan-lure-of-young-a-long-term-asset.html.

19. Parloff, Roger: Peter Thiel's Contrarian Strategy, Fortune, 04.09.2014, http://fortune.com/2014/09/04/peter-thiels-contrarian-strategy/.

20.Packer, George: The Unwinding: An Inner History of the New America, a.a.O., S. 124.

21. Ebenda, S. 123.

22. Ebenda.

23. Masters, Blake: Peter Thiel's CS183: Startup – Class 1. Notes Essay, 03.04.2012. http://blakemasters.com/post/20400301508/cs183class1.

24. Ebenda.

25. Packer, George: The Unwinding: An Inner History of the New America, a.a.O., S. 124.

26. Nisen, Max: 9. Famous Execs who majored in Philosophy, Businessinsider, 19.01.2014, http://www.businessinsider.com/successful-philosophy-majors-2014-1.

27. Mac, Ryan: Reid Hoffman and Peter Thiel share the Secrets of breaking into Tech's most exclusive Network, FORBES, 02.05.2012, http://www.forbes.com/sites/ryanmac/2012/05/02/reid-hoffman-and-peter-thiel-share-the-secrets-of-breaking-into-techs-mostexclusive-network.

28. Ebenda.

29. Konrad, Alex: The Midas List, 2016. Ranking, Forbes, Produced with TrueBridge Capital Partners http://www.forbes.com/midas/list/#tab:overall.

30. Mac, Ryan: Reid Hoffman and Peter Thiel share the Secrets of breaking into Tech's most exclusive Network, FORBES, 02.05.2012, http://www.forbes.com/sites/ryanmac/2012/05/02/reid-hoffman-and-peter-thiel-share-the-secrets-of-breaking-into-techs-mostexclusive-network.

31. Feloni, Richard: Peter Thiel explains how an esoteric philosophy book shaped his worldview, Businessinsider, 10.11.2014, http://www.businessinsider.de/peter-thiel-onrene-girards-influence-2014-11.

32. Chang, Emily: Venture Capitalist Peter Thiel: Studio 1.0 (12/18), Bloomberg TV, 18.12.2014, https://www.bloomberg.com/news/videos/2014-12-19/venture-capitalist-peterthiel-studio-10-1218.

33. Parloff, Roger: Peter Thiel's Contrarian Strategy, Fortune, 04.09.2014, http://fortune.com/2014/09/04/peter-thiels-contrarian-strategy/.

34. Ebenda.

35. Kosoff, Maya: Jeff Bezos: Peter Thiel Is »a Contrarian« and Contrarians »Are

Usually Wrong«, Vanityfair, 20.10.2016, http://www.vanityfair.com/news/2016/10/jeff-bezospeter-thiel-trump-contrarian.

36. Parloff, Roger: Peter Thiel's Contrarian Strategy, Fortune, 04.09.2014, a.a.O.

37. Buffett, Warren E.: Buy American. I Am. 16.10.2008, http://www.nytimes.com/2008/10/17/opinion/17buffett.html.

38. By Staff, A Brief and Non-Exhaustive History of the Stanford Review, Stanfordreview, 09.02.2012. https://stanfordreview.org/a-brief-and-non-exhaustive-history-of-the-stanfordreview-b238185ef3d2#.aj940cyzd.

39. Packer, George: The Unwinding: An Inner History of the New America, a.a.O., S. 125.

40. Huwa, Kyle: The Intellectual Force behind Web 2.0, Stanford Review, 07.11.2010, https://stanfordreview.org/the-intellectual-force-behind-web-2-0-22bc6b9ec0af#.29fs188ki.

41. Packer, George: The Unwinding: An Inner History of the New America, a.a.O., S. 125.

42. By Staff, A Brief and Non-Exhaustive History of the Stanford Review, a.a.O.

43. Ebenda.

44. Burr, Thomas: Peter Thiel speaks at The National Press Club, 31.10.2016, http://www.press.org/events/peter-thiel.

45. Stanford University News Service, News Release, 12.02.1992, http://news.stanford.edu/pr/92/920212Arc2432.html.

46. By Staff, A Brief and Non-Exhaustive History of the Stanford Review, a.a.O.

47. Packer, George: The Unwinding: An Inner History of the New America, a.a.O., S. 127.

48. Ferriss, Tim: Tools der Titanen. Die Taktiken, Routinen und Gewohnheiten der Weltklasse-Performer, Ikonen und Milliardäre, Finanzbuch Verlag, München 2017, S. 266f.

第四章

1. Parloff, Roger: Peter Thiel's Contrarian Strategy, Fortune, 04.09.2014, http://fortune.com/2014/09/04/peter-thiels-contrarian-strategy/.

2. Mark A. Lemley: On Innovation, Entrepreneurialism, and Law: A Conversation with Peter Thiel and Mark A. Lemley, 31.05.2011, Stanford Lawayer, Spring 2011, https://law.stanford.edu/stanford-lawyer/articles/q-a-legal-matters-with-peter-thiel-92-ba-89-bs-89-and-mark-a-lemley-ba-88/.

3. Liptak, Adam: Antonin Scalia, Justice on the Supreme Court, Dies at 79, New York Times, 13.02.2016, https://www.nytimes.com/2016/02/14/us/antonin-scalia-death.html.

4. Rubino, Kathryn: PayPal Co-Founder Understands how bad Biglaw is, Abovethelaw.com, 24.05.2016, http://abovethelaw.com/2016/05/paypal-co-founder-understands-how-badbiglaw-really-is/.

5. Packer, George: The Unwinding: An Inner History of the New America, a.a.O., S. 127.

6. Rubino, Kathryn: PayPal Co-Founder Understands how bad Biglaw is, a.a.O.

7. Chung, Renwei: How Justice Scalia broke PayPal Founder Peter Thiel's Heart long ago, Abovethelaw.com, 19.02.2016, http://abovethelaw.com/2016/02/justice-scalia-mighthave-broken-your-heart-on-valentines-day-but-he-broke-paypal-founder-peter-thiels-heartlong-ago/.

8. Ebenda.

9. Rubino, Kathryn: PayPal Co-Founder Understands how bad Biglaw is, a.a.O.

10. Packer, George: The Unwinding: An Inner History of the New America, a.a.O., S. 128f.

11. Thiel, Peter: The Saturday Essay, Competition Is for Losers, Wall Street Journal, 12.09.2014, https://www.wsj.com/articles/peter-thiel-competition-is-for-losers-1410535536.

12. Reid, Robert H.: Architects of the Web, 1.000 Days that Built the Future of Business, John Wiley & Sons, New York 1997, S. 9.

13. Ebenda, S. 43f.

14. Ebenda, Introduction S. XV, XVI.

15. Parloff, Roger: Peter Thiel's Contrarian Strategy, Fortune, 04.09.2014, http://fortune.com/2014/09/04/peter-thiels-contrarian-strategy/.

16. Jackson, Eric M.: The PayPal Wars, Battles with eBay, the Media, the Mafia, and

the Rest of Planet Earth, WND Books, 2012, Washington, D.C., S. 5.

17. Packer, George: The Unwinding: An Inner History of the New America, a.a.O., S. 130.

18. Jackson, Eric M: The PayPal Wars, a.a.O., S. 5.

19. Ebenda.

20. Ebenda, S. 6.

21. Ebenda.

22. Crunchbase, https://www.crunchbase.com/organization/paypal#/entity, abgerufen am 16.02.2017.

23. Paypalobjects, https://www.paypalobjects.com/webstatic/en_US/mktg/pages/stories/pdf/paypal_infogrpahic_-_key_milestones.pdf, abgerufen am 16.02.2017.

24. Jackson, Eric M.: The PayPal Wars, a.a.O., S. 7.

25. Forrest, Conner: How the ›PayPal Mafia‹ redefined success in Silicon Valley, Techrepublic, 01.07.2014, http://www.techrepublic.com/article/how-the-paypal-mafiaredefined-success-in-silicon-valley/.

26. comdirect.de, Aktienkurs PayPal, abgerufen am 16.02.2017. https://www.comdirect.de/inf/aktien/detail/uebersicht.html?SEARCH_REDIRECT=true&REFERER=search.general&REDIRECT_TYPE=WHITELISTED&ID_NOTATION=137447337&SEARCH_VALUE=PAYPAL.

27. comdirect.de, Aktienkurs Deutsche Bank, abgerufen am 16.02.2017. https://www.comdirect.de/inf/aktien/detail/uebersicht.html?SEARCH_REDIRECT=true&REFERER=search.general&REDIRECT_TYPE=WHITELISTED&ID_NOTATION=142991&SEARCH_VALUE=DEUTSCHE+BANK.

28. comdirect.de, Aktienkurs Nokia, abgerufen am 16.02.2017. https://www.comdirect.de/inf/aktien/detail/uebersicht.html?SEARCH_REDIRECT=true&REFERER=search.general&REDIRECT_TYPE=WHITELISTED&ID_NOTATION=194281&SEARCH_VALUE=-NOKIA.

29. Jackson, Eric M.: The PayPal Wars, a.a.O., S. 9.

30. Paypalobjects, https://www.paypalobjects.com/webstatic/en_US/mktg/pages/

stories/pdf/paypal_infogrpahic_-_key_milestones.pdf, abgerufen am 16.02.2017.

31. Jackson, Eric M.: The PayPal Wars, a.a.O., S. 93.

32. Napoli, Lisa: Compaq Buys Zip2. to Enhance Altavista, The New York Times, 17.02.1999, http://www.nytimes.com/1999/02/17/business/compaq-buys-zip2-toenhance-altavista.html.

33. Chafkin, Max: Entrepreneur of the Year, 2007: Elon Musk, 01.12.2007, Inc, S. 4.

34. Spear, Todd: The Business Proposals that Built a Billionaire: Elon Musk Edition, Quoteroller, 22.10.2013, http://blog.quoteroller.com/2013/10/22/business-proposalsbuilt-billionaire-elon-musk/.

35. Packer, George: The Unwinding: An Inner History of the New America, a.a.O., S. 134.

36. Greenspan, Alan: Remarks by Chairman Alan Greenspan, At the Annual Dinner and Francis Boyer Lecture of The American Enterprise Institute for Public Policy Research, Washington D.C, 05.12.1996, https://www.federalreserve.gov/boarddocs/speeches/1996/19961205.htm.

37. Jackson, Eric M: The PayPal Wars, a.a.O., S. 67.

38. Ebenda, S. 107.

39. Ebenda, S. 149–170.

40. Ebenda, S. 171–190.

41. Ebenda, S. 215–235.

42. O'Brien, Jeffrey M.: Meet the PayPal Mafia. An inside look at the hyperintelligent, superconnected pack of serial entrepreneurs who left the payment service and are turning Silicon Valley upside down, Fortune Magazine, 26.11.2007, http://archive. fortune. com/2007/11/13/magazines/fortune/paypal_ mafia. fortune/index.htm.

43. Forrest, Conner: How the ›PayPal Mafia‹ redefined success in Silicon Valley, Techrepublic, 01.07.2014, http://www.techrepublic.com/article/how-the-paypal-mafiaredefined-success-in-silicon-valley/.

44. Ebenda.

45. Hillenbrand, Tom: »Eier aus Stahl«, Paypal, Tesla, SpaceX. Elon Musk gilt als größtes Genie seit Steve Jobs, BusinessPunk, Nr. 2, 2011.

46. Buhayar, Noah: Munger Hosts Groupies, Mocks Wall Street, Praises Buffett, Bloomberg News, 11.09.2014, http://www.bloomberg.com/ news/2014-09-11/munger-hosts-groupiesmocks-wall-street- praisesbuffett.html.

47. Rosoff, Matt: Where are they now? The PayPal »Mafia« is more powerful than ever, Business Insider, 12.11.2011, http://www.businessinsider.com/the-paypal-mafia-is-evenmore-powerful-2011-11?op=1.

48. Yahoo Finance: Tesla, 27.02.17, https://finance.yahoo.com/quote/TSLA?ltr=1.

49. Tweedie, Steven: Microsoft buys LinkedIn for $26,2. billion, Business Insider, 13.06.2016, http://www.businessinsider.de/microsoft-buys-linkedin-2016-6.

50. Crunchbase, https://www.crunchbase.com/organization/palantir#/entity, abgerufen am 16.02.2017.

51. Winkler, Rolfe: SpaceX's valuation rockets to 12. billion with Google Investment, Wall Street Journal, 21.01.2015, http://blogs.wsj.com/digits/2015/01/21/spacexs-valuationrockets-to-12-billion-with-google-investment/.

52. Yahoo Finance: Yelp, 27.02.17, https://finance.yahoo.com/quote/YELP/?p=YELP.

53. Forest, Conner: How the ›PayPal Mafia‹ redefined success in Silicon Valley, Techrepublic, 01.07.2014, http://www.techrepublic.com/article/how-the-paypal-mafiaredefined-success-in-silicon-valley/.

54. Ebenda.

55. Chang, Emily: LinkedIn's Reid Hoffman Why I Call Elon Musk, Bloomberg News, 30.06.2014, http:// www.bloomberg.com/video/ linkedin-s-reid-hoffman-why-i-call-elonmusk-RF3S2H~OQn6Er- muRcKBcqg.html

56. Chang, Emily: Venture Capitalist Peter Thiel: Studio 1.0 (12/18), Bloomberg TV, 18.12.2014, https://www.bloomberg.com/news/videos/2014-12-19/venture-capitalist-peterthiel-studio-10-1218.

第五章

1. Ebenda.

2. Ebenda.

3. Lemley, Mark A.: On Innovation, Entrepreneurialism, and Law: A Conversation with Peter Thiel and Mark A. Lemley, 31.05.2011, Stanford Lawyer, Spring 2011, https://law.stanford.edu/stanford-lawyer/articles/q-a-legal-matters-with-peter-thiel-92-ba-89-bs-89-and-mark-a-lemley-ba-88/.

4. Parloff, Roger: Peter Thiel's Contrarian Strategy, Fortune, 04.09.2014, http://fortune.com/2014/09/04/peter-thiels-contrarian-strategy/.

5. Thiel, Peter: A Note from Peter Thiel, http://zerotoonebook.com/about/, abgerufen am 02.06.2017.

6. Thiel, Peter: Peter Thiel, technology entrepreneur and investor, 11.09.2014, https://www.reddit.com/r/IamA/comments/2g4g95/peter_thiel_technology_entrepreneur_and_investor/.

7. Balzer, Arno: Captain Future. Der deutschstämmige Investor Peter Thiel ist eine Ausnahmeerscheinung der internationalen Finanzwelt und eine Schlüsselfigur des Silicon Valley, Bilanz, April 2017, S. 16–25.

8. Thiel, Peter mit Masters, Blake: Zero to One, Wie Innovation unsere Gesellschaft rettet, Campus Verlag, Frankfurt am Main 2014, S. 190.

9. Ebenda, S. 102.

10. Thompson, Derek: Peter Thiel's Zero to One Might Be the Best Business Book I've Read, 25.09.2014, https://www.theatlantic.com/business/archive/2014/09/peter-thiel-zero-toone-review/380738/.

11. Chang, Emily: Venture Capitalist Peter Thiel: Studio 1.0 (12/18), Bloomberg TV, 18.12.2014, https://www.bloomberg.com/news/videos/2014-12-19/venture-capitalist-peterthiel-studio-10-1218.

12. Packer, George: The Unwinding: An Inner History of the New America, a.a.O., S. 126.

13. Thompson, Derek: Peter Thiel's Zero to One Might Be the Best Business Book

I’ve Read, a.a.O.

14. Thiel, Peter: The Saturday Essay, Competition Is for Losers, Wall Street Journal, 12.09.2014, https://www.wsj.com/articles/peter-thiel-competition-is-for-losers-1410535536.

15. Ebenda.

16. Segal, David: ›Zero to One‹, ›Good Profit‹, and ›Team of Teams‹, 18.05.2016, https://www.nytimes.com/2016/05/22/books/review/zero-to-one-good-profit-and-teamof-teams.html.

17. Cosseboom, Leighton: Zero to One is a great book. But is Peter Thiel oversimplyfying Asia?, TECHINASIA, 22.01.2015, https://www.techinasia.com/book-review-zero-to-onepeter-thiel-asia.

18. Thompson, Derek: Peter Thiel’s Zero to One Might Be the Best Business Book I’ve Read, a.a.O.

19. Kristol, Bill: Conversations with Bill Kristol, Peter Thiel Transcript, 29.07.2014, http://conversationswithbillkristol.org/transcript/peter-thiel-transcript/.

20. Sacks, David; Thiel, Peter: The Diversity Myth, Multiculturalism and Political Intolerance on Campus, The Independent Institute, Oakland 1995, S. XXV–XXIX.

21. Mac, Ryan; Drange, Matt: Donald Trump Supporter Peter Thiel Apologizes For Past Book Comments On Rape, Forbes, 25.10.2016, https://www.forbes.com/sites/ryanmac/2016/10/25/peter-thiel-apologizes-for-past-book-comments-on-rape-andrace/#9d5d82e4e480

22. Sacks, David, Thiel, Peter: The Diversity Myth, a.a.O., S. XV–XXI.

23. McGirt, Ellen: Google Searches Its Soul, Inside The Search Giant’s Effort To Get More Diverse – And To Change The Way We All See The World, Fortune, 20.01.2017, http://fortune.com/google-diversity/.

24. Zarya, Valentina: 3. Ways Facebook Is Trying to Diversify Its Workforce, Fortune, 20.01.2017, http://fortune.com/2017/01/20/facebook-workforce-diversity-data-driven/.

25. Mac, Ryan: Palantir Pays $1.6. Million To Settle Hiring Discrimination

Lawsuit With Department Of Labor, Forbes, 25.04.2016, https://www.forbes.com/sites/mattdrange/2017/04/25/palantir-pays-1-6-million-to-settle-hiring-discrimination-lawsuit-withdepartment-of-labor/#55a9aabf449c.

26. Kantor, Jodi: The New York Times, A Brand New World In Which Men Ruled, 23.12.2014, https://www.nytimes.com/interactive/2014/12/23/us/gender-gapsstanford-94.html.

27. Ebenda.

28. Fowler, Susan J.: Reflecting on one very, very strange year at Uber, 19.02.2017, https://www.susanjfowler.com/blog/2017/2/19/reflecting-on-one-very-strange-year-at-uber.

29. Green, Alisha: Uber fires more than 20 following internal harassment investigation, San Francisco Business Times, 06.06.2017, http://www.bizjournals.com/sanfrancisco/news/2017/06/06/uber-fires-employees-harassment-investigation.html.

30. Drell, Persis: Progress report from Provost Persis Drell to the campus community on Student Title IX Process, Stanford News, 31.05.2017, http://news.stanford.edu/2017/05/31/progress-report-student-title-ix-process/.

31. Carson, Erin; Kerr, Dara: Silicon Valley deals, reels with scandal, CNET.com, 01.03.2017, https://www.cnet.com/news/silicon-valley-tech-scandal-uber-zenefits-airbnb-tinder/.

第六章

1. Forrest, Connor: How the ›PayPal Mafia‹ redefined success in Silicon Valley, Techrepublic, 01.07.2014, http://www.techrepublic.com/article/how-the-paypal-mafia-redefinedsuccess-in-silicon-valley/.

2. Horowitz, Ben: The Hard Thing About Hard Things – Building a Business when there are no easy Answers, Harper Collins, New York 2014.

3. Thiel, Peter mit Masters, Blake: Zero to One, a.a.O., S. 113.

4. Jackson, Eric M.: The PayPal Wars, Battles with eBay, the Media, the Mafia, and the Rest of Planet Earth, a.a.O., S. 228.

5. Ebenda, S. 83.

6. Lemley, Mark A.: On Innovation, Entrepreneurialism, and Law: A Conversation with Peter Thiel and Mark A. Lemley, 31.05.2011, Stanford Lawyer, Spring 2011, https://law.stanford.edu/stanford-lawyer/articles/q-a-legal-matters-with-peter-thiel-92-ba-89-bs-89-and-mark-a-lemley-ba-88/.

7. Thiel, Peter mit Masters, Blake: Zero to One, a.a.O., S. 171.

8. Chang, Emily: Venture Capitalist Peter Thiel: Studio 1.0 (12/18), Bloomberg TV, 18.12.2014, https://www.bloomberg.com/news/videos/2014-12-19/venture-capitalist-peterthiel-studio-10-1218.

9. Thiel, Peter mit Masters, Blake: Zero to One, a.a.O., S. 171.

10. Ebenda, S. 185.

11. Forrest, Connor: How the ›PayPal Mafia‹ redefined success in Silicon Valley, a.a.O.

12. Di Lorenzo, Giovanni: Fragen an Helmut Schmidt, Verstehen Sie das, Herr Schmidt?, Die Zeit, 04.03.2010, http://www.zeit.de/2010/10/Fragen-an-Helmut-Schmidt/seite-4.

13. Chang, Emily: Venture Capitalist Peter Thiel: a.a.O.

14. Jackson, Eric M.: The PayPal Wars, a.a.O., S. 19.

15. Ebenda.

16. Ebenda.

17. Schumpeter, Joseph A.: Kapitalismus, Sozialismus und Demokratie. Stuttgart 2005.

18. Schumpeter, Joseph A.: Theorie der wirtschaftlichen Entwicklung. Berlin 1912, S. 157.

19. Parloff, Roger: Peter Thiel's Contrarian Strategy, Fortune, 04.09.2014, http://fortune.com/2014/09/04/peter-thiels-contrarian-strategy/.

20. Chang, Emily: Venture Capitalist Peter Thiel: a.a.O.

21. Thiel, Peter mit Masters, Blake: Zero to One, a.a.O., S. 108-110.

22. Thiel, Peter mit Masters, Blake: Zero to One, a.a.O., S. 81.

23. Bechtolsheim, Andreas: The Process of Innovation, Stanford University, 12.07.2012, http://engineering. stanford.edu/alumni-profile/ andy-bechtolsheim-

engineering-herotalks-innovation-success-engineering.

24. Forrest, Connor: How the ›PayPal Mafia‹ redefined success in Silicon Valley, a.a.O.

25. Ebenda.

26. Thiel, Peter mit Masters, Blake: Zero to One, a.a.O., S. 116.

27. Forrest, Connor: How the ›PayPal Mafia‹ redefined success in Silicon Valley, a.a.O.

28. Ebenda.

29. Ebenda.

30. Caron, Paul: Peter Thiel's Advice to Graduates: »My Ambition to be a Lawyer was less a Plan for the future than an alibi for the present«, 22.05.2016, http://taxprof.typepad.com/taxprof_blog/2016/05/peter-thiels-advice-to-graduates-my-ambition-to-be-a-lawyerwas-less-a-plan-for-the-future-than-an-a.html.

31. Forrest, Connor: How the ›PayPal Mafia‹ redefined success in Silicon Valley, a.a.O.

32. Jackson, Eric M.: The PayPal Wars, a.a.O., S. 22.

33. Thiel, Peter mit Masters, Blake: Zero to One, a.a.O., S. 122.

34. Forrest, Connor: How the ›PayPal Mafia‹ redefined success in Silicon Valley, a.a.O.

35. Ebenda.

36. Masters, Blake: Peter Thiel's CS183: Startup – Class 1. Notes Essay, 03.04.2012. http://blakemasters.com/post/20400301508/cs183class1.

37. Forrest, Connor: How the ›PayPal Mafia‹ redefined success in Silicon Valley, a.a.O.

38. Jackson, Eric M.: The PayPal Wars, a.a.O., S. 48.

39. Graham, Paul: Hackers & Painters. Big Ideas from the Computer Age, O'Reilly Media Inc., Sebastopol 2010.

40. Thiel, Peter mit Masters, Blake: Zero to One, a.a.O., S. 123.

41. Ebenda.

42. Graham, Paul: Hackers & Painters. Big Ideas from the Computer Age, a.a.O.

43. Thiel, Peter mit Masters, Blake: Zero to One, a.a.O., S. 115.

44. Forrest, Connor: How the ›PayPal Mafia‹ redefined success in Silicon Valley, a.a.O.

45. Jackson, Eric M.: The PayPal Wars, a.a.O., S. 42.

46. Forrest, Connor: How the ›PayPal Mafia‹ redefined success in Silicon Valley, a.a.O.

47. Thiel, Peter mit Masters, Blake: Zero to One, a.a.O., S. 116.

48. Gobry, Pascal-Emmanuel: Palantir Apologizes For Its Plan To Crush Wikileaks, Business Insider, 11.02, 2011. http://www.businessinsider.com/palantir-wikileaksapology-2011-2.

49. Rusli, Evelin: Palantir: The Next Billion-Dollar Company raises $90 Million, Techcrunch, 25.06.2010, https://techcrunch.com/2010/06/25/palantir-the-next-billion-dollar-companyraises-90-million/.

50. Greenberg, Andy und Mac, Ryan: How A ›Deviant‹ Philosopher Built Palantir, A CIA-Funded Data-Mining Juggernaut. Forbes, August 14, 2013, http://www.forbes.com/sites/andygreenberg/2013/08/14/agent-of-intelligence-how-adeviant-philosopher-built-palantir-a-cia-funded-data-mining-juggernaut/.

51. Ebenda.

52. Gobry, Pascal-Emmanuel: Palantir Apologizes For Its Plan To Crush Wikileaks, a.a.O.

53. Rose, Charlie: Alex Karp, C.E.O. of the data-mining company Palantir, reflects on his career and what led him to create software that is used by the CIA, FBI, and others, 11.08.2009, charlierose.com.

54. Ebenda.

55. www.palantir.com, abgerufen am 25.04.2017.

56. A pretty complete history of Palantir: 11.08.2015, http://www.socialcalculations.com/2015/08/a-pretty-complete-history-of-palantir.html.

57. www.palantir.com, abgerufen am 25.04.2017.

58. Quittner, Jeremy: The Startup That's Spawning a New Generation of Startups, 22.08.2014, http://www.inc.com/jeremy-quittner/palantir-and-the-spinoff-effect.html.

59. Sankar, Shyam: How did Palantir gain its initial traction, 18.04.2010, https://www.quora.com/How-did-Palantir-gain-its-initial-traction.

60. Thiel, Peter mit Masters, Blake: Zero to One, a.a.O., S. 121.

61. Desmond, Nate: How PALANTIR built a $15. Billion Growth Engine, 22.06.2015, https://buckfiftymba.com/palantirs-growth-engine/.

62. Rusli, Evelin: Palantir: The Next Billion-Dollar Company raises $90 Million, Techcrunch, 25.06.2010, https://techcrunch.com/2010/06/25/palantir-the-next-billion-dollar-companyraises-90-million/.

63. Vance, Ashlee und Stone, Brad: Palantir, the War on Terror's Secret Weapon, Bloomberg Businessweek, November 22, 2011. http://www.businessweek.com/magazine/palantir-the-vanguard-of-cyberterror-security-11222011.html.

64. Ebenda.

65. Rusli, Evelin: Palantir: The Next Billion-Dollar Company raises $90 Million, a.a.O.

66. Greenberg, Andy und Mac, Ryan: How A ›Deviant‹ Philosopher Built Palantir, A CIA-Funded Data-Mining Juggernaut. Forbes, August 14, 2013, a.a.O.

67. Rose, Charlie: Alex Karp, C.E.O. of the data-mining company Palantir, a.a.O.

68. Lev-Ram, Michael: Palantir Connects the Dots With Big Data, Fortune, March 9, 2016, http://fortune.com/palantir-big-data-analysis/.

69. Ebenda.

70. Karp, Alexander C.: Aggression in der Lebenswelt: Die Erweiterung des Parsonsschen Konzepts der Aggression durch die Beschreibung des Zusammenhangs von Jargon, Aggression und Kultur, Inauguraldissertation zur Erlangung des Grades eines Doktors der Philosophie im Fachbereich Gesellschaftswissenschaften der Johann-WolfgangGoethe-Universität zu Frankfurt am Main, vorgelegt 2002.

71. Greenberg, Andy und Mac, Ryan: How A ›Deviant‹ Philosopher Built Palantir, A CIA-Funded Data-Mining Juggernaut. Forbes, August 14, 2013, a.a.O.

72. A pretty complete history of Palantir, 11.08.2015, a.a.O.

73. Ebenda.

74. Greenberg, Andy und Mac, Ryan: How A ›Deviant‹ Philosopher Built Palantir, a.a.O.

75. Vance, Ashlee und Stone, Brad: Palantir, the War on Terror's Secret Weapon, a.a.O.

76. Rusli, Evelin: Palantir: The Next Billion-Dollar Company raises $90 Million, a.a.O.

77. Sankar, Shyam: How did Palantir gain its initial traction, 18.04.2010, https://www.quora.com/How-did-Palantir-gain-its-initial-traction.

78. Ebenda.

79. Ebenda.

80. Vance, Ashlee und Stone, Brad: Palantir, the War on Terror's Secret Weapon, a.a.O.

81. Greenberg, Andy und Mac, Ryan: How A ›Deviant‹ Philosopher Built Palantir, A CIA-Funded Data-Mining Juggernaut. Forbes, August 14, 2013, a.a.O.

82. Lev-Ram, Michael: Palantir Connects the Dots With Big Data, Fortune, March 9, 2016, http://fortune.com/palantir-big-data-analysis/.

83. Hardy, Quentin: Unlocking Secrets, if Not Its Own Value, The New York Times, 31.05.2014, https://www.nytimes.com/2014/06/01/business/unlocking-secrets-if-not-itsown-value.html.

84. Desmond, Nate: How Palantir built a $15. Billion Growth Engine, 22.06.2015, https://buckfiftymba.com/palantirs-growth-engine/

85. Vance, Ashlee und Stone, Brad: Palantir, the War on Terror's Secret Weapon, a.a.O.

86. Alden, William: Inside Palantir, Silicon Valley's Most Secretive Company, 06.05.2016, https://www.buzzfeed.com/williamalden/inside-palantir-silicon-valleys-most-secretivecompany.

87. Vance, Ashlee und Stone, Brad: Palantir, the War on Terror's Secret Weapon, a.a.O.

88. News.com Staff Writers: Is Palantir CEO Alex Karp the most bizarre in Silicon Valley? 23.10.2013, http://www.news.com.au/finance/business/is-palantir-ceo-alex-karp-the-mostbizarre-in-silicon-valley/news-story/.

89. Vance, Ashlee und Stone, Brad: Palantir, the War on Terror's Secret Weapon, a.a.O.

90. https://www.palantir.com, abgerufen am 25.04.2017.

91. Desmond, Nate: How Palantir built a $15. Billion Growth Engine, a.a.O.

92. Ebenda.

93. Greenberg, Andy und Mac, Ryan: How A ›Deviant‹ Philosopher Built Palantir, A CIA-Funded Data-Mining Juggernaut. Forbes, August 14, 2013, a.a.O.

94. Hardy, Quentin: Unlocking Secrets, if Not Its Own Value, a.a.O.

95. Thiel, Peter mit Masters, Blake: Zero to One, a.a.O., S. 130.

96. Venture Radar: Palantir Technologies, https://www.ventureradar.com/organisation/Palantir%20Technologies/feeb0e98-1935-48dd-af8d-6bb3c7f45ed2, abgerufen am 25.04.2017.

97. Greenberg, Andy und Mac, Ryan: How A ›Deviant‹ Philosopher Built Palantir, a.a.O.

98. A pretty complete history of Palantir, 11.08.2015, http://www.socialcalculations.com/2015/08/a-pretty-complete-history-of-palantir.html.

99. Ernst, Douglas: Peter Thiel's data startup Palantir sued by Obama admin. for racial discrimination, Washington Times, 27.09.2016, http://www.washingtontimes.com/news/2016/sep/27/peter-thiels-data-startup-palantir-sued-by-obama-a/.

100. Alden, William: Inside Palantir, Silicon Valley's Most Secretive Company, a.a.O.

101. Newcomer, Eric: Palantir Mulls IPO and Expects to Be Profitable Next Year, 26.10.2016, https://www.bloomberg.com/news/articles/2016-10-26/palantir-mulls-ipo-and-expectsto-be-profitable-next-year.

102. Quittner, Jeremy: The Startup That's Spawning a New Generation of Startups, 22.08.2014, http://www.inc.com/jeremy-quittner/palantir-and-the-spinoff-effect.html.

103. Hoefflinger, Mike: Becoming Facebook: The 10. Challenges That Defined the Company That's Disrupting the World, AMACOM, New York 2017, S. 6.

104. Feloni, Richard, This sci-fi novel changed the life of billionaire LinkedIn founder Reid Hoffman, 06.10.2015, http://www.businessinsider.com/linkedin-reid-hoffman-novelchanged-his-life-2015-10.

105. Chang, Emily: Venture Capitalist Peter Thiel: Studio 1.0 (12/18), Bloomberg TV, 18.12.2014, https://www.bloomberg.com/news/videos/2014-12-19/venture-capitalist-peterthiel-studio-10-1218.

106. http://whoownsfacebook.com/#Thiel, abgerufen am 26.04.2017.

107. Kirkpatrick, David, The Facebook Effect, 2010. Thiel to Kirkpatrick in The Facebook Effect, saying that Thiel provided prudent economic advice as a board member.

108. Drange, Matt, Mark Zuckerberg Decides to keep Peter Thiel on Facebook's Board, Forbes, 20.06.2016, https://www.forbes.com/sites/mattdrange/2016/06/20/zuckerberg-thiel-board/.

109. Heath, Alex, Mark Zuckerberg: it would be ›crazy‹ to kick Trump advisor Peter Thiel off Facebook's board, Business Insider, 13.03.2017, http://www.businessinsider.de/markzuckerberg-defends-facebook-board-member-peter-thiels-ties-to-trump-2017-3.

110. O'Brien, Terrence: Zuckerberg outlines idealistic Facebook mission in IPO filing, 01.02.2012, https://www.engadget.com/2012/02/01/zuckerberg-outlines-idealisticfacebook-mission-in-ipo-filing/.

111. Zuckerberg, Mark: Building Global Community, 16.02.2017, https://www.facebook.com/notes/mark-zuckerberg/building-global-community/10103508221158471/.

112. Fechter, Joshua: How Facebook disrupted the 273-Billion Dollar Publishing Industry, 09.11.2015, http://22s.com/blog/how-facebook-disrupted-the-273-billion-dollarpublishing-industry/.

113. Karabasz, Ina, Rickens Christian, Tuma Thomas: »Wir sind zu satt« Welche Jobs werden sterben? Was sollen unsere Kinder noch lernen? Ist das Internet Chance oder Bedrohung? Ein streitlustiges Gespräch mit dem Telekom-Chef, 20.12.2016, Handelsblatt.

114. Hoefflinger, Mike, Becoming Facebook: The 10. Challenges That Defined the Company That's Disrupting the World, AMACOM, New York 2017, S. 5.

115. Governance Documents: https://investor.fb.com/corporate-governance/, abgerufen am 26.04.2017.

116. Hoefflinger, Mike, Becoming Facebook, a.a.O., S. 1.

117. Walter, Ekaterina: How to Lead Like Zuck, 14.05.2014, http://www.inc.com/ekaterina-walter/as-zuckerberg-turns-30-leadership-lessons.html.

118. Hoefflinger, Mike, Becoming Facebook, a.a.O., S. 5.

119. Roberts, Hannah: Facebook payments are coming to Europe, Business Insider, 08.12.2016, http://www.businessinsider.de/facebook-quietly-secures-an-e-money-licensein-ireland-2016-12.

120. Fechter, Joshua: How Facebook disrupted the 273-Billion Dollar Publishing Industry, a.a.O.

121. Forrest, Connor: How the ›PayPal Mafia‹ redefined success in Silicon Valley, Techrepublik, 01.07.2014, http://www.techrepublic.com/article/how-the-paypalmafia-redefined-success-in-silicon-valley/.

122. McKracken, Harry, Behind The Brand, How Facebook keeps Scaling Its Culture, Fast Company, 24.11.2015, https://www.fastcompany.com/3053776/how-facebook-keepsscaling-its-culture.

123. McKracken, Harry, Behind The Brand, How Facebook keeps Scaling Its Culture, Fast Company, 24.11.2015, https://www.fastcompany.com/3053776/how-facebook-keepsscaling-its-culture.

124. Livermore, David: What Facebook tells us about the future of leadership, 15.10.2013, http://www.management-issues.com/opinion/6776/what-facebook-tells-us-about-thefuture-of-leadership/.

125. Lombardo, Jessica: Facebook Inc.'s Organizational Structure (Analysis), 08.02.2017, http://panmore.com/facebook-inc-organizational-structure-analysis,

126. Thompson, Andrew: Facebook Inc. Operations Management: 10. Decisions, Productivity, http://panmore.com/facebook-inc-operations-management-10-decisions-productivity.

127. Chamorro-Premuzic, Thomas,Yearsley Adam: The War for Talent Is Over, And Everyone Lost, https://www.fastcompany.com/3069078/pov/the-war-for-talent-is-overand-everyone-lost.

128. Feloni, Richard, The 5. values Facebook looks for in every employee, Business Insider, 02.09.2016, http://www.businessinsider.de/facebook-core-values-2016-2.

129. Hoefflinger, Mike, Becoming Facebook, a.a.O., S.135-142.

130. Shaughnessy, Haydn: Does Facebook Belong On The World's Most Innovative Companies List?, Forbes, 14.01.2013, https://www.forbes.com/sites/haydnshaughnessy/2013/01/14/why-does-facebook-belong-on-the-worlds-most-

innovative-companies-list/.

131. Blodget, Henry: Ignore The Screams – Facbook's Aggressive Approach Is Why It Will Soon Become The Most Popular Site in the World, Business Insider, 17.05.2010, http://www.businessinsider.com/facebook-privacy-innovation-2010-5.

132. Fast Company Staff: Why Facebook Is One Of The Most Innovative Companies of 2017, 13.02.2017, https://www.fastcompany.com/3067461/why-facebook-is-one-of-the-mostinnovative-companies-of-2017.

第七章

1. Masters, Blake: Peter Thiel's CS183: Startup – Class 1. Notes Essay, 03.04.2012. http://blakemasters.com/post/20400301508/cs183class1

2. Wright, Mic: The original iPhone announcement annotated: Steve Jobs' genius meets Genius, 09.09.2015, https://thenextweb.com/apple/2015/09/09/genius-annotated-withgenius/.

3. https://finance.yahoo.com/quote/PYPL, abgerufen am 03.04.2017.

4. https://app.sharespost.com/issuers/palantir, abgerufen am 03.04.2017.

5. http://finance.yahoo.com/quote/FB, abgerufen am 03.04.2017.

6. http://finance.yahoo.com/quote/brk, abgerufen am 03.04.2017

7. Reilly, Bryne Richard: Peter Thiel: Players, Companies, Life, The unauthorized microbiography of technology's greatest entrepreneur, 2016.

8. Thiel, Peter mit Masters, Blake: Zero to One, a.a.O., S. 87.

9. Ebenda, S. 86.

10. Lemley, Mark A.: On Innovation, Entrepreneurialism, and Law: A Conversation with Peter Thiel and Mark A. Lemley, 31.05.2011, Stanford Lawyer, Spring 2011, https://law.stanford.edu/stanford-lawyer/articles/q-a-legal-matters-with-peter-thiel-92-ba-89-bs-89-and-mark-a-lemley-ba-88/.

11. Baumann, Hasko: Film »Into the night with Garry Kasparow and Peter Thiel«, 03.07.2013, https://www.youtube.com/watch?v=9rOvEPYNEsc.

12. Reilly, Bryne Richard: Peter Thiel: Players, Companies, Life, a.a.O.

13. Bary, Andrew: What's Wrong, Warren? Berkshire's down for the year, but don't count it out. 27.12.1999, http://www.barrons.com/articles/SB945992010127068546.

14. Kunhardt, Teddy; Kunhardt, George; Gover Jacqueline; Nevins, Sheila: Becoming Warren Buffett, HBO, 30.01.2017, http://www.hbo.com/documentaries/becomingwarren-buffett/synopsis/about.html.

15. Masters, Blake: Peter Thiel's CS183: Startup – Class 1. Notes Essay, 03.04.2012, http://blakemasters.com/peter-thiels-cs183-startup.

16. Groskopf, Christopher; Kopf, Daniel: »Mapped: Where American income has grown the most over the past 25. years«, Quartz, 30.03.2017, https://qz.com/922658/the-geographyof-american-wage-growth-over-the-last-25-years/.

17. Masters, Blake: Peter Thiel's CS183: Startup – Class 1. Notes Essay, a.a.O.

18. Thiel, Peter mit Masters, Blake: Zero to One, a.a.O., S. 13.

19. Masters, Blake: Peter Thiel's CS183: Startup – Class 1. Notes Essay, a.a.O.

20. Ebenda.

21. Thiel, Peter mit Masters, Blake: Zero to One, a.a.O., S. 11.

22. Masters, Blake: Peter Thiel's CS183: Startup – Class 1. Notes Essay, a.a.O.

23. Ebenda.

24. Zoglauer, Cornelia; Hergert, Stefani; Rosenberger, Juraj: Handelsblatt Grafik des Tages: Die teuersten Unternehmen der Welt, 30.03.2017, S. 24-25.

25. Deagon, Brian: Apple, Microsoft, Alphabet Lead Field As Kings Of Cash, 03.11.2016, http://www.investors.com/news/technology/apple-microsoft-alphabet-lead-field-askings-of-cash/.

26. Thiel, Peter: CS 183B, Autumn Quarter 2014. – 2015, 07.10.2014, https://www.youtube. com/watch?v=5_0dVHMpJlo.

27. Olson, Parmy: Apple Grabs More Than 100% Of Smartphone Profits, 04.11.2016, https://www.forbes.com/sites/parmyolson/2016/11/04/apple-grabs-more-than-100-ofsmartphone-profits.

28. Netmarketshare, Desktop Search Engine Market Share, Mobile/Tablet Search Engine Market Share, März 2017, https://www.netmarketshare.com/search-engine-marketshare.aspx.

29. Masters, Blake: Peter Thiel's CS183: Startup – Class 1. Notes Essay, a.a.O.

30. Holm, Erik: Munger on Buffett's Apple Investment: ›Either You've Gone Crazy, or You're Learning‹, Wall Street Journal, 06.05.2017, http://www.wsj.com/livecoverage/berkshire-hathaway-2017-annual-meeting-analysis.

31. SEC Info – Ebay Inc – S-4. – on 8/6/02, http://www.secinfo.com/dr6nd.33fd.htm, abgerufen am 08.05.2017.

32. Masters, Blake: Peter Thiel's CS183: Startup – Class 1. Notes Essay, a.a.O.

33. Noto, Grace: P2P Set to Grow to More Than $3B By 2020, 16.03.2017, http://bankinnovation.net/2017/03/p2p-set-to-grow-to-more-than-3b-by-2020/.

34. Asatryan, Diana: Apple Pay Users to Double in 2017, 13.04.2017, http://bankinnovation.net/2017/04/apple-pay-users-to-double-in-2017/.

35. Ebenda.

36. Business Wire: Zelle Network Banks Process 170 Million P2P Payments, Totaling $55-Billion in 2016, 17.04.2017, http://www.businesswire.com/news/home/20170417005175/en/Zelle-NetworkSM-Banks-Process-170-Million-P2P-Payments.

37. Handelsblatt News am Abend: Paydirekt will sieben Millionen Kunden gewinnen,

27.03.2017, Handelsblatt News am Abend, Finanzzeitung, S. 8.

38. Rainey, John: PayPal Holdings' (PYPL) CEO Dan Schulman on Q4. 2016. Results – Earnings Call Transcript, 26.01.2017, http://seekingalpha.com/article/4039989-paypalholdings-pypl-ceo-dan-schulman-q4-2016-results-earnings-call-transcript.

39. Chang, Emily: Venture Capitalist Peter Thiel: Studio 1.0 (12/18), Bloomberg TV, 18.12.2014,https://www.bloomberg.com/news/videos/2014-12-19/venture-capitalist-peterthiel-studio-10-1218.

40. Caulfield, Brian; Perlroth, Nicole: »Life After Facebook«, Forbes, 14.02.2011,

https://www.forbes.com/forbes/2011/0214/features-peter-thiel-social-media-life-afterfacebook.html.

41. Kirkpatrick, David: The Facebook Effect, Simon & Schuster, Kindle Edition, New York 2010, S. 246.

42. Caulfield, Brian; Perlroth, Nicole: »Life After Facebook«, a.a.O.

43. Boorstin, Julia: Investor Peter Thiel Sells Facebook Shares, CNBC, 20.08.2012, http://www.cnbc.com/id/48730344.

44. Masters, Blake: Peter Thiel's CS183: Startup – Class 1. Notes Essay, a.a.O.

45. Zoglauer, Cornelia; Hergert, Stefani; Rosenberger, Juraj: Handelsblatt Grafik des Tages: Die teuersten Unternehmen der Welt, 30.03.2017, S. 24-25.

46. Geron, Tomio; Thiel; Peter: Why Facebook Is Like Ford Motors In The 1920s, 28.09.2010,http://allthingsd.com/20100928/peter-thiel-why-facebook-is-like-fordmotors-in-the-1920s/

47. Hussain, Bader Al: Facebook: Higher Growth In Digital Ad Spending Compels For High Valuations, 16.03.2017, http://seekingalpha.com/article/4056008-facebook-highergrowth-digital-ad-spending-compels-high-valuations.

48. Facbook.com: Facebook Business, Helping small businesses succeed in a mobile world10.04.2017, https://www.facebook.com/business/news/helping-small-businessessucceed-in-a-mobile-world.

49. Kosoff, Maya: Here's how two analysts think Instagram could be worth up to $37. billion, Business Insider, 16.03.2015, http://www.businessinsider.com/instagramvaluation-2015-3.

50. Grid Market Research:08.02.2017, http://seekingalpha.com/article/4044015-facebookstill-plenty-revenue-drivers.

51. Murphy, Mike: Facebook is proof that you don't need an original idea to be wildly successful,Quartz,28.03.2017,https://qz.com/943847/facebooks-fb-copying-of-snapchat-snap-slack-and-others-is-proof-that-you-dont-need-an-original-idea-to-be-successful/.

52. Sommerfeldt, Nando; Zschäpitz, Holger: 2025. Virtuelle Welten verändern den Alltag, Marktmacher 01/2017, S. 6-15.

53. Sherr Ian, The Zuckerberg Manifesto: Facebook will save the world 16.02.2017, https://www.cnet.com/news/zuckerberg-new-mission-facebook-ai-news-feedcontrols-trump/.

54. Weddeling, Britta: »Zuckerberg hat schlaue Babysitter, 09.03.2017, Handelsblatt, Unternehmen & Märkte, S. 19.

55. Griswold, Alison: Facebook's business is proving remarkably impervious to Facebook's controversies,Quartz,01.02.2017,https://qz.com/900707/facebook-fb-earnings-showits-business-is-proving-remarkably-impervious-to-its-controversies/.

56. Chang, Emily: Venture Capitalist Peter Thiel: Studio 1.0 (12/18), Bloomberg TV, 18.12.2014,https://www.bloomberg.com/news/videos/2014-12-19/venture-capitalist-peterthiel-studio-10-1218.

57. Helmore, Edward: Snapchat shares soar 44% to value loss-making company at $28bn, The Guardian, 03.03.2017, https://www.theguardian.com/technology/2017/mar/02/snapchat-ipo-valuation-evan-spiegel-bobby-murphy-snap-inc.

58. Steger, Johannes; Weddeling, Britta: Zuckerberg der Vertrauensmakler, 09.03.2017, Handelsblatt, Unternehmen & Märkte, S. 18.

59. Ebenda, S. 19.

60. Condliffe, Jamie: Facebook's Violence Problem, Engineering an Astronaut, and Christianity vs. Transhumanism – The Download, Technology Review, 18.04.2017, https://www.technologyreview.com/s/604208/facebooks-violence-problem-engineering-an-astronaut-and-christianity-vs-transhumanismthe/.

61. Bergstein, Brian:We Need More Alternatives to Facebook, MIT Technology Review, 10.04.2017,https://www.technologyreview.com/s/604082/we-need-more-alternativesto-facebook/.

62. Stangel, Luke: Why it's important that Facebook Messenger now has 1.2. billion users,13.04.2014,http://www.bizjournals.com/sanjose/news/2017/04/13/why-it-s-

importantthat-facebook-messenger-now-has.html.

63. Bergstein, Brian: We Need More Alternatives to Facebook, MIT Technology Review, 10.04.2017,https://www.technologyreview.com/s/604082/we-need-more-alternativesto-facebook/.

64. Horwitz, Josh: Facebook has poached an executive from MTV to help it compete with Netflix and YouTube, Quartz, 09.02.2017, https://qz.com/906239/facebook-fb-hiresmtv-executive-mina-lefevre-to-help-it-develop-tv-shows/.

65. Heath, Alex: Facebook is about to take the wraps off its secretive and ambitious consumer hardware group,Business Insider,17.04.2017, http://www.businessinsider.de/facebooksbuilding-8-working-on-camera-augmented-reality-mind-reading-projects-2017-3.

66. Metz, Cade: Facebook's Epic Data Blast Is Good For Everyone – Especially F acebook,Wired,21.03.2017,https://www.wired.com/2017/03/facebooks-epic-data-blast-goodeveryone-especially-facebook/.

67. Badenhausen, Kurt: Apple, Google Top The World's Most Valuable Brands Of 2016, Forbes, 11.05.2016, https://www.forbes.com/sites/kurtbadenhausen/2016/05/11/theworlds-most-valuable-brands/.

68. Mac, Ryan: CIA-Funded Data-Miner Palantir Not Yet Profitable But Looking For $8. Billion Valuation, 16.08.2013, https://www.forbes.com/sites/ryanmac/2013/08/16/cia-funded-data-miner-palantir-not-yet-profitable-but-looking-for-8-billion-valuation/.

69. Dunn, Jeff: Secretive $20 billion startup Palantir has raised another $20 million from a single backer, Business Insider, 24.11.2016, http://www.businessinsider.de/palantir-20-million-funding-sec-filing-peter-thiel-2016-11.

70. Mac, Ryan: CIA-Funded Data-Miner Palantir Not Yet Profitable But Looking For $8. Billion Valuation, a.a.O.

71. Alden, William: Confidential Document Shows How Peter Thiel Really Feels About Palantir, 21.07.2016, https://www.buzzfeed.com/williamalden/leak-shows-how-peterthiel-really-feels-about-palantir.

72. Dunn, Jeff: Secretive $20 billion startup Palantir has raised another $20 million from a single backer, a.a.O.Alden, William: Confidential Document Shows How Peter Thiel Really Feels About Palantir, a.a.O.

73. Kuchler, Hannah: Palantir considers IPO and predicts profit in 2017, Financial Times, 26.10.2016, https://www.ft.com/content/a494f762-9b9d-11e6-8f9b-70e3cabccfae.

74. Levy, Ari; Lipton, Josh: The CIA-backed start-up that's taking over Palo Alto, CNBC, 12.01.2016, http://www.cnbc.com/2016/01/12/the-cia-backed-start-up-thats-taking-overpalo-alto.html.

75. Alden, William: Confidential Document Shows How Peter Thiel Really Feels About Palantir, a.a.O.

76. Levy, Ari; Lipton, Josh: The CIA-backed start-up that's taking over Palo Alto, a.a.O.

77. Kuchler, Hannah: Palantir considers IPO and predicts profit in 2017, a.a.O.

78. Voegeli, Jeffrey: Credit Suisse, CIA-Funded Palantir to Target Rogue Bankers, Bloomberg, 22.03.2016, https://www.bloomberg.com/news/articles/2016-03-22/credit-suisse-cia-funded-palantir-build-joint-compliance-firm.

79. Chapman, Lizette: Germany's Merck Taps Palantir for Big Data Health Initiative, Bloomberg, 12.01.2017, https://www.bloomberg.com/news/articles/2017-01-12/merck-kgaa-taps-palantir-for-big-data-health-initiative.

80. Kuchler, Hannah: Palantir considers IPO and predicts profit in 2017, a.a.O.

81. Alden, William: Confidential Document Shows How Peter Thiel Really Feels About Palantir, a.a.O.

82. Brill, Steven: Donald Trump, Palantir, and the crazy battle to clean up a multibillion-dollar military procurement swamp, Fortune, 27.03.2017, http://fortune.com/palantir-pentagon-trump/.

83. Alden, William: Confidential Document Shows How Peter Thiel Really Feels About Palantir, a.a.O.

84. CB Insights: 2/ Corporations know it is critical. 52% of the S&P 500 have disappeared in the last 15. years. Innovation is obviously important, CB Insights,

13.12.2016, https://twitter.com/cbinsights/status/808861430908850176.

85. Levy-Ram, Michal: Palantir Connects the Dots With Big Data, Fortune, 09.03.2016, http://fortune.com/palantir-big-data-analysis/.

86. Buhr, Sarah: Tech employees protest in front of Palantir HQ over fears it will build Trump's Muslim Registry, Techcrunch, 18.01.2017, https://techcrunch.com/2017/01/18/tech-employees-protest-in-front-of-palantir-hq-over-fears-it-will-build-trumps-muslimregistry/.

87. Brill, Steven: Donald Trump, Palantir, and the crazy battle to clean up a multi-billiondollar military procurement swamp, a.a.O.

88. Ebenda.

89. Vitali, Stefania; Glattfelder, James B.; Battiston, Stefano: The Network of Global Corporate Control,26.10.2011, www.nccr-finrisk.uzh.ch/media/pdf/journal.pone.0025995.pdf.

90. Chapman, Lizette; Turner, Giles: Peter Thiel's Palantir Spreads Its Tentacles Throughout Europe,Bloomberg,24.02.2017,https://www.bloomberg.com/news/articles/2017-02-24/peter-thiel-s-palantir-spreads-its-tentacles-throughout-europe.

91. Rusli, Evelyn, Palantir: The Next Billion-Dollar Company Raises $90 Million, Techcrunch, 25.06.2010, https://techcrunch.com/2010/06/25/palantir-the-next-billiondollar-company-raises-90-million/.

92. LinkedIn: https://de.linkedin.com/company/thiel-capital-llc, abgerufen am 03.05.2017.

93. Hatmaker, Taylor: Apply Now: Peter Thiel is hiring a personal assistant, Techcrunch,03.02.2017,https://techcrunch.com/2017/02/03/apply-now-peter-thiel-is-hiring-apersonal-assistant/.

94. Packer, George: No Death, No Taxes, The libertarian futurism of a Silicon Valley billionaire, The New Yorker, 28.11.2011, http://www.newyorker.com/magazine/2011/11/28/no-death-no-taxes.

95. Thiel, Peter: www.clarium.com, abgerufen am 30.04.2017.

96. Buffett, Warren: Berkshire Hathaway Inc. Shareholder Letters 2016, 27.02.2017, S. 4.

97. Packer, George: No Death, No Taxes, a.a.O.

98. Loizos, Connie: Inside Mysterious Mithril Capital, 21.04.2014, https://www.strictlyvc.com/2014/04/22/inside-mysterious-mithril-capital/.

99. Cyran, Robert: Cisco Pays Fantastical Price for Software Firm, The New York Times, 25.01.2017,https://www.nytimes.com/2017/01/25/business/dealbook/cisco-appdynamics.html.

100. McBride, Sarah: Peter Thiel's Mithril Capital Raises $850 Million VC Fund, Bloomberg,20.01.2017,https://www.bloomberg.com/news/articles/2017-01-20/peter-thiel-s-mithrilcapital-raises-850-million-vc-fund.

101. Quotes: http://www.quotes.net/quote/39524, abgerufen am 09.05.2017.

102. Primack, Dan: AbbVie Buying Cancer Drug Startup Stemcentrx for $10.2. Billion, Fortune, 28.04.2016, http://fortune.com/2016/04/28/abbvie-stemcentx/.

103. Lacy, Sarah: We back truck when we have conviction. How Brian Singerman made Founders Fund's biggest return ever, 19.05.2016, https://pando.com/2016/05/19/we-back-truck-when-we-have-conviction-how-brian-singerman-made-founders-fundsbiggest-return-ever/.

104. Martin, Scott, Peter Thiel's Founers Fund Bags $1.3. Billion, Wall Street Journal, 25.03.2016, https://blogs.wsj.com/venturecapital/2016/03/25/peter-thiels-foundersfund-bags-1-3b/.

105. Founders Fund: http://foundersfund.com/portfolio/, abgerufen am 03.05.2017.

106. https://www.crunchbase.com/organization/valar-ventures#/entity, abgerufen am 03.05.2017.

107. Sawers, Paul: 14.12.2016, Stash raises $25. million for a an app that can turn anyone into an investor, https://venturebeat.com/2016/12/14/mobile-investing-app-stash-raises-25-million/.

108. Altman, Sam: Welcome Peter, 10.03.2015, https://blog.ycombinator.com/welcome-peter/.

109. Timmons, Heather: Y Combinator has no problem with partner Peter Thiel funding Donald Trump, Quartz, 17.10.2016, https://qz.com/810778/y-combinator-has-noproblem-with-partner-peter-thiel-funding-donald-trump-sam-altman-says/.

110. Kokolitcheva, Kia: What Y Combinator chief thinks of Trump, AI and startups, 14.04.2017,https://www.axios.com/heres-what-y-combinators-president-thinksof-trump-ai-and-startups-2360316966.html.

第八章

1. Balzer, Arno: Captain Future, Der deutschstämmige Investor Peter Thiel ist eine Ausnahmeerscheinung der internationalen Finanzwelt und eine Schlüsselfigur des Silicon Valley, Bilanz, April 2017, S. 16–25.

2. Ebenda.

3. Ebenda.

4. Kristol, Bill: Conversations with Bill Kristol, Peter Thiel Transcript, 29.07.2014, http://conversationswithbillkristol.org/transcript/peter-thiel-transcript.

5. Riecke, Torsten: »Die US-Wirtschaft bleibt auf Kurs«, Alexander Acosta im Handelsblatt, Interview, 19./20./21.05. 2017, S. 7.

6. Kokalitcheva, Kia: What Y Combinator chief thinks of Trump, AI and startups, 14.04.2017,https://www.axios.com/heres-what-y-combinators-president-thinks-of-trumpai-and-startups-2360316966.html.

7. Balzer, Arno: Captain Future, a.a.O., S. 16–25.

8. Nellis, Stephen: Apple to create $1. billion U.S. advanced manufacturing fund, 03.05.2017, http://www.reuters.com/article/us-apple-fund-idUSKBN17Z2PI?

9. Lichfield, Gideon: Quartz Weekend edition – Politicians and factories, Rocket Racoon, chewy »Q«, 06.05.2017, hi@qz.com.

10. Jacquemart, Charlotte: Joseph Stiglitz im Interview, »Nichts, was Herr Trump macht, ist normal!«, Neue Zürcher Zeitung, 15.01.2017, https://www.nzz.ch/nzzas/nzz-am sonntag/joseph-stiglitz-interview-nichts-was-trumpmacht-ist-normal-ld.139822.

11. Gumbel, Andrew: San Francisco's guerrilla protest at Google buses swells into revolt,The Guardian,25.01.2014, https://www.theguardian.com/world/2014/jan/25/google-busprotest-swells-to-revolt-san-francisco.

12. McDermid, Riley: Confidence in Bay Area economy sinks to lowest level in years, as cost of living pinches and millenials rebel, 01.04.2017, http://www.bizjournals.com/sanjose/news/2017/04/01/confidence-in-bay-area-economy-sinks-to-lowest.html.

13. Green, Alisha: Nearly 40 percent of tech workers in the Bay Area are looking to move elsewhere,04.04.2017,http://www.bizjournals.com/sanjose/news/2017/04/04/techworkers-bay-area.html.

14. Kokalitcheva, Kia: What Y Combinator chief thinks of Trump, AI and startups, a.a.O.

15. Rosoff, Matt: Peter Thiel gave a remarkably critical speech of the Republican Party right in front of its face, Business Insider, 23.07.2016, http://www.businessinsider.de/peterthiel-slams-republicans-in-convention-speech-2016-7

16. Balzer, Arno: Captain Future, a.a.O., S. 16–25.

17. Mac, Ryan: Gawker Files For Bankruptcy To Delay Paying Hulk Hogan, Agrees to A Sale, Forbes, 10.06.2016, https://www.forbes.com/sites/ryanmac/2016/06/10/gawker-media-bankruptcy-hulk-hogan-peter-thiel/.

18. Johnson, Elina: Donald Trump's ›shadow president‹ in Silicon Valley, Billionaire iconoclast Peter Thiel's fingerprints are all over the administration, Politico, 26.02.2017,http://www.politico.com/story/2017/02/donald-trumps-shadow-president-in-siliconvalley-235372.

19. Balzer, Arno: Captain Future, a.a.O., S. 16–25.

20. Pontin, Jason: Why We Can't Solve Big Problems. Has technology failed us?, Technologyreview, 24.10.2012, https://www.technologyreview.com/s/429690/why-we-cant-solve-big-problems/.

21. Bloom, Nicholas: Corporations in the age of inequality, Harvard Business Review, 23.03.2017,https://hbr.org/cover-story/2017/03/corporations-in-the-age-of-inequality.

22. Kröher, Michael O. R.: Mastertitel! Wozu? Thiel Fellowship, Udacity, 42. – neue, radikal andere Hochschulmodelle wollen junge Talente fit fürs Zeitalter der künstlichen Intelligenz machen. In Berlin startet nun das erste deutsche Projekt. Manager Magazin, April 2017, S. 94–97.

23. Balzer, Arno: Captain Future, a.a.O., S. 16–25.

24. Thiel, Peter, mit Masters, Blake: Zero to One, a.a.O., S. 140.

25. Ebenda, S. 141.

26. Dadamo, Marco: Digitalisierung bringt die Produktion zurück nach Deutschland, 24.04.2017,https://www.vdi.de/artikel/digitalisierung-bringt-die-produktion-zuruecknach-deutschland/.

27. Rogow, Geoffrey: Buffett, ›Medical Costs Are the Tapeworm of American Economic Competitiveness‹, Wall Street Journal, 06.05.2017, https://blogs.wsj.com/moneybeat/2017/05/08/warrenbuffett-speaks-5-takeaways-from-berkshires-annual-meeting/.

第九章

1. Chang, Emily: Venture Capitalist Peter Thiel: Studio 1.0 (12/18), Bloomberg TV, 18.12.2014,https://www.bloomberg.com/news/videos/2014-12-19/venture-capitalist-peterthiel-studio-10-1218.

2. Thielfoundation: http://www.thielfoundation.org/, abgerufen am 26.05.2017.

3. Ebenda.

4. Balzer, Arno: Captain Future, a.a.O., S. 16–25.

5. Ebenda.

6. Youtube: »Breakthrough Philantrophy video playlist«, 07.12.2010, https://www.youtube.com/view_play_list?p=34BCFE6D55D881A1, abgerufen am 26.05.2017. Benzinga Staff: Fast Forward with the Thiel Foundation: An Event to Inspire Bold Philanthropy,15.12.2011, https://www.benzinga.com/pressreleases/11/12/b2210276/fast-forward-with-the-thiel-foundation-an-event-to-inspire-bold-philant.

7. Priestly, Theo: Elon Musk And Peter Thiel Launch OpenAI, A Non-Profit Artificial Intelligence Research Company,Forbes,12.11.2015, https://www.forbes.com/sites/theopriestley/2015/12/11/elon-musk-and-peter-thiellaunch-openai-a-non-profit-artificial-intelligence-research-company/.

8. Ebenda.

9. Methusalem Foundation: PayPal Founder pledges $3,5. Million to antiaging research, 18.09.2006, http://www.webcitation.org/5aLaLUBuY.

10. TEDGlobal 2005, Aubrey de Grey: Aubrey de Grey sagt, wir können das Älterwerden verhindern,https://www.ted.com/talks/aubrey_de_grey_says_we_can_avoid_aging?language=de, abgerufen am 26.05.2017.

11. Stirn, Alexander: Interview mit Aubrey de Grey: »Altern ist auf jeden Fall ungesund«,Süddeutsche Zeitung,17.05.2010, http://www.sueddeutsche.de/wissen/interview-mitaubrey-de-grey-altern-ist-auf-jeden-fall-ungesund-1.611889.

12. Seasteading Institute: Introducing The Seasteading Institute, 15.04.2008, https://www.seasteading.org/2008/04/introducing-the-seasteading-institute/.

13. Goodwin, Liz: Silicon Valley billionaire funding creation of artificial libertarian islands,16.08.2011,https://www.yahoo.com/news/blogs/lookout/silicon-valley-billionairefunding-creation-artificial-libertarian-islands-140840896.html.

14. Daily Mail Reporter: Floating cities: PayPal billionaire plans to build a whole new libertarian colony off the coast of San Francisco, Daily Mail, 25.08.2011, http://www.dailymail.co.uk/news/article-2024761/Atlas-Shrugged-Silicon-Valley-billionaire-revealsplan-launch-floating-start-country-coast-San-Francisco.html.

15. Thiel, Peter: The Education of a Libertarian, Cato Unbound, 13.04.2009, https://www.cato-unbound.org/2009/04/13/peter-thiel/education-libertarian.

16. Chang, Emily: Venture Capitalist Peter Thiel: Studio 1.0 (12/18), Bloomberg TV, 18.12.2014,https://www.bloomberg.com/news/videos/2014-12-19/venture-capitalist-peterthiel-studio-10-1218.

17. Fernstein, Gregory: Thiel Fellows Program Is »Most Misdirected Piece Of

Philantrophy« says Larry Summers, TechCrunch, 10.10.2013, https://techcrunch.com/2013/10/10/thielfellows-program-is-most-misdirected-piece-of-philanthropy-says-larry-summers/.

18. Kolodny, Lora: Why a Nonprofit Backs Dropping Out of School: PayPal Founder's Foundation Encourages Learning by Doing, Wall Street Journal, 18.12.2013, https://www.wsj.com/articles/no-headline-available-1387303362.

19. Panzarino, Matthew: Apple has acquired Workflow, a powerful automation tool for iPad and iPhone,TechCrunch,22.03.2017, https://techcrunch.com/2017/03/22/apple-hasacquired-workflow-a-powerful-automation-tool-for-ipad-and-iphone/.

20. Robinson, Melia: These 9. entrepreneurs were paid $100.000 to drop out of college – here's what they're up to today, Businessinsider, 06.03.2017, http://www.businessinsider.de/where-are-they-now-peter-thiel-fellowship-2017-3.

21. Whigham, Nick: Inside eccentric billionaire Peter Thiel's mission to pay kids to skip out of school, 21.02.2017, http://www.news.com.au/technology/innovation/inside-eccentricbillionaire-peter-thiels-mission-to-pay-kids-to-skip-out-on-school/news-story/.

22. Breakoutlabs: http://www.breakoutlabs.org, abgerufen am 26.05.2017.

观点

1. Brown, Mick: Peter Thiel: the billionaire tech entrepreneur on a mission to cheat death, The Telegraph, 19.09.2014, http://www.telegraph.co.uk/technology/11098971/Peter-Thiel-the-billionaire-tech-entrepreneur-on-a-mission-to-cheat-death.html.

2. Streitfeld, David, Williams, Jacqueline: Peter Thiel, Trump Adviser, Has a Backup Country: New Zealand, The New York Times, 25.01.2017, https://www.nytimes.com/2017/01/25/technology/peter-thiel-new-zealand-citizenship.html.

3. Wong, May: Big ideas are getting harder to find, SIEPR: Stanford Institute for Economic Policy Research, 31.05.2017. http://siepr.stanford.edu/news/productivity-ideas-hard-to-find.

4. Balzer, Arno: Captain Future, a.a.O. S. 16–25.

5. Müller, Dietegen: Günstiger als der Dax, Börsen-Zeitung, 17.06.2017, S. 1.

6. Feltman, Rachel: IKEA engineers are pretending to live on Mars to help them design better furniture, Popular Science, 09.06.2017, http://www.popsci.com/ikea-mars.

7. Dreyfuss, Emily: Silicon Valley Would Rather Cure Death Than Make Life Worth Living, Wired,23.03.2017,https://www.wired.com/2017/03/silicon-valley-rather-cure-deathmake-life-worth-living/.

8. BMF im Dialog: BMF im Dialog mit Peter Thiel: Wie Innovation unsere Zukunft rettet, Bundesministerium für Finanzen, 08.06.2016, http://www.bundesfinanzministerium.de/Content/DE/Standardartikel/Ministerium/Veranstaltungen/BMF_im_Dialog/2016-06-08-Thiel.html.